LE GRAND LIVRE DU manager

Pour plus d'information :

#lisez engagé !
www.lisez.com

Imprimé sur du papier issu de forêts gérées durablement.

Le Grand Livre du manager

ISBN : 978-2-412-08474-8
Dépôt légal : janvier 2023

Illustrations : Angélique Agasse
Photos : © Shutterstock pour les pages 14 et 16 ; © iStock pour les pages 15, 153 et 154.
Maquette intérieure : Istria
Correction : Céline Dutt

Imprimé en Espagne

Éditions First, un département d'Édi8
92, avenue de France
75013 Paris
France
Tél : 01 44 16 09 00
Fax : 01 44 16 09 01
Email : firstinfo@efirst.com
Site Internet : www.editionsfirst.fr

Management

LE GRAND LIVRE DU manager

FIRST
ÉDITIONS

Sommaire

Préambule Le manager est une mère célibataire 9

Partie 1

Management bien ordonné commence par soi-même !

Test Identifiez vos sources de motivation 13

1 Réconciliez-vous avec vos émotions 21

2 Organisation : il est urgent de ralentir ! 27

3 Gagnez en confiance et en agilité 35

4 Inspirez-vous des bons modèles 43

5 20 outils indispensables à connaître sur le bout des doigts 51

Partie 2

Cultiver l'esprit d'équipe et se positionner en « manager coach »

Test Quel est votre style de management, directif ou démocratique ? 59

1 Devenez un manager coach ! 65

2 Allégez la charge mentale de votre équipe 71

3 Pratiquer le management positif 77

4 Dix façons de mobiliser l'intelligence collective . . 87

5 Entretenir l'esprit d'équipe, même à distance 97

Partie 3

Développer son leadership et renforcer son pouvoir d'influence

Test **Quel leader êtes-vous vraiment ?** 107

1 Le charisme, ça s'apprend !..................... 115

2 Cultivez votre éloquence.......................123

3 Soignez votre com à l'écrit comme à l'écran.....129

4 Sept pistes pour développer son influence......135

5 Onze conseils pour décider au quotidien........ 141

Partie 4

Gérer les conflits et les tensions

Test **Identifiez vos sources de pression au travail** 151

1 Le conflit, quèsaco ? Ce qu'en disent les chercheurs 159

2 Repérer les profils « difficiles ».................167

3 À chaque organisation ses tensions 175

4 Neuf exemples de situations délicates à déminer 183

5 L'art de mettre les points sur les « i » 191

Partie 5

Anticiper et accompagner le changement

Test **Quel est votre degré de résilience ?** 201

1 Métro, bureau, dodo, c'est déjà fini ! 207

2 Adieu le manager expert, vive l'animateur de communautés !. 215

3 Net, algorithmes et vidéo : les prochains scénarios du recrutement 223

4 Faire équipe avec les robots 229

5 Termitière, circulaire, autarcique : quel sera le nouveau visage de votre boîte ? 237

Partie 6

Rassurer, assumer et… donner du sens

Test **Découvrez quel « soft power » sommeille en vous** 247

1 Le bonheur au boulot en dix concepts. 255

2 Fédérer son équipe autour d'un projet. 265

3 Dire « non » au sexisme 271

4 Pratiquer l'art de la reconnaissance 281

5 Laisser une empreinte positive. 289

Le manager
EST UNE MÈRE CÉLIBATAIRE

(David Abiker)

PRÉAMBULE

« Maman ! »

C'est ce que j'ai crié en jetant un œil à la liste de toutes ces choses qu'un manager doit savoir, savoir faire ou faire savoir pour accomplir le job. « Mais c'est trop ! ai-je dit au rédacteur en chef de *Management*, ils vont s'épuiser à la tâche ! » Il y a tant à faire sur la *to do list* ! Parler vrai, bien recruter, recadrer un collaborateur sans le vexer, poser un problème avec l'équipe sans provoquer un pugilat, se faire respecter, retenir un démissionnaire, supporter la solitude, faire face à la concurrence, innover avec des bouts de ficelle, et j'en oublie.

Oui, j'ai crié « Maman ! » car la ou le manager descendu·e du piédestal que lui conférait le statut quasi militaire d'autrefois ressemble désormais à une mère célibataire. Beaucoup de contraintes, pas mal de responsabilités, une reconnaissance très variable et des horaires à rallonge. On demande au manager de savoir tout faire. Prenez seulement ces deux expressions qui courent en ce moment dans les *open spaces* : « faire grandir » et « accompagner ». C'est le nouveau rôle du manager et c'est le quotidien de la mère qui élève seule ses enfants. Faire grandir et accompagner. Oui, le manager est une mère célibataire (ou un père, mais ils sont plus rares à se retrouver le seul pilier de la famille). Il porte la charge mentale, doit s'occuper des *millennials*, de leurs aînés, songer aux seniors, arbitrer les conflits, donner l'exemple et le plus souvent cumuler en solo ces rôles modèles. Car au manager, on demande désormais de savoir animer les ressources humaines, d'expliquer la stratégie même quand il n'y en a pas et surtout de faire avec les moyens et les équipes qu'il a. Et en plus, ses équipes, il les supporte dans les deux sens du terme. Guy Roux, entraîneur historique de l'AJ Auxerre, m'a confié un jour : « On ne peut pas faire de management si on n'aime pas les gens. » Voilà pourquoi je crie encore « Maman ! » quand j'envisage l'ampleur de la tâche. J'oubliais. Le manager est à lui seul une fabrique de reconnaissance. C'est lui qui donne envie et, mieux, qui pratique un management inclusif. N'oublier personne. Quels que soient les talents, les compétences, les origines, les diplômes, les parcours, il paraît qu'on a tous quelque chose à apporter à l'entreprise. C'est la plaquette RH qui le dit. C'est le président qui l'affirme. Et qui doit tenir leur promesse ? Le manager. Oui, ces managers modernes me font penser à cette mère célibataire entourée d'enfants, débordée, qui s'efforce de consacrer à chacun une part de son temps, de son attention. Sans oublier de faire adhérer au projet. Alors ces managers se posent des questions.

« Ai-je bien fait ? »
« Ai-je bien dit ? »
« Ai-je assez délégué ? »
« Ai-je bien contrôlé ? »

Telles ces mères toujours exigeantes avec elles-mêmes (trop), les managers d'aujourd'hui sont sur la brèche, se remettent en question, se mettent à jour et s'autoévaluent ou sont évalués par leurs collègues. Pour toutes ces raisons et parce que, entourés de leurs équipes, ils m'évoquent ces mères couteaux suisses qui font leur maximum, ces managers ont toute ma sympathie et mes encouragements dans cette tâche ardue : faire progresser un collectif vers un résultat.

MAIL
maintenant
Johanna Marie
Re : Formation manager
ACT
PLAN
S
W
T

Management bien ordonné commence par soi-même !

« Connais-toi toi-même »

préconisait Socrate, citant la devise inscrite sur le fronton du temple de Delphes. Selon le père des philosophes, le travail d'une vie consiste à se ressouvenir de ce que l'on a oublié. Avant de mener les autres vers l'action, le manager doit se livrer à un minimum d'introspection. Se ressouvenir de ce qui le motive quand surgissent le découragement ou la fatigue. Réapprendre à écouter ses émotions quand il a longtemps cru qu'il devait les laisser à la porte de l'entreprise. Prendre confiance en soi et muscler son adaptabilité. Penser à ralentir pour mieux s'organiser quand la multiplication des sollicitations menace son cerveau d'implosion. Questionner ses pensées et ses pratiques par le dialogue et l'exemple inspirant d'autrui. En bref, avant de guider son équipe, s'automanager comme un chef !

TEST

Identifiez

VOS SOURCES DE MOTIVATION

(Samuel Loutaty, avec la collaboration d'Adrien Chignard, psychologue du travail et des organisations, fondateur de Sens et Cohérence)

Qu'est-ce qui vous pousse hors du lit chaque matin ? L'argent, la gloire, la vocation ? Rien de tout cela ?

Pour le savoir, répondez à ces questions, en toute honnêteté !

Dans vos souvenirs d'enfance :

- Trône en bonne place le blouson en cuir que vos parents vous avaient offert parce que vous aviez de bonnes notes.
- Une phrase de vos parents est gravée : « Tu travailles pour toi, pas pour les autres. » Elle est tellement ancrée en vous que vous la répétez même à vos enfants.
- Vous avez parfois l'impression d'avoir oublié votre enfance.

Pendant la crise du covid-19 :

- Vous avez applaudi les soignants parce que vous vous êtes senti en phase avec ces gens motivés par la volonté de sauver des vies humaines au péril de la leur.
- Vous les avez plaints de faire un métier aussi dur en étant payés aussi peu.
- Vous les avez applaudis, mais, d'après vous, ils n'ont fait que leur métier.

Dans votre famille :

- On ne vous pose plus guère de questions sur le métier que vous faites.
- On est médecin, avocat, boulanger ou maçon de père en fils... Et vous n'avez pas dérogé à la règle.
- On continue à raconter, épaté, la naissance de votre vocation d'avocat après avoir regardé une série policière (ou de pâtissier après un documentaire sur Gaston Lenôtre).

Votre neveu préféré vous demande de venir présenter votre métier devant sa classe :

- Vous refusez : ça n'intéressera personne et vous ne savez pas quoi dire.
- Vous acceptez, ça vous flatte.
- Vous vous faites un devoir d'accepter : si un seul élève décide de suivre votre voie grâce à votre exposé, vous aurez gagné votre journée.

Dans l'*open space* à côté du vôtre :

- Vous connaissez tout le monde.
- Il y a sans doute des collègues à vous, mais vous ne savez pas ce qu'ils font.
- Vous avez identifié trois personnes qui pourraient être utiles à votre plan de carrière.

À quoi pensez-vous en voyant cette photo ?

- Métro, boulot, dodo... Je ne serais pas sur la photo, des fois ?
- Encore cinq ans à tenir et j'aurai remboursé mon crédit, et à moi un autre quotidien.
- Heureusement que je fais un boulot que j'aime !

Les stagiaires :

- N'osent pas forcément vous aborder, mais vous regardent avec admiration.
- Essaient de s'attirer vos bonnes grâces.
- Ne s'intéressent guère à vous, en général.

Vendredi 18 heures, votre N+1 se pointe dans votre bureau avec un dossier complexe à boucler pendant le week-end :

- Il a dû se tromper de bureau, ça fait bien longtemps qu'on ne vous demande plus ce genre de choses, on sait très bien que vous refusez systématiquement.
- Tant pis pour le barbecue prévu dimanche... Ce sera un bon moyen de négocier en position de force votre augmentation de salaire au cours de votre entretien annuel qui a lieu dans dix jours.
- C'est fou, vous alliez le lui demander. Ça vous chiffonnait que le dossier ne puisse pas être pas prêt lundi.

Le refrain de chanson qui vous parle le plus :

- « Maman, si tu voyais ma vie », de France Gall.
- « She works hard for the money, so hard for it, honey », de Donna Summer.
- « Adieu, monsieur le professeur, on ne vous oubliera jamais», d'Hugues Aufray.

Si un gentil génie pouvait réaliser un de vos rêves professionnels :

- Il redonnerait du sens à votre travail…
- On vous confierait – enfin – la direction de la branche développement de l'entreprise, avec, à la clé, la voiture de fonction et les bonus dédiés.
- À vrai dire, votre rêve était de fabriquer des bijoux, et ça tombe bien, vous êtes orfèvre (ou garagiste si vous fantasmiez, enfant, sur les capots des grosses cylindrées…).

Tout le monde ne parle que de ça : un baby-foot va être installé dans la cafétéria ! C'est :

- Une super idée de la direction pour motiver les salariés.
- Une initiative sympathique, même si vous n'aurez sans doute pas le temps d'y jouer.
- Inutile. De toute façon, vous ne passerez pas plus de temps à la cafétéria.

D'après vous :

- Elle a trouvé le bug informatique qui empêchait toute la boîte de fonctionner correctement.
- Elle a obtenu une grosse promotion.
- Elle a sans doute gagné au Loto et va pouvoir arrêter de bosser.

La pire chose qui pourrait vous arriver professionnellement :

- La perte de votre job.
- Être rétrogradé.
- Aucune idée. Vous avez du mal à vous projeter.

En vacances, à l'autre bout du monde :

- Vous êtes très content de rencontrer un autochtone qui fait le même métier que vous et vous le bombardez de questions.
- Vous vous félicitez d'avoir choisi un job qui vous permette de voyager autant.
- Vous oubliez tout (et surtout le bureau).

Il vous est déjà arrivé de vous réveiller la nuit à cause du boulot :

- Non, jamais !
- Oui, vous aviez l'impression d'être le héros du film *Un jour sans fin*.
- Oui, c'était dû à l'impatience que vous aviez de soumettre une nouvelle idée au comité de direction.

Une fois rentré chez vous, il n'est pas rare :

- Que vous regardiez les petites annonces à la recherche d'un nouveau boulot plus valorisant.
- Que vous continuiez à travailler avec votre portable.
- Que vous rêviez d'un monde sans travail.

Vos voisins, vos proches :

- N'ont aucune idée de ce en quoi consiste votre travail. Vous n'avez jamais jugé bon d'en parler avec eux.
- Savent très précisément ce que vous faites parce que vous aimez en parler.
- N'ont qu'une idée vague de ce que vous faites. En revanche, ils savent que vous avez un grand bureau avec des cadres partout.

C'est LA réunion de l'année, avec le plus gros client de l'agence dans laquelle vous travaillez :

- Vous relisez votre présentation jusqu'à la dernière minute, histoire de l'améliorer alors que votre N+1 l'a trouvée super.
- Vous scrutez davantage la réaction des membres du comex présents que celle de votre client.
- Vous avez du mal à vous mettre au diapason de toute cette agitation.

Regardez bien cette carte de visite :

- Vous êtes très fier des vôtres qui sont joliment gravées sur du papier très épais ; c'est plus chic.
- Vous en avez sans doute encore au fond d'un tiroir mais pas sûr que votre numéro de téléphone soit encore bon.
- C'est très pratique, non ?

Quand vous pensez à la scène à l'usine dans *Les Temps modernes*, vous vous dites :

- Quel génie, ce Chaplin !
- Quel génie, ce Chaplin ! Il arrive à me faire rire alors que je suis (presque) dans la même situation...
- Quel génie, ce Chaplin ! Il arrive à me faire rire alors que je n'ai rien de commun avec son héros.

Le mot de passe de votre ordinateur de bureau :

- MarieCurie348!, parce que vous êtes chercheur et qu'elle est un modèle.
- Est le même pour tous les comptes que vous utilisez. Comme ça, vous pouvez le taper sans y penser.
- Hawaï2032. Parce que les volcans, c'est votre dada et que vous comptez bien vous y rendre avant la retraite.

Une vilaine fracture au ski et vous voilà immobilisé pendant deux mois, en arrêt maladie :

- Le bon côté des choses, c'est que vous allez pouvoir rattraper votre retard sur Netflix.
- Vous n'arrivez pas à profiter de ce repos forcé tellement vous culpabilisez de laisser reposer votre charge de travail habituelle sur les épaules de vos collègues. Vous préféreriez faire « votre part ».
- À part un ou deux collègues de longue date qui ont pris de vos nouvelles, vous n'avez aucun contact avec le bureau.

Votre boss veut vous voir :

- Bizarre… Il n'y a pas une erreur ?
- Pas de chance… Pile le jour où vous avez fait une tache sur votre chemise avec la bolo de midi.
- Ce doit être pour discuter du nouveau projet que vous lui avez soumis par mail en dehors de vos heures de travail.

Votre premier job :

- Était déjà dans la branche dans laquelle vous bossez aujourd'hui. Et votre premier stage, en classe de troisième, aussi !
- Était passionnant mais malheureusement, vous n'avez pas pu continuer dans cette voie à la suite d'une restructuration.
- Aucun souvenir, si ce n'est qu'il vous avait permis de partir faire du camping au Canada.

Le premier mot qui vous vient à l'esprit quand on prononce devant vous le mot « travail », c'est :

- Épanouissement.
- Salaire.
- Bureau.

SCORES

Comptabilisez vos réponses à chaque type de question (une seule réponse par question).

- ……………………
- ……………………
- ……………………

LES SOURCES DE VOTRE MOTIVATION

NOTES

Vous avez…

… une majorité de 

Vous allez au travail sans motivation.
Vous êtes, au sens propre, amotivé… Vous allez travailler parce qu'il le faut bien, mais vous ne prenez aucun plaisir à exercer votre profession. Pire, vous vous sentez inutile et dites assez souvent : « Que je fasse bien ou mal mon job, ça ne change rien. » La routine professionnelle a envahi votre quotidien (de l'extérieur, d'aucuns considèrent que vous agissez comme un automate) et vous avez perdu le sens de ce que vous faites. Cette perte de signification peut avoir des causes multiples : morcellement des tâches à accomplir à la suite d'une réorganisation, lassitude après quelques années au même poste, désintérêt de la direction pour votre service, réduction des coûts et donc de votre périmètre d'action…

Et si ça coince au boulot ?
Cette absence de sens (dans la triple acception du mot : signification, direction et sensation) peut se révéler dépressogène… Pour y remédier, il est important d'élargir votre champ de conscience : ce que vous avez sous les yeux ne vous plaît certes pas mais, heureusement, le monde ne se limite pas à cet horizon ! Allez donc explorer autre chose, conseille Adrien Chignard, pourquoi pas avec l'aide d'un coach professionnel, pour trouver ce qui peut vous plaire ailleurs. On ne compte plus les amotivés qui ont remis du sens dans leur vie professionnelle grâce à un changement de vie radical, qu'ils soient énarques reconvertis en boulangers ou journalistes devenus profs de yoga…

… une majorité de 

Vous allez au travail pour l'argent, le prestige (ou la cantine).

Vous vous levez le matin et enfilez votre costume pour des raisons qui sont extérieures à votre travail, et que les sociologues appellent des motifs extrinsèques. Schématiquement, vous bossez pour gagner de l'argent, pour investir, pour entretenir votre famille, parce que cela vous apporte un statut social auquel vous rêviez ou encore parce que cela vous permet de vivre (ou financer) une passion comme le catamaran, l'alpinisme ou les meubles anciens… Ces motivations ne font pas de vous un professionnel moins efficace ou moins présent. Vous êtes tout prêt à faire des heures sup ou à prendre du boulot à la maison le week-end, mais (oui, il y a un mais) ce sera dans le but d'obtenir une promotion ou un changement de poste. C'est grave ? Non ! Après tout, comme le dit Adrien Chignard, psychologue du travail, « à l'heure où on nous rebat les oreilles avec la valeur travail », il n'y a pas de honte à monétiser son labeur !

Et si ça coince au boulot ?

Il est alors peut-être temps de s'interroger sur la façon dont vous pourriez faire le lien entre votre travail et ce qui vous plaît dans la vie. Parlez-en à votre boss, à vos collègues, ou même, lancez-vous dans un bilan de compétences pour saisir « qui vous êtes ». Personne ne reste le même à 30, 40 ou 50 ans, votre motivation peut évoluer avec le temps et, pourquoi pas, devenir intrinsèque…

… une majorité de 

Vous allez au travail pour le plaisir d'y aller.

Vous, les managers vous ont à la bonne… car vous faites partie de ces gens dont les motivations sont intrinsèques. Ils n'ont donc pas besoin de se mettre en quatre pour vous pousser à travailler plus ou mieux. On s'explique : vous trouvez votre source de motivation dans le plaisir que vous avez à accomplir votre travail. Autrement dit, le simple fait d'aller au boulot chaque matin pour exercer votre métier est une forme d'accomplissement, voire la clé de votre bonheur. Votre travail fait sens. Salaire mirobolant, voiture de fonction ou immense bureau individuel ne sont, en revanche, pas des moteurs. Dans votre cas, on peut réellement parler de vocation… Eh non, ce vocable ne concerne pas seulement les personnes susceptibles de sauver des vies, tels les chirurgiens ou les infirmières ! Un chercheur est ainsi guidé par l'envie d'apprendre, tandis qu'un ébéniste le sera par l'amour des beaux objets et un comptable par celui des additions justes…

Et si ça coince au boulot ?

« Une motivation intrinsèque est précieuse, mais il faut la cultiver afin qu'elle ne s'épuise pas », explique Adrien Chignard. Les employeurs rêvent d'ailleurs de pouvoir développer une telle motivation chez leurs salariés afin qu'ils se dépassent. Interrogez-vous donc régulièrement – pendant vos vacances, par exemple, quand vous êtes déconnecté – sur votre niveau de satisfaction à exercer votre job dans les conditions qu'on vous offre afin de réajuster cette fameuse motivation – ou, le cas échéant, de changer de job !

CHAPITRE

1

Réconciliez-vous
AVEC VOS ÉMOTIONS

(Julie Krassovsky, Laura Makary, Marion Perrier)

Les émotions sont longtemps restées un non-dit de la vie en entreprise. Managers comme collaborateurs étaient censés les laisser à la porte du bureau. Les affects ont pourtant toute leur importance dans la vie pro. Et les neurosciences confirment leur rôle crucial dans la performance au travail.

« Le tabou qui pèse sur les émotions conduit les collaborateurs et les managers à adopter une attitude d'évitement du sentiment, souligne Emma Vilarem, docteure en neurosciences cognitives et cofondatrice de l'agence de conseil Cog'X. Or l'émotion est une réalité biologique. Nier cette réalité provoque des surcharges émotionnelles. Au risque de se retrouver dépassé par les événements. »

Le temps de l'ignorance est révolu : il s'agit d'apprivoiser ces remuantes petites bêtes pour en faire vos alliées, afin d'améliorer votre propre travail et mieux comprendre le fonctionnement de votre équipe.

À vous de jouer !

Ces six émotions qui nous gouvernent

Le neuropsychologue et professeur portugais António Damásio répertorie six émotions dites « de base » : la colère, la peur, la surprise, la joie, le dégoût et la tristesse. Viennent ensuite les sentiments secondaires, dont le désir, la sérénité, l'inquiétude ou encore la culpabilité, puis les émotions d'arrière-plan, dont le calme, le plaisir, la fatigue, le stress ou la gêne. Si le collectif est essentiel pour un manager, il faut avant tout réussir à comprendre et à maîtriser ses propres sensations, issues de ces trois catégories. Et sur ces questions, les neurosciences ont un rôle à jouer. D'après un baromètre publié par le cabinet de conseil SBT, les individus qui prêtent attention à leurs émotions dans l'entreprise ont une « balance émotionnelle plus positive ». En clair, ils se déclarent plus heureux que ceux qui les ignorent. Et pour cause : une meilleure compréhension de son fonctionnement émotionnel permet de mieux gérer son stress et ses affects négatifs, affirme Annabelle Dietrich, coach en région parisienne, qui utilise justement les neurosciences pour initier ses clients aux mystères de leurs états d'âme.

« En remettant les émotions à leur juste place, grâce à des exercices simples, une prise de conscience devient possible. » La coach conseille notamment de pratiquer la cohérence cardiaque, qui consiste à ralentir et à maîtriser sa respiration. « On peut, précise-t-elle, s'en servir pendant ou après une réunion difficile, par exemple, pour se calmer. En mettant en cohérence la respiration et le rythme cardiaque, on élimine le cortisol, considéré comme l'hormone du stress. »

Christophe Padiou, directeur opérationnel du cabinet IME Conseil, l'un des pionniers en France de l'approche neurocomportementale dans le management, propose à ses clients de se resituer dans l'action pour améliorer leur réaction face à un stress.

« Imaginez-vous coincé dans les bouchons alors que vous allez à une réunion importante. S'énerver, klaxonner, crier n'y changera rien, explique-t-il. En revanche, réfléchir à la façon d'arranger la situation, prévenir vos collègues et vos clients de votre retard, demander à un collègue de vous remplacer vous évitera de vous sentir submergé. Les exercices cognitifs permettent de penser différemment, de se concentrer sur les priorités. »

* Soyez à l'écoute de vous-même

Le premier pas consiste bien évidemment à laisser s'exprimer ses émotions : ne cherchez surtout pas à les faire taire.

> ***« J'ai arrêté de vouloir à tout prix éviter la souffrance, de m'obliger à avoir des pensées positives ou de courir après la perfection », souligne Anne Digard, dirigeante d'une filiale d'expertise liée au groupe immobilier CBRE.***

À la suite d'une rupture conjugale qui a fortement impacté son estime d'elle-même, Anne a changé son mode de fonctionnement. Après six mois de formation en sophrologie et des cours de théâtre pour travailler sa prise de parole en public, elle a fait sien le précepte prôné par le best-seller du philosophe Fabrice Midal, *Foutez-vous la paix !* « J'ai appris à prendre du recul et surtout à être attentive aux autres », assure-t-elle. Comme l'explique le formateur Fabrice Lebreton, « il n'y a pas d'émotions négatives car chacune a son utilité ». La peur sert à se protéger, la tristesse à tourner la page, la colère à dire stop, la joie à aller de l'avant... Ce qui compte, c'est de savoir identifier son ressenti afin d'y adapter sa réaction.

> ***Pour vous entraîner, « listez les émotions que vous avez vécues dans la journée et les actions auxquelles elles sont associées », conseille Laurence Saunder, associée au cabinet Uside, spécialisé dans la qualité de vie au travail.***

* Mettez de l'émotion dans votre com

Plus vous serez conscient de vos émotions, mieux vous saurez y adapter votre communication. Francis, chef de service dans une maison d'édition, s'astreint à exprimer ce qu'il pense clairement.

> ***« J'utilise souvent le "je" pour dire ce que je ressens et ce qui, à mes yeux, a un impact sur le travail de l'équipe. Par exemple : "Je suis irrité par les retards qui nous empêchent de commencer la réunion à l'heure." Cela passe bien mieux que le reproche ou, pire, la posture silencieuse et visiblement agacée. Plus facile à entendre pour l'autre, le ressenti est, de plus, indiscutable ! »***

Petit rappel sémantique : le « je » exprime ce qui se passe en vous. « Pour mettre en valeur l'équipe, utilisez le "vous" et, pour inclure, le "nous". Bannissez le "on", diffus et peu clair », précise Géraldine Lemoine, sociologue, consultante et formatrice en communication collaborative.

* Mobilisez l'intelligence émotionnelle de votre équipe

L'émotion permet en outre de faciliter l'adhésion des collaborateurs à un projet, avec une efficacité supérieure aux arguments rationnels que sont les objectifs commerciaux ou le chiffre d'affaires. Olivier Fronty, CEO du cabinet SBT, le démontre en citant une rencontre avec un client.

> ***« Je parlais avec un dirigeant qui souhaitait vraiment embarquer ses collaborateurs en développant un plan d'action. Je lui ai suggéré d'évoquer aussi ses valeurs, son engagement, la solidarité. Lorsqu'il l'a fait pendant sa présentation, son équipe a commencé à prendre des notes exactement à ce moment-là. Sur ces sujets, sa voix changeait, devenait plus chaleureuse, et les salariés ont ressenti cette émotion. Ils ont fini par l'applaudir. »***

Les conférences TEDx débutent ainsi presque systématiquement par l'instauration d'un champ émotionnel commun, avec une histoire ou une blague, pour mieux capter l'auditoire. « C'est la meilleure solution pour faire passer un message qui marquera les esprits. Une émotion, pour notre cerveau, c'est une décharge chimique intense. En s'appuyant sur cette chimie émotionnelle, on augmente l'impact de sa communication », ajoute Olivier Fronty.

* Prenez le temps de vous former

Attention cependant : assister à une conférence sur l'intelligence émotionnelle ou lire un bouquin sur le sujet ne suffit pas à faire d'un manager le maître de ses émotions ou un as du neurocognitivisme !

> ***« Il n'y a pas de baguette magique, rappelle Brigitte Dubreucq. Cela demande des compétences et de la pratique, afin que ces notions s'ancrent dans la mémoire procédurale, celle qu'on utilise pour répéter les gestes et attitudes quotidiens. Mieux vaut rester prudent face à quelqu'un qui affirme qu'il est possible de développer son intelligence émotionnelle en quelques heures ! Cela exige de la motivation et des efforts. »***

Son confrère, Christophe Padiou, compare l'apprentissage du neuroleadership à « une salle de musculation » : des exercices réguliers sont nécessaires avant de parvenir à un résultat.

5 conseils
D'EXPERTS POUR BOOSTER
votre intelligence émotionnelle

1. Augmenter son vocabulaire émotionnel

« Contrairement au quotient intellectuel, l'intelligence émotionnelle se développe tout au long de la vie », souligne Sophie Morin. La première étape consiste à apprendre à connaître ses émotions. Boule au ventre, nausée, gorge qui se serre, certains signes physiques aident à identifier ce que l'on ressent. Pour mieux les nommer, on travaille son vocabulaire émotionnel. Au-delà des émotions de base que sont la joie, la colère, la peur, la tristesse et le dégoût, il faut en relever les nuances et en mesurer l'intensité.

2. Identifier les déclencheurs d'émotions

« Nos pensées, nos croyances, nos valeurs déterminent nos émotions face à une situation. Il faut se demander quel est le besoin – de soutien ou de reconnaissance, par exemple – qui est impliqué dans telle ou telle émotion », explique Christelle Le Gallo. Si l'on a tendance à fuir les conflits, c'est peut-être parce qu'on en a peur ou parce que l'on dédaigne des querelles qui, à nos yeux, ne sont pas à la hauteur de notre enjeu professionnel. Conseil : prendre l'habitude de refaire le match des situations émotionnellement difficiles pour nous. « Chaque soir ou une fois par semaine, on revient sur les faits en se demandant quelles émotions on a ressenties et pourquoi », suggère la coach.

3. Se mettre à la place des autres

Pour accroître votre niveau d'empathie, mettez-vous à la place de votre entourage pro ou perso. « On décrit une situation telle qu'on l'a vécue, puis on la raconte du point de vue de notre interlocuteur et enfin de celui qu'aurait un observateur extérieur », conseille Lucie Lauras. Pour tout saisir de l'art de l'écoute active et amener les autres à s'exprimer, on se lance des défis hebdomadaires. « On choisit un collègue avec qui on va discuter, mais – et là est le défi – sans rien lui dire de nous. On lui pose des questions anodines : ce qu'il fait en ce moment, ce qu'il est allé voir au cinéma… », propose Selim Saadi. Et on écoute pour tenter de ressentir ce qui se cache sous les mots. De manière générale, on adopte avec tous une culture du feed-back positif : on s'entraîne à interroger son propre ressenti, à demander celui des autres et à reformuler à haute voix pour vérifier qu'on a bien compris ce que notre collaborateur nous a dit. Histoire de dissiper tout malentendu !

4. Dompter ses émotions

« Il existe cinq grandes familles de régulation », précise Lisa Bellinghausen. On peut agir sur la situation elle-même (sortir d'une pièce lorsque la colère est trop forte, par exemple), modifier son intention (se concentrer sur une autre personne que celle qui nous énerve) ou procéder à une réévaluation cognitive en se demandant par exemple si les enjeux de la situation sont si importants. Autre suggestion : jouer sur les manifestations de l'émotion – desserrer sa cravate pour mieux respirer – ou faire appel à du soutien en dialoguant avec une personne capable d'apaiser notre émotion. La pratique de la méditation favorise également la régulation émotionnelle. « On apprend à se concentrer sur soi et à accueillir nos émotions sans les juger », note Sophie Morin. De quoi agir sur elles plus facilement.

5. Choyer les alliés de votre équilibre émotionnel

Manque de sommeil, surmenage, isolement pèsent sur notre résistance émotionnelle et notre perception des événements. Cultiver sa santé émotionnelle commence par l'adoption d'une bonne hygiène de vie et le fait de cultiver ses liens sociaux, qui sont de très bons régulateurs.

CHAPITRE

2

Organisation : IL EST URGENT DE RALENTIR !

(Gaëlle Ginibrière)

Face à vos nouvelles responsabilités, il va falloir apprendre à ne pas vous laisser déborder. Pour ça, pas de secret : il faut s'organiser !

L'organisation, ça s'apprend ! Ce n'est pas la plus glamour des *soft skills*, mais savoir gérer son temps, hiérarchiser ses priorités et anticiper les pics de travail de l'équipe reste la meilleure manière de réduire votre stress.

Elle n'est sans doute pas en vogue comme l'agilité, ni aussi flamboyante que la créativité. Mais sous ses airs très raisonnables, la capacité d'organisation se révèle une alliée précieuse dans le monde professionnel… comme personnel. Une étude de Pôle emploi de 2019 la plaçait même au premier rang des compétences recherchées par les recruteurs. « Avec la digitalisation de l'économie et les changements de pratiques qui en ont découlé, les entreprises dans leur globalité, mais aussi les managers à leur échelle réinterrogent de plus en plus leur capacité à mieux gérer leur temps », observe Gaetan de Lavilleon, PDG de Cog'X, agence d'études et de conseil en sciences cognitives. Dans l'environnement numérique qui est devenu le nôtre, l'attention est en effet captée par de multiples facteurs extérieurs, mails, réseaux sociaux d'entreprise… « Il ne faut pas non plus sous-estimer les sollicitations internes (pensées, prise de rendez-vous chez le médecin, liste de courses…), qui représentent 50 % des interruptions. Une hypothèse est qu'avec le numérique, nous prenons l'habitude de changer plus rapidement d'activité et nous avons naturellement davantage tendance à zapper », poursuit Gaetan de Lavilleon.

Conseils d'experts pour retrouver la sérénité.

* Infobésité, mal du siècle ?

C'est le sentiment de nombre de managers débordés par la masse d'informations qu'ils ont à gérer quotidiennement. « Or nous avons urgemment besoin de renouer avec une phase de sobriété neuronale. Notre cerveau n'est pas en capacité de traiter les innombrables informations qu'il reçoit. Il faut rompre avec cette infobésité permanente et hiérarchiser les informations. Un manager qui se perd dans mille détails altère au final sa capacité décisionnelle : son cerveau passant en mode automatique, la surcharge cognitive génère stress et fatigue », commente Erwan Deveze, fondateur du cabinet Neuroperformance Consulting. Pour Géraldine Le Guillou, fondatrice du cabinet Organiz-Action, notre organisation est aussi le reflet de notre état émotionnel. « Au début des années 1920, la psychologue russe Bljuma Zeigarnik donne son nom à une expérience restée célèbre. Elle découvre qu'une tâche inachevée provoque un état de tension dans l'organisme, tandis qu'une mission accomplie s'efface facilement de la mémoire. En poursuivant parallèlement de nombreuses tâches non finalisées, le cerveau épuise son énergie à les ressasser, sans pouvoir passer à autre chose : c'est ce qu'on appelle "l'effet Zeigarnik" », détaille la consultante formatrice.

Se concentrer pour finir une tâche permet de l'archiver et libère de la capacité psychique pour le reste. Un mécanisme à la base d'une plus grande efficacité, mais pas uniquement. « Bien-être et performance ne doivent plus être dissociés ou opposés. Les neurosciences démontrent que les deux se nourrissent et se renforcent, en activant tout particulièrement le circuit cérébral de la récompense », avance Erwan Deveze.

Le secret est donc de s'assigner un nombre limité (mais atteignable) de tâches à accomplir – trois par jour, par exemple –, plutôt qu'une *to-do list* interminable. Une fois ces missions remplies, vous serez gagné par un sentiment de satisfaction et de fierté... qui boostera votre motivation.

* Cultiver sa souplesse mentale

Ne pas se perdre dans la lecture incessante de ses mails, mais se réserver des plages de travail pour se consacrer aux tâches qui exigent de la concentration, planifier en amont sa journée ou sa semaine de travail, programmer les réunions lorsque le cerveau est le plus performant – le matin ou en milieu d'après-midi –, s'autoriser de vrais temps de pause tout au long de la journée..., les basiques de l'organisation sont désormais bien connus. Inutile en revanche de vouloir entrer au chausse-pied dans des recettes toutes faites qui ne vous conviennent pas, explique Géraldine Le Guillou. L'experte en organisation propose un accompagnement adapté aux failles et modes de travail de chacun. La consultante a ainsi coaché deux caractères diamétralement opposés dans une société de production. L'un, procrastineur patenté, travaillant au dernier moment sous la pression de l'urgence, l'autre préférant s'acquitter tout de suite des tâches pour en être débarrassé. « Avec le premier, nous avons travaillé sur sa gestion du stress et introduit une nouvelle habitude : compiler au fur et à mesure les informations dont il pourrait avoir besoin au final, les archiver de façon à ce que, lorsqu'il se trouve au pied du mur et se met à travailler, il puisse boucler efficacement ses dossiers. Quant au second, je l'ai amené à réfléchir sur sa planification et sa capacité à intégrer à son travail initial de nouvelles données jusqu'à la date butoir », explique Géraldine Le Guillou.

Améliorer son organisation, c'est aussi adapter son travail à ses capacités physiques et mentales du moment. « Par exemple, quelqu'un qui a mal dormi devra s'isoler davantage pour rester concentré », note Gaetan de Lavilleon.

Il faut être à l'écoute de ses propres sensations, mais aussi insuffler suffisamment de confiance dans l'équipe pour que vos collaborateurs n'aient plus peur d'avouer une fatigue ponctuelle.

* Un tremplin pour d'autres compétences

Mieux structurer son temps pour mieux contrôler sa résistance au stress..., c'est une demande que les managers débordés adressent régulièrement aux coachs. Dans le programme de développement des *soft skills* de l'Ifcam – l'institut de formation du groupe Crédit Agricole –, les techniques de gestion du temps irriguent plusieurs autres compétences. « Les méthodologies du type GTD ("getting things done", un classique de l'organisation) ou Pomodoro (une méthode qui consiste à découper votre journée en tranches de vingt-cinq minutes de travail et cinq minutes de récréation) aident les collaborateurs à agir efficacement et facilitent l'acculturation aux méthodes agiles. En leur permettant de lever la tête du guidon, il s'agit aussi de les former à l'esprit critique », avance Evelyne Truong, chef de projet à l'Ifcam.

Et si mieux gérer son organisation permettait aussi de dégager du temps... pour mieux manager ? Le coach Ricardo Croati en a la conviction. « Lorsque notre cerveau est en surcharge mentale permanente, nous n'arrivons plus à consacrer du temps à nos équipes. S'abstraire des sollicitations, dégager des plages de concentration accroît la qualité relationnelle avec les autres. »

Un phénomène qu'il observe déjà lorsque, dans les formations qu'il anime, il oblige les participants à couper leur téléphone portable : l'écoute, l'attention aux autres s'en trouvent décuplées. Le consultant est persuadé que la « résistance cognitive », cette capacité à structurer ses activités et à lutter contre l'addiction aux mails et notifications, deviendra à l'avenir une qualité particulièrement recherchée. Entraînez-vous dès aujourd'hui !

* Manager l'organisation des équipes

Question éminemment personnelle, la gestion du temps revêt également une dimension collective. « Beaucoup d'activités ne nécessitent pas d'être joignable en permanence, observe Gaetan de Lavilleon. Les entreprises expérimentent de nouveaux temps de travail, par exemple des plages horaires où les équipes ne s'envoient pas de mails, incitent à couper les notifications ou repensent leur espace de travail pour favoriser la concentration. » Des aménagements indispensables, comme l'ont montré les périodes de confinement.

5 ASTUCES COGNITIVES à appliquer absolument

Commencer sa journée par les dossiers compliqués ou longs.

Ne pas se précipiter sur ses mails dès son arrivée.

Se fixer et afficher des objectifs mesurables.

Supprimer les tâches pour lesquelles l'objectif à atteindre n'est pas clair.

Éliminer sans remords la plupart des informations reçues : 90 % d'entre elles ne nous servent à rien.

5 conseils
D'EXPERTS POUR BOOSTER VOTRE CAPACITÉ DE TRAVAIL

Patrick Georges, spécialiste des sciences cognitives

« Pour être plus performant, il faut adapter son rythme et ses méthodes aux exigences biologiques de notre "machine intellectuelle" ».

Médecin neurochirurgien, Patrick Georges a quitté depuis une dizaine d'années les salles d'opération pour créer des start-up. Spécialisé en organisation du travail et en sciences cognitives, il enseigne au Collège des ingénieurs et à HEC Paris, et donne des conférences en entreprise.

« Pour améliorer sa performance au travail, il faut savoir s'adapter aux exigences de notre cerveau. Or ce dernier n'a pas de principes établis. Il a besoin d'organisation, certes, mais celle-ci doit être pensée en fonction de votre activité. Prenons l'espace de travail. Un bureau dégagé ou bien rangé, que l'on présente souvent comme un idéal d'organisation, ne convient pas à toutes les tâches. Il est parfaitement adapté si votre travail exige une grande concentration ou que la moindre erreur risque d'avoir des conséquences importantes dans vos dossiers. Dans ce cas, soyez extrêmement rigoureux, réduisez les informations accessibles à votre regard aux seules ayant un lien direct avec le travail à effectuer. Faites en sorte d'avoir accès en un clic aux dossiers ou algorithmes utiles à votre tâche en anticipant tout ce dont vous aurez besoin. À l'inverse, les activités créatives trouveront leur inspiration dans un bureau encombré, car nous puisons des informations dans les éléments disparates sur lesquels se pose notre regard. Le cerveau se nourrit de son environnement. C'est pourquoi aller se balader est conseillé lorsqu'il s'agit de trouver une idée. Voici cinq astuces pour faire de son cerveau son allié et lui donner ce dont il a besoin pour bien fonctionner. »

1. Soyez moins réactif

« La première, c'est de ne jamais céder à l'envie de répondre immédiatement à n'importe quelle sollicitation. À l'oral, une réplique met moins de trois secondes à fuser, alors que le cerveau a besoin de temps pour traiter une information correctement. Au téléphone, rappelez votre interlocuteur avant de lui donner une réponse. Mieux, optez pour l'écrit, qui améliore de 34 % la qualité de votre communication. L'écriture, plus lente que la parole, fournit un délai profitable à nos mécanismes de traitement de l'information les plus qualifiés, qui sont aussi les plus lents. La perte de réactivité est largement compensée par l'augmentation de qualité. Cette discipline est d'autant plus indispensable que le projet est sensible et qu'un contexte d'urgence pourrait vous pousser à parler sans trop réfléchir. Quant aux questions importantes, attendez le lendemain pour y répondre. Au moment de sa conception, le message est en effet traité par la mémoire épisodique dans une zone primaire du cortex cérébral, l'hippocampe, où il est isolé. La nuit, il est diffusé en interne vers un ensemble plus étendu du cortex. C'est pourquoi vous améliorerez votre réponse en la relisant le lendemain. »

2. Ne brouillez pas vos messages

« Vos interlocuteurs passent en moyenne de quatre à cinq secondes à lire un mail… et douze secondes si le nom de l'expéditeur leur souffle d'y consacrer un peu plus d'attention. Sur 1 027 messages professionnels que nous avons analysés, 67 % ont un score d'efficacité attentionnelle et sémantique inférieur à 12/20. Pour rédiger un écrit efficace, n'essayez jamais de transmettre plus d'une idée par message. Et sachez que notre cerveau décide avant nous ! À la lecture d'un mail, la deuxième phrase influence déjà significativement moins le lecteur que la première et ainsi de suite. Aussi, précisez dans l'objet du mail si celui-ci est pour info ou requiert une action. Puis placez votre conclusion en tête. Enfin, assurez-vous d'éliminer tous les mots… qui ne servent pas votre idée principale. »

3. Classez vos dossiers par objectif

« Pour récupérer facilement des fichiers dans son ordinateur, le mieux est encore de… ne pas les classer. En effet, une simple erreur dans l'arborescence suffit à les rendre introuvables. En revanche, si vous donnez à chacun d'eux un titre long et complet, le moteur de recherche les identifiera très rapidement. Si vraiment vous ne pouvez pas vous passer de ranger vos fichiers, privilégiez une logique qui correspond à la façon dont notre cerveau classe lui-même les données, c'est-à-dire par objectif plutôt que par sujet. Une information sur la société X classée dans le dossier du projet "Augmenter les ventes" a plus de valeur cognitive que classée à "Société X" ou même à "Prospects qualifiés". Pour traiter l'information, l'intelligence humaine utilise un cycle en six étapes, de la fixation de l'objectif à l'action. En commençant une tâche sans avoir clairement à l'esprit son objectif à court terme, nous court-circuitons ce cycle en le démarrant à l'étape 4. C'est comme pour une machine à laver : le cycle long prendra un peu plus de temps, mais le linge sera beaucoup plus propre. »

4. Punaisez vos objectifs au mur

« Depuis Neandertal, le cerveau est organisé de façon à faire passer les objectifs des autres avant les nôtres. Cela ne veut pas dire que l'homme est spontanément altruiste, mais qu'il est influençable. Le cerveau suit les objectifs de l'autre parce que, hors de toute réflexion, il suppose qu'il sait où il va. Pour tenir votre propre ligne, décidez chaque dimanche de ce que sera la grande réalisation de la semaine à venir et, chaque matin, faites de même pour l'affaire du jour. Affichez également au mur des objectifs précis, car lorsque votre cerveau cherche à décider quelle action entreprendre, il regarde d'abord autour de lui pour trouver ce qui peut l'amener à suivre telle ou telle direction.

Pour être atteints, les objectifs gagnent à être détaillés en sous-objectifs et inscrits dans une unité de temps plus réduite. Les entreprises raffolent des objectifs à l'année et au mois. Scindez ceux de vos collaborateurs en cibles trimestrielles ou hebdomadaires. Sans être scientifiquement prouvés, des indices laissent penser que le cerveau humain répartirait mieux son effort sur ces durées. »

5. Défragmentez votre emploi du temps

« Rester concentré, c'est l'un des secrets de l'intelligence humaine. Plusieurs techniques cognitives augmentent significativement la durée de concentration. Par exemple, bloquez trois fois une heure par jour pour vous focaliser sur trois dossiers importants. Et faites tout plus lentement. Nous avons développé avec mon équipe un modèle prédictif de l'intelligence humaine, appelé Six-System Intelligence Model, qui doit beaucoup aux travaux des prix Nobel d'économie Daniel Kahneman et Richard Thaler. Nous avons notamment découvert que plus une tâche cognitive est complexe, plus elle s'effectue lentement et plus elle est sensible aux fragmentations, c'est-à-dire aux interruptions et aux coupures. D'où la suggestion de faire tout un peu plus lentement et de séparer vos travaux en bloquant de larges plages de travail. Une information manquante est souvent à l'origine de la mise en attente d'une tâche complexe. Pour éviter de morceler vos activités, entamez un travail seulement après avoir réuni tous les éléments qui seront indispensables pour le terminer. »

CHAPITRE

3

Gagnez
EN CONFIANCE ET EN AGILITÉ

(Christine Halary, Julie Krassovsky)

Difficile d'être un manager agile si l'on ne cultive pas en même temps sa confiance en soi. Voici comment renforcer ces aptitudes essentielles pour exercer vos nouvelles responsabilités.

En apparence, Marie-Claude assure. Cette directrice commerciale remplit ses objectifs à la perfection, mène son équipe avec poigne et dégage une impressionnante confiance en elle. Pourtant, lors d'un coaching personnel, le masque se brise. Blessée par la vie, cette top-manager se fait en réalité une piètre image d'elle-même. Qu'elle dissimule en multipliant les exigences envers elle-même et son équipe. « Le manque d'estime de soi n'est pas l'apanage des timides, observe le coach Arnaud Riou. Certains perfectionnistes survalorisent leur travail pour compenser cette faiblesse. » Plus souvent, cependant, l'effet sera inverse : « Une personne qui manque de confiance en elle aura plutôt tendance à rester en deçà de son potentiel », analyse la coach Juliette Tournand. Mais un excès d'assurance n'est pas forcément une meilleure nouvelle... « Le risque, poursuit-elle, c'est de s'installer dans la routine et de ne pas se mobiliser au niveau requis par la situation. » Dans tous les cas, l'estime de soi est le pivot de notre épanouissement. D'où l'importance de s'apprécier à sa juste valeur. Inutile, cependant, de remonter à la petite enfance pour reconstruire les piliers de sa personnalité : l'estime et la confiance en soi dépendent aussi de notre situation présente et de la façon dont on se positionne au sein de l'entreprise.

Voici tout ce qu'il faut savoir pour « assurer » en toutes circonstances.

* Se connaître et s'adapter

Auteur de *La Boîte à outils du développement personnel en entreprise* (Dunod), Laurent Lagarde pense que l'estime de soi relève d'un « jugement intérieur » : c'est la comparaison entre ce que l'on pense être et ce que l'on aspire à être. Si l'écart entre ces deux identités se creuse, notre estime s'effrite.

Il faut donc commencer à saisir ce que l'on est… et s'accepter, ce qui n'empêche pas de chercher à s'améliorer !

Nombreuses sont les grilles d'évaluation destinées à cerner votre personnalité, comme le test de Johari ou les questionnaires 360 °. Se faire accompagner dans cette démarche est un plus : la coach Alexandrine Becker-Ferri propose ainsi de décrypter votre comportement inconscient. Se connaître, c'est (déjà) s'accepter !

* Avancer pas à pas

La peur d'échouer vous tétanise ? Rappelez-vous que votre premier objectif n'est pas de réussir, mais d'essayer. Commencez par vous fixer des défis au quotidien. Par exemple, regarder dans les yeux les collègues que vous croisez. Ou téléphoner à ce prospect que vous redoutez tant. S'il vous raccroche au nez, prenez du recul : il était occupé et sera plus ouvert la prochaine fois. À ceux qui manquent d'assurance, Juliette Tournand, coach et autrice de *La Bienveillance en action* (InterÉditions), conseille de prendre des initiatives utiles à ses semblables, comme aider une dame âgée à traverser la rue.

« L'estime de soi se nourrit de la bienveillance que l'on manifeste aux autres. » Une façon de se grandir.

* Consolider ses succès

Une pensée négative tend à occuper plus de place dans votre esprit qu'une pensée positive. D'où l'importance, pour gagner en confiance, de fixer vos expériences réussies dans différents champs de votre mémoire.

C'est la méthode de la visualisation, qui consiste à faire appel à toute la gamme des sensations pour réactiver un état de performance en passant par différents canaux, comme l'explique Juliette Tournand, qui a participé à la préparation mentale de navigateurs de renom.

Souvenez-vous d'un succès personnel : un concours de danse, un marathon, un examen… « Convoquez ce souvenir en images, puis ajoutez-y le son, les sensations, les émotions, afin de l'ancrer à plusieurs niveaux. » Et réveillez-le chaque fois que vous en avez besoin.

* Se connecter à sa mission de vie

Au moment d'agir, vous ressentez un blocage dans la zone du plexus ou une oppression dans le haut de la poitrine ? « Soyez à l'écoute de ces radars, révélateurs de conflits intérieurs », conseille Arnaud Riou, qui propose de se livrer à quelques minutes de méditation quotidienne. Il s'agit de relier le corps, le cœur et l'esprit pour retrouver l'harmonie. On renoue ainsi avec ses sensations corporelles et on s'ancre physiquement dans le présent. Google, Facebook, L'Oréal ou EDF incitent leurs salariés à cette pratique.

> ***« Faites confiance à vos envies », ajoute l'auteur des* Nouveaux Sages *(éd. Solar), qui suggère d'écouter son cœur « en laissant résonner plutôt que raisonner ».***

* Évaluer ses aptitudes cognitives

« Dans une start-up, vous baignez dans une culture apprenante qui vous aide et vous pousse au mouvement. Dans un environnement moins agile, vous devrez davantage vous appuyer sur la connaissance que vous avez de vous-même pour vous adapter aux circonstances », rappelle Jean-Christophe Walter, coach et fondateur du cabinet EQuanimité Conseil Accordeur de soi. Comment faire ? Alexandra Didry, directrice R & D chez PerformanSe, nous met sur la voie :

> ***« L'adaptation, c'est le volet comportemental d'une aptitude cognitive, la flexibilité mentale. » Pour évaluer cette aptitude, la docteure en psychologie sociale préconise l'identification de trois freins : « La difficulté à lâcher prise, le souci du regard des autres et enfin la peur de la critique. »***

Si vous n'avez aucune difficulté à mettre un point final à un travail, quitte à ce qu'il ne soit pas absolument parfait, monter sur scène pour chanter *My Way* devant vos amis ou sortir en short sur l'esplanade de La Défense, il y a de fortes chances que vous soyez « adaptable ». Poussez plus loin votre réflexion en repérant ce que Christophe Deval nomme vos « deux ou trois peaux de banane ». À savoir : êtes-vous pessimiste, critique, enthousiaste, naïf, confiant ? Pour ce spécialiste en thérapies comportementales et cognitives, il faut évaluer ses propres réactions dans un contexte donné : lorsqu'un changement survient dans votre environnement professionnel, avez-vous la tentation de préserver votre point de vue ? Ou est-ce que votre première pensée, c'est plutôt « il faut que ça marche » ?

> ***« Le premier réflexe auquel il faut résister est la réticence, explique le coach. Ne vous dites pas : "Mon environnement change, je n'y arriverai pas." Demandez-vous plutôt ce qui ne change pas et ce que vous savez déjà faire pour répondre à la demande. Évaluez ensuite ce qui vous manque et quelles ressources vous devrez mettre en œuvre pour y parvenir. »***

* Ne pas se laisser driver par ses émotions négatives

Surtout, ne pas céder à ses premières émotions lorsqu'elles s'apparentent à la colère et à la révolte.

> ***« Lorsque survient un changement, il faut être en mesure de réfréner sa nature. Si votre tendance naturelle est au pessimisme ou au cynisme, il faut être assez rusé pour les inhiber de façon à ne pas se saboter soi-même », prévient Alexandra Didry.***

Concrètement, cela se traduit d'abord par un effort sur le vocabulaire employé. Évitez la négation et la critique ; aux « mais » et « ce n'est pas clair », préférez le « et », inclusif, le « comment », pragmatique, et le « dans quel but », qui vous situe dans l'action. « En cas de bouleversement, l'enjeu n'est pas de nier vos émotions mais de les écouter. Celles-ci sont la plupart du temps fonctionnelles et utiles », rappelle Christophe Haag, professeur en comportement organisationnel à l'emlyon business school.

* Modifier ses process

S'adapter, c'est aussi... jouer. « Reconsidérez sous un autre angle les sujets que vous traitez au travail : faites-le à plusieurs, en changeant de cadre ou de lieu », conseille Alexandra Didry. Fabien, manager d'une grande collectivité locale, entraîne chaque mois son équipe de direction à tenir sa réunion hors les murs, dans un lieu administré par la collectivité qu'ils gèrent ensemble, afin de permettre aux managers de discuter avec les agents de terrain. En délogeant la hiérarchie, le responsable bouscule son mode de fonctionnement.

> ***« S'adapter, c'est sortir d'une habitude qui utilise les mêmes processus et arrive toujours au même résultat », note Rébecca Prévost, psychologue du travail et coach en entreprise.***

Pour améliorer votre souplesse mentale, commencez donc par changer une ou deux petites choses dans votre façon de faire. « Intégrez des réseaux pros et échangez vos bonnes pratiques », conseille la coach. Toutes sortes de communautés de métiers existent pour transformer votre job, et votre vie, en *learning expedition*.

* Aller sur le terrain (mental) de l'autre

Enfin, pour intégrer l'agilité dans votre mode de fonctionnement, il faut savoir sortir de votre zone de confort physique et mentale. « Cela implique de se mettre en position d'apprentissage. Et surtout d'arrêter de se dire qu'on sait, sinon on arrête d'écouter les autres », assure Christophe Deval. Responsable commerciale dans une petite entreprise de textile, Alice Voirin travaille à distance avec deux techniciens basés en Chine. « On ne se comprend pas toujours ! Quand je leur envoie une consigne, je leur demande de m'expliquer ce qu'ils en retiennent et je la reformule avec leurs mots à eux. »

> ***Écouter plutôt que répéter, c'est aussi ça, sortir de sa zone de confort !***

ATTENTION

à la suradaptabilité !

Vous dites toujours « oui », quel que soit le contexte ? Pour ne pas déplaire ? Pour prouver votre motivation ? Gare à la perte de crédibilité et au risque de burn-out ! En effet, la suradaptabilité est facilement considérée comme un manque de personnalité. Le vrai risque est surtout de perdre le lien avec vos valeurs profondes, votre identité professionnelle (expertise) pour coller à des contraintes imposées. Ce « faux self » vous éloigne de vos propres envies et limite, par conséquent votre créativité et votre capacité à prendre des décisions.

Se délivrer

DES INJONCTIONS INUTILES

Au moment de prendre votre poste de manager, un doute vous prend : êtes-vous vraiment légitime pour occuper cette responsabilité ? Pourquoi votre équipe devrait-elle vous suivre ? Vous êtes victime du syndrome de l'imposteur, cette petite voix intérieure qui vous murmure que « vous n'êtes pas à la hauteur ». Rassurez-vous, vous n'êtes pas le seul : 62 % des managers sont victimes du syndrome d'imposture (voir l'encadré « Sondage »). Mais il va falloir apprendre à réagir vite pour vous imposer rapidement. L'une des premières étapes consiste à se débarrasser des injonctions emmagasinées depuis l'enfance. Parents ou professeurs nous ont transmis ces modèles de bonne foi, mais ils sont parfois devenus des diktats dans lesquels on se sent pris au piège. Voici cinq messages contraignants, identifiés par le psychologue américain Taibi Kahler, et les pistes pour s'en libérer.

1. « Fais plaisir »

Censé développer notre altruisme, ce message devient pénalisant quand il génère une volonté de plaire à tout prix. On privilégie les besoins des autres, quitte à s'oublier. On redoute de dire « non », on a peur de décevoir. Efforcez-vous de reconnaître vos propres nécessités et de les satisfaire. Vous serez moins frustré et les autres, plus heureux…

2. « Dépêche-toi »

Précieuse pour aiguiser notre dynamisme, cette exhortation peut aussi nous pousser à agir dans l'urgence, à accumuler les tâches. Gardez en tête le vieux proverbe « Il ne faut pas confondre vitesse et précipitation » et adoptez cette devise, moins contraignante : « Rien ne m'oblige à aller vite. » Acceptez de prendre votre temps, ralentissez, par exemple en pratiquant la méditation.

3. « Sois parfait »

Le fameux « peut mieux faire » encourage à se dépasser, mais un curseur placé un peu trop haut risque de susciter une insatisfaction chronique… qui peut elle-même conduire à la procrastination. Modérez votre degré d'exigence et accordez-vous le droit à l'erreur.

4. « Fais des efforts »

Gagner en persévérance et apprendre à donner le meilleur de soi-même, c'est bien. De là à considérer qu'il faut systématiquement en baver pour atteindre ses objectifs… Acceptez l'idée qu'il existe différentes façons de faire. Et que le chemin le plus simple n'est pas toujours le moins bon.

5. « Sois fort »

Nous armer pour résister à la pression : l'intention est louable. Mais l'injonction répétée à se forger une carapace pousse à refouler ses émotions. Et on se laisse un jour surcharger de travail sans protester… Autorisez-vous à faire part de vos difficultés. Pensez notamment au bénéfice que vous tirerez d'une demande d'aide.

SONDAGE :

nous sommes (presque) tous des imposteurs !

- 62 % des managers se sont déjà sentis imposteurs, contre 50 % seulement de l'ensemble des Français.
- 54 % des femmes ont déjà été victimes de ce syndrome, contre seulement 45 % des hommes.
- 55 % des victimes de ce complexe l'attribuent à un manque de confiance en soi.
- 38 % des victimes de ce syndrome pensent que n'importe qui ferait mieux qu'eux.
- 35 % estiment que ce complexe nuit à leur carrière car il les empêche de se mettre en avant.
- 39 % des 18-24 ans ont l'impression de ne jamais parvenir à faire ce qu'on leur demande.

(Enquête réalisée auprès de 2 987 personnes représentatives de la population française, âgées de 18 ans et plus. Sondage effectué en ligne sur le panel propriétaire YouGov France, du 10 au 15 décembre 2021.)

CHAPITRE

4

Inspirez-vous
DES BONS MODÈLES

(Marie-Madeleine Sève)

Au moment de prendre votre poste, voici qu'un doute vous étreint : et si vous n'étiez pas vraiment taillé pour le job ? Pas de panique : vous êtes victime d'un complexe fréquent chez les managers, le sentiment d'imposture. Notre méthode en six étapes pour retrouver votre légitimité.

En accédant aux responsabilités de manager, vous perdez la plupart de vos repères habituels. Vous voici désormais amené à décider par vous-même, faire des choix, assumer vos échecs, embarquer une équipe, proposer une vision… Or, tout cela, vous ne savez pas nécessairement le faire. Les qualités dont vous avez fait preuve à un poste opérationnel ne vous seront pas toujours utiles pour réussir dans un job managérial. Il vous faudra en effet faire appel à de nouvelles qualités. Et vous n'avez pas forcément le temps pour cela : votre hiérarchie attend de vous des résultats rapides. Comment faire ?

La réponse est, au fond, très simple : inspirez-vous… des autres managers ! Copiez-les, faites comme eux, utilisez les mêmes mots, endossez leurs attitudes et leurs manières de s'exprimer. Au bout d'un moment, vous maîtriserez les codes de votre nouvel environnement. Et vous pourrez beaucoup plus facilement développer votre propre style. S'ils peuvent le faire, alors vous aussi, pas vrai ?

Élaborée par le psychologue canadien Albert Bandura, l'un des pères de la psychologie positive, cette méthode est fondée sur la théorie de l'apprentissage « vicariant » ou « par procuration », une acquisition indirecte de connaissances et de savoir-faire bâtie à partir de l'observation fine d'une ou plusieurs personnes modèles. Question : comment trouver, dans votre entourage, la ou les personnes dont vous vous inspirerez pour acquérir durablement les savoir-faire et les comportements indispensables à votre nouveau rôle de manager ?

C'est parti !

* Étape 1 : identifier son « rôle modèle »

« L'idée consiste à "pomper" l'excellence de quelqu'un, apprendre de ce qu'il raconte de son job, de sa fonction, de ce qu'il fait ou ne fait pas, des émotions qu'il éprouve en exécutant une tâche, du type de relations qu'il entretient pour progresser, avec qui et où », explique Jean-Louis Muller, expert associé auprès de Cegos. Avant toute chose, ouvrez vos horizons : « Rester dans son coin est une position confortable, mais dangereuse, alerte le formateur. Parce que ce qui vous a permis de faire du chemin jusque-là n'est pas forcément ce qui vous permettra de réussir à l'avenir. »

> ***Identifiez ensuite une figure sur laquelle vous projeter et qui vous fera aller de l'avant.***

Selon Albert Bandura, ce modèle doit au minimum réunir trois caractéristiques : d'abord, être « similaire à l'observateur », pour que le sujet puisse s'y identifier ; ensuite, être « respecté dans son milieu », c'est-à-dire maîtrisant parfaitement les compétences que vous recherchez… Enfin, « attractif », précise Stacey Callahan, psychologue clinicienne et professeur de psychologie et psychopathologie à l'Université Toulouse 2, pour susciter votre envie d'apprendre. Autrement dit, outre le savoir-faire remarquable que vous avez repéré chez votre modèle, l'estime et l'affection que vous lui portez sont des facteurs déterminants pour que la méthode fonctionne.

> ***Dans votre choix d'un rôle modèle, privilégiez aussi le proche au lointain et l'accessible à l'inaccessible : le fait d'observer un pair jugé de compétences égales (ce qu'on appelle la « comparaison latérale ») en train de réussir une action vous amènera à vous sentir capable d'en faire autant.***

Lorsqu'il est amené à accompagner des managers souffrant d'un complexe dépréciatif, Laurent Tylski leur propose ainsi de travailler en binôme : « Je confronte, *via* le questionnement et les mises en situation, celui qui souffre du syndrome de l'imposteur avec un manager de même pointure », précise-t-il.

Il évoque ainsi Gérard, 40 ans, ingénieur en aéronautique dans une grande SSII, promu responsable d'un département à la fin 2021 et très angoissé à l'idée d'endosser ce nouveau costume, qui plus est au sein d'un *open space*, lui qui jusqu'alors occupait un bureau individuel. « Je l'ai mis en présence de l'un de ses pairs, un junior issu de la même école, de catégorie sociale équivalente, pilotant une équipe de même taille, dans la même activité, mais qui, lui, se sentait à l'aise dans ses baskets et n'éprouvait aucune difficulté à travailler au milieu de ses ingénieurs. Gérard a pu l'interroger et faire siennes certaines de ses ficelles de management, auxquelles il n'avait pas pensé. La comparaison entre leurs façons respectives d'animer leurs équipes, d'apprivoiser le télétravail, de garder l'esprit ouvert dans tel ou tel contexte lui a été bénéfique. »

Elle lui a aussi permis d'identifier sa « valeur compensée » : une expérience de dix ans, potentiellement utile à son binôme d'un jour ou en soutien d'autres pairs au sein de la SSII.

Étape 2 : cibler les capacités recherchées

Toutes les compétences requises d'un manager ne vous manquent certainement pas. Votre objectif est plutôt de vous améliorer sur certains éléments clés pour asseoir votre légitimité, comme une technique ou des habiletés particulières.

Repérez alors la personne détenant précisément les capacités que vous souhaitez développer. « Mieux vous choisirez, plus l'apprentissage sera pertinent et plus vous en serez acteur », expose Ludovic Taphanel, directeur des programmes à l'école de management des ressources humaines IGS-RH.

Exemple : devenu manager, vous avez des budgets à gérer. Vous n'avez aucune connaissance en comptabilité analytique ? Vous êtes sûr de vos autres compétences ? Alors, cherchez à apprendre de l'expert maison des bilans et des prévisions. « Plus celui-ci sera proche, accessible, sympathique et disponible, plus vous serez impliqué et mieux vous pourrez comprendre par quels processus il réussit à déchiffrer des tableaux financiers et à établir des prévisions », explique Caroline Cuny, docteure en psychologie cognitive et professeure à Grenoble École de Management. Et s'il n'est pas bon sur la gestion de réunions ou le recadrage d'un collaborateur, ce n'est pas grave. Ça, vous savez faire !

Étape 3 : multiplier les expériences apprenantes

Veillez en outre à multiplier les situations d'apprentissage avec plusieurs « tuteurs », dans des environnements variés afin de repérer les multiples facettes d'un savoir-faire, d'une compétence ou d'une posture, recommande Ludovic Taphanel : « Cela évite de surfocaliser sur une expérience unique. Il s'agit d'appréhender un processus. À quel moment cela réussit-il ? À quel moment cela échoue-t-il ? Quel est l'impact sur l'environnement de travail ? Dans quel contexte est-ce pertinent ? » Une fois que vous avez ainsi analysé et assimilé les gestes (comportements, techniques, vocabulaire, attitudes...) de vos modèles, vous pourrez vous les approprier :

« Il faut observer longuement une action et la reproduire une dizaine de fois pour que cela ait un impact en termes de renforcement positif, explique Caroline Cuny. Prenez votre temps et attendez d'être sûr de la validité d'une technique, pour ne pas risquer un ancrage dans l'erreur » (lire plus loin l'encadré : « La métaphore du rôti de bœuf »).

Cet « apprentissage social » est expérimenté par les étudiants en alternance qui côtoient des professionnels en exercice. Madison Le Guillou, par exemple. Étudiante en ressources humaines à l'université, puis en master à l'IGS Paris, elle a suivi son cursus en alternance au sein des services RH de Total Raffinage, puis Total Énergie, avant d'être embauchée dans une filiale du Crédit Agricole.

> ***« À chaque fois, j'étais en immersion totale dans le même bureau que mes tutrices. Je les écoutais résoudre des problèmes au téléphone, je devinais quels étaient leurs interlocuteurs, j'observais leur façon de dédramatiser une situation lorsqu'elles voulaient les rassurer. »***

Elle poursuit : « Je me rappelle l'arrivée en larmes d'une jeune manageuse, de retour de congé maternité, paniquée à l'idée de ne plus retrouver ses marques à son poste. Ma tutrice chez Total a lâché tous ses dossiers, s'est calée dans son fauteuil, dans une posture d'écoute totale. Et elle a su trouver des mots apaisants pour faire descendre la pression. J'ai revu ce type de situation dans la banque et adopté cette gestuelle si caractéristique, qui calme et déculpabilise. »

Mais, attention, mieux vaut abandonner d'emblée toute vision mécaniste des choses : reproduire ne signifie pas copier, mais plutôt reconstruire.

* Étape 4 : s'approprier les comportements observés

Albert Bandura insiste bien sur la pratique du « modelage » : il s'agit de s'inspirer d'autrui en l'observant, sans chercher à dupliquer point par point un comportement ou une façon de faire, en espérant obtenir les mêmes effets.

> ***« Répéter bêtement ne sert à rien. L'objectif est de saisir les raisons qui conduisent votre modèle à agir de telle façon plutôt que telle autre, dans tel environnement. Vous pourrez ensuite vous approprier sa méthode, selon votre propre objectif », développe Stacey Callahan, professeure de psychopathologie à l'université de Toulouse 2.***

Étudiante, elle s'est elle-même inspirée d'un de ses professeurs qui utilisait un quiz surprise sur la définition de concepts pointus de psychologie abordés en cours. « À l'époque, c'était innovant et ludique. Il prenait en compte les résultats afin d'équilibrer la note globale aux examens. J'ai repris l'idée dans mes propres travaux dirigés, en l'adaptant à ce que je suis et à mes étudiants des années 2020. » De son côté, si Madison Le Guillou, à l'instar de sa tutrice, se « cale dans son fauteuil » quand elle doit rassurer un cadre financier, elle puise ses mots dans son propre registre de vocabulaire, et adopte un ton bien à elle.

> ***« Vous êtes unique, restez dans votre singularité, ajoute le coach Laurent Tylski. Respectez votre intégrité et votre authenticité, sans chercher à devenir l'autre. Vous donnerez un sens personnalisé à vos actions. »***

* Étape 5 : trouver le bon support de mémorisation

La mémorisation des informations recueillies par l'observation active est un point capital. « Le mantra est simple : je vois, j'interroge, je réfléchis », insiste Ludovic Taphanel, directeur des programmes à l'IGS. Dans l'école, les alternants bénéficient ainsi d'un dispositif dit de réflexivité, un moment spécifique consacré à la prise de recul, durant lequel ils synthétisent, par écrit ou en vidéo, ce qui a bien ou mal fonctionné dans le service où ils sont en immersion. Chacun emmagasine ainsi les façons de faire, parfois rejouées devant un copain de promo, qui comprend et retient ce qu'il a vu des précédents.

> ***À vous de trouver votre moyen de codifier les points essentiels de votre observation, afin de les ancrer et d'être en mesure de les mobiliser très vite en situation.***

Ainsi, lors de ses séquences en entreprise, Madison Le Guillou, outre ces exercices de l'IGS, a opté pour l'écrit : elle retranscrit au fil de l'eau sur son ordinateur ce qu'elle a appris d'utile et de signifiant. Si votre mémoire est plutôt visuelle, vous pouvez utiliser la carte mentale. Si vous êtes plutôt « chiffres », établissez une liste numérotée, votre cerveau fera le reste.

* Étape 6 : utiliser la comparaison constructive

« La question "Qu'a-t-il de plus que moi ?" peut révéler un sentiment de jalousie envers un collègue, avec la vague sensation d'être minable, analyse le coach Yves-Alexandre Thalmann. Mais elle peut aussi contenir un sentiment plus positif, lorsque ce collègue suscite votre admiration et, par émulation, vous donne envie de progresser. » Attention donc à ne pas devenir victime de vos comparaisons, poursuit-il. « C'est à vous de les diriger et non de vous laisser diriger par elles. Si je pense "Brigitte a bien plus d'expérience que moi" avec une pointe de jalousie, je peux réagir en ajoutant aussitôt "Si elle peut le faire, il n'y a aucune raison que je n'y arrive pas". Je peux aussi choisir une autre personne, au profil plus proche du mien, et me dire "Je suis aussi bon que lui". Le secret, c'est la réorientation volontaire de l'attention. »

Optez pour des références adéquates, comparez ce qui est comparable et soyez précis dans l'objet de cette analyse : il est possible de comparer la façon dont vous avez géré un dossier, mené telle ou telle démarche, voire exprimé une qualité humaine.

> ***Mais votre regard ne doit évidemment pas porter sur la globalité d'une personne. Untel est peut-être meilleur que vous sur certains points, mais il ne « vaut » pas plus que vous !***

* Étape 7 : se défier des réseaux sociaux

Gare enfin aux pièges des Facebook, Instagram et autres réseaux sociaux, ainsi qu'à ceux des *selfies*, qui affolent les coachs. De toute évidence, en faisant défiler les posts, vous n'avez jamais l'image entière, vous ne connaissez ni l'humeur de l'auteur ou de son entourage, ni ses conditions de vie, ni le temps qu'il a passé à écrire ce post. Ne voir que les réussites et le côté merveilleux de la vie des autres fausse votre appréhension de la réalité, ce qui mine votre sentiment d'efficacité personnelle. Comparer votre job à celui d'un proche peut éventuellement vous rebooster pour changer de boîte. En revanche, contempler la vie oisive d'un milliardaire de Miami risque surtout de vous dégoûter de bosser autant pour un salaire de misère.

Ne soyez pas dupe : extrapolez le degré de vantardise des internautes et connectez-vous à vos propres ressources. Vous valez tellement mieux !

REPRODUIRE À BON ESCIENT :

la métaphore du rôti de bœuf

« Gare aux interprétations hâtives de ce que vous voyez ! Les raisons pour lesquelles le mentor ou le collègue auprès de qui vous apprenez procède de telle ou telle manière ne sont pas forcément les vôtres, prévient Stacey Callahan, professeure de psychologie à Toulouse. Pour bien s'approprier un comportement, il faut en saisir l'essentiel et ne pas accorder d'importance à ce qui n'en a pas. » L'histoire qu'elle raconte à ses étudiants est, à ce titre, éclairante.

Manon, accueillant des amis, prépare un rôti de bœuf et coupe les deux entames avant de l'enfourner. Étonné, un invité lui demande pourquoi. « Je ne sais pas, répond-elle, on a toujours fait comme ça dans la famille ! » Intriguée, Manon pose la question à sa mère qui lui raconte peu ou prou la même chose. Toutes deux interrogent alors la grand-mère. Qui leur explique... que son four était trop petit pour le rôti entier : « C'est pour ça que je coupais les deux bouts ! » Pour atteindre l'excellence (ici, le rôti parfait), certains gestes ne servent à rien. Gardez cela en tête en observant votre modèle.

TÉMOIGNAGE

« Je peux aller très loin dans la comparaison si je sens qu'elle me tire vers le haut ! »

Virginie Delalande, conférencière, autrice d'**Abandonner ? Jamais !** ***(Kawa).***

Sourde de naissance mais pas muette pour autant, Virginie Delalande est devenue, à force de pugnacité, avocate, puis conférencière. Son secret ? Se choisir à chaque étape de la vie des modèles inspirants !

Virginie Delalande, 41 ans, est une personnalité hors du commun. En préambule de ses interventions, elle explique : « Je suis sourde de naissance. Ma voix vous dérange peut-être... C'est une voix que je ne connais pas : je ne l'ai jamais entendue. »

Il lui a fallu vingt ans d'orthophonie pour parvenir à ce miracle : parler et se faire entendre. « Pendant des années, je me suis interrogée sur ma légitimité à suivre des études de droit, puis l'école du barreau de Paris, alors que je loupe 40 % des informations exprimées à l'oral. Après mon diplôme, je me demandais encore si j'avais le droit de porter la robe d'avocate. Je me sentais aussi illégitime à l'idée de devenir mère... Ou de participer en 2019 au Grand Oral de France 2, un concours d'éloquence dont j'ai pourtant été finaliste. »

Virginie Delalande se décrit comme une adolescente « experte en singerie sociale », voulant à toute force rentrer dans le moule. Pas top, constate-t-elle au fil de l'eau. Alors, elle apprend autrement. En particulier, en se projetant à plein sur des héros de fiction. « Depuis toute petite, je dévore des livres ! Et je m'identifie aux protagonistes : la reine Margot, les aventuriers de Jules Verne, les gamins intrépides du Club des Cinq... Je décortiquais leur fonctionnement : leurs réactions face à telle situation, face à tel personnage, leurs clés de psychologie, leurs stratégies... Et je me demandais : "Si moi je le fais, ça peut marcher ou pas ?" »

Adulte, Virginie constate que la réalité lui offre peu de modèles de personnes handicapées. Elle ne se sent en résonance ni avec Mimie Mathy ni avec Gilbert Montagné, bien trop éloignés de son univers ! Ses modèles, ce sont plutôt Martin Luther King, Oprah Winfrey, Simone Veil... « Je pouvais aller loin dans la comparaison, si je sentais qu'elle me tirait vers le haut ! » Virginie observe tout le temps, extrêmement sensible au langage non verbal de ses interlocuteurs, gestes, mimiques... « Les avocats bougent beaucoup, à l'inverse des magistrats. » Avide de savoir, elle questionne sans cesse autour d'elle. Bourreau de travail, elle écume les dossiers, épluche la jurisprudence, examine son entourage à la loupe, décortique, associe, reproduit à sa façon pour s'approprier le métier. Un apprentissage « par procuration » que ne renierait pas Albert Bandura !

CHAPITRE

5

20 outils
INDISPENSABLES À CONNAÎTRE SUR LE BOUT DES DOIGTS

(Christine Halary)

Maîtrisez-vous vos classiques au moment de devenir chef·fe ?

Testez vos connaissances, avec cette panoplie adaptée aux principales situations de votre vie de manager.

Difficile de s'improviser manager tant le job possède de nombreuses facettes : « Organiser, décider, animer, contrôler et anticiper », énumèrent Patrice Stern et Jean-Marc Schoettl dans *La Boîte à outils du management* (Dunod). Voici 20 outils pour renforcer l'efficacité de votre équipe, améliorer votre com, piloter votre business et autoévaluer votre *leadership*.

* En mode équipe

1. La carte des acteurs

Comment évaluer les « pour » et les « contre » au sein de votre équipe ? Tracez un diagramme selon deux axes (synergie et antagonisme) et situez-y les acteurs concernés par une situation donnée. Cette vision synthétique de l'engagement de chacun et des forces en présence doit vous inciter à cibler vos efforts.

> ***Au lieu d'essayer de convaincre les récalcitrants, appuyez-vous sur vos alliés.***

« Un tiers de forces positives suffit à emporter l'adhésion », souligne le coach Paul Devaux, dirigeant du cabinet Orygin.

2. Les rôles délégués

Mise au point par Alain Cardon, auteur de *Coaching d'équipe* (Eyrolles), voilà une méthode ludique pour des réunions (enfin) efficaces ! Le principe ? On distribue quatre rôles parmi les participants. Le cadreur assure la bonne tenue des débats (temps de parole, gestion des noms d'oiseaux...). Le facilitateur veille à ce que tout le monde puisse s'exprimer. L'agitateur se fait l'avocat du diable pour questionner les solutions retenues. Enfin, le catalyseur recentre le débat sur les priorités (résoudre, décider, agir...).

3. Le métaplan

Vous souhaitez faire émerger des idées ? Organisez un métaplan.

> ***Dans cette séquence de quinze minutes, appelée aussi « Post-it meeting », chaque participant est invité, pour une question donnée, à rédiger une idée sur un petit papier autoadhésif.***

« L'outil facilite l'expression de chacun sans censure ni conflit. Il ouvre sur un échange constructif », affirme Rémi Juët, auteur de *La Boîte à outils du manager* (Dunod).

4. Le bilan de fonctionnement

Réunissez votre équipe une fois par trimestre pour parler uniquement de votre fonctionnement collectif. En deux temps, abordez d'abord ce qui a bien marché et ensuite ce qui pourrait être amélioré. « Prévoyez deux heures de réunion, conseille Paul Devaux, et concluez par un déjeuner. » C'est une excellente méthode pour garantir un bon climat au sein d'une équipe.

5. Le management visuel

Pour piloter un projet, utilisez un tableau chronologique et invitez chacun des acteurs à faire avancer « ses » Post-its au fur et à mesure de sa progression. « L'avantage, c'est de rendre le projet vivant », observe Annette Chazoule, responsable de l'expertise management chez Cegos.

> ***Cela oblige à se rencontrer autour du tableau et favorise le partage de vive voix des connaissances et des bonnes pratiques.***

6. Le calendrier partagé

> ***Il s'agit sans conteste du logiciel qui vous sera le plus utile au quotidien : le calendrier partagé offre un gain réel de temps et de productivité au sein d'une équipe.***

Plus besoin d'échanger des mails, cet outil collaboratif révèle en un clic les disponibilités de vos collaborateurs pour caler une réunion et vous permet de... suivre le planning de chacun. Au fait, qu'est-ce qu'ils font, là ?

* En mode communication

7. Les 5, 10, 15 et 30

Le concepteur de cette méthode, Rémi Juët, indique avec ces chiffres le temps minimal qu'un manager doit consacrer en tête à tête à chaque collaborateur : 5 minutes par jour + 10 minutes par semaine + 15 minutes par mois + 30 minutes par trimestre... Instaurer un tel cadre peut sécuriser l'ensemble de vos équipiers. « Il s'agit d'être au plus près d'eux au quotidien et régulier sur toute l'année », note Annette Chazoule, de Cegos.

8. La pyramide de Maslow

C'est l'une des théories de la motivation les plus enseignées dans les business schools. Élaborée il y a soixante-quinze ans, elle hiérarchise les besoins de l'individu : besoins physiologiques et de sécurité (rémunération, conditions de travail), d'appartenance (confiance), d'estime (reconnaissance) et d'accomplissement de soi (sens). L'idée de Maslow est la suivante : tant que la base n'est pas assurée, il est difficile de passer à l'étape ultérieure. L'analyse reste pertinente.

> ***Toutefois, prévient Annette Chazoule, « les générations montantes brouillent les cartes en combinant entre eux les ressorts de motivation de manière plus horizontale que pyramidale ».***

9. L'écoute active

Elle est opportune lorsqu'un membre de votre équipe rencontre une difficulté ou formule une demande. Le processus se déroule en quatre étapes :

- L'écoute : laissez l'autre parler en faisant preuve d'empathie.
- La clarification : demandez-lui des précisions.
- L'investigation : creusez la pensée de votre interlocuteur.
- La reformulation : assurez-vous que vous êtes sur la même longueur d'onde.

> ***« Et passez au moins autant de temps à écouter qu'à parler », conseille Rémi Juët.***

10. La méthode Smart

C'est un classique, « simple et indémodable », souligne Paul Devaux, du cabinet Orygin, pour fixer un objectif à un collaborateur et l'y faire adhérer. Un objectif Smart doit être **S**pécifique, **M**esurable, **A**dapté (aux compétences de votre collaborateur), **R**éaliste et **T**emporel (c'est-à-dire lié à une échéance précise).

11. L'outil Disc

Vous voulez communiquer efficacement ? Adaptez votre message au comportement de votre interlocuteur. L'outil Disc identifie quatre styles à mémoriser :

- **D**ominant : la personne en face de vous a besoin de décider et d'atteindre des objectifs.
- **I**nfluent : elle aspire à être reconnue et félicitée.
- **S**table : elle demande à être appréciée et acceptée.
- **C**onformiste : elle a besoin d'être sécurisée.

> *À vous de jouer !*

12. Le Score et le Desc

Ces deux acronymes vous tireront une épine du pied si vous avez l'obligation, pas franchement agréable, de conduire un entretien de recadrage.

Le premier, Score, préconise d'identifier les **S**ymptômes, de formaliser les **C**auses, de fixer un **O**bjectif avec votre interlocuteur, de l'aider à définir ses **R**essources pour l'atteindre et de lui faire prendre conscience des **E**ffets que vous attendez.

La seconde méthode, Desc, s'impose en cas d'échec de la première, précise Annette Chazoule. Utilisée en gestion de conflit, elle est l'acronyme de **D**écrire (la situation), **E**xprimer (son ressenti, ses émotions, ses besoins), proposer une **S**olution (on pourrait...), tirer les **C**onséquences (si l'on ne fait rien, voilà ce qui risque de se passer).

> ***Un outil vieux de quarante ans, toujours efficace pour présenter une critique constructive et prévenir un conflit.***

13. Le rapport d'étonnement

D'habitude, on demande à une nouvelle recrue ce qu'elle pense de son job. Avec le rapport d'étonnement positif, c'est vous, manager, qui envoyez un feed-back « authentique » à un nouveau collaborateur, afin de l'encourager à s'appuyer sur ses points forts. « Il ne s'agit pas d'être sympa, précise son concepteur, Paul Devaux, mais de donner un retour précis qui montre qu'on sait apprécier les compétences et la singularité de l'autre. » Prévoyez une réunion courte dans le mois qui suit l'arrivée de votre collaborateur. Et dites-lui en quoi il vous a bluffé !

* En mode pilotage business

14. Le tableau de bord

Indispensable pour piloter la performance de votre équipe. Choisissez une dizaine d'indicateurs en rapport avec les objectifs de votre service. Privilégiez les couleurs et les graphiques. Et construisez un historique pour garder une référence des situations antérieures.

15. La roue de Deming

Utilisée dans les démarches qualité en vue de l'amélioration permanente d'un produit, la roue de Deming, du nom de William Edwards Deming, qui l'a conçue dans les années 1950, s'est adaptée à l'univers des start-up et à la gestion de projet. Cette méthode vertueuse se déroule en quatre étapes : P comme **P**lan (planifier, fixer vos objectifs), D comme **D**o (agir, tester, essayer), C comme **C**heck (contrôler, vérifier) et A pour **A**djust (corriger). Arrivé au bout, il ne vous reste plus qu'à recommencer, en améliorant le processus à chaque tour de roue.

16. Le Swot ou Ffom

Êtes-vous certain de votre choix stratégique ? Pour le savoir, appuyez-vous sur la grille d'analyse Swot (ou Ffom en français), pour **S**trengths (**F**orces), **W**eaknesses (**F**aiblesses), **O**pportunities (**O**pportunités) et **T**hreats (**M**enaces). Tracez une croix, placez chacun des deux F dans les cases du haut, O et M en bas. La ligne supérieure représente vos atouts et lacunes intrinsèques : par exemple, vous possédez une bonne expertise, mais une faible couverture commerciale. La ligne du bas rend compte de votre environnement : paysage concurrentiel, technologie...

> ***Cet outil d'aide à la décision, conçu à l'université Stanford dans les années 1960, « vous permet d'être force de proposition après étude de votre environnement », assure Annette Chazoule.***

17. La matrice d'Eisenhower

> ***« Ce qui est important est rarement urgent et ce qui est urgent est rarement important. »***

Cette maxime du 34e président des États-Unis aurait inspiré la célèbre matrice qui permet de classer les tâches en fonction de leur urgence (axe vertical) et de leur importance (axe horizontal). Il en découle quatre actions : on exécute sans délai les tâches importantes et urgentes. On planifie les activités importantes mais peu urgentes. On délègue les corvées urgentes mais peu importantes et on élimine celles qui sont peu urgentes et peu importantes.

* En mode autoévaluation

18. La process com

Développée par le psychologue Taibi Kahler, cette méthode vise à décrypter votre personnalité pour mieux maîtriser vos réactions « sous pression ». « C'est un outil très opérationnel », souligne Annette Chazoule. Mais qui nécessite un temps d'apprentissage et une formation. Faites-vous offrir un stage (trois jours chez Cegos) par votre DRH. Mettez-le sous pression !

19. La grille de Blake et Mouton

Cette grille, qui permet de connaître son style de management, est bâtie autour de deux axes : l'intérêt porté aux résultats (production, chiffre d'affaires...) et celui accordé aux relations humaines. Il en ressort cinq profils : autocratique (centré sur la tâche), paternaliste, démocratique (façon intégrateur), collégial (gestion participative) et nonchalant (qui laisse faire). Utile pour vous définir, un peu moins pour réagir face à une situation précise.

20. La grille de Hersey et Blanchard

Les inventeurs du « management situationnel » ont créé un outil « pratique », selon Paul Devaux, pour manager efficacement selon la situation à gérer. Construite sur deux axes, relationnel (animer, encourager...) et instrumental (diriger, encadrer...), la grille propose quatre styles de commandement :

- Directif : pour restructurer, réorienter, réorganiser...
- Persuasif : lorsque vous devez mobiliser et donc expliquer vos choix.
- Participatif : quand vous avez besoin d'associer votre équipe aux décisions pour renforcer son efficacité.
- Délégatif : pour responsabiliser vos collaborateurs.

Cultiver l'esprit d'équipe et se positionner en « manager coach »

Fini le chef tout puissant qu'on suit aveuglément !

Avec l'avènement du travail collaboratif, le manager se met désormais au service de son équipe. Sur le modèle du « servant leader », conceptualisé par le chercheur américain Robert K. Greenleaf, il abandonne sa posture traditionnelle, hiérarchique et bureaucratique, pour enfiler son costume de « manager coach », souple et agile. Cela passe, entre autres, par davantage de délégation, d'autonomie et de bienveillance envers son équipe. Pour prévenir le burn-out, le bore-out et autres brown-out, il se soucie d'alléger la charge mentale de ses collaborateurs. Il est inclusif, prompt à encourager et capable de mobiliser l'intelligence collective. Le tout, bien sûr, en présentiel comme à distance !

TEST

Quel est votre style

DE MANAGEMENT, DIRECTIF OU DÉMOCRATIQUE ?

(Samuel Loutaty et Adrien Chignard, psychologue du travail et fondateur du cabinet Sens et Cohérence)

Manager, ça vous connaît. Mais, pour rester dans la course, une évaluation de vos forces et de vos faiblesses ne peut pas faire de mal...

Le fils de l'un de vos collaborateurs est cas contact :

- Vous lui conseillez de coller un iPad entre les mains de son rejeton pour pouvoir continuer à bosser comme si de rien n'était.
- Vous prenez régulièrement de ses nouvelles en le laissant s'organiser à sa guise le temps que toute sa petite famille fasse le test.
- Ah oui, c'est marrant, vous aussi, vous avez une cousine dont le mari a été cas contact il y a un mois.

La première pensée qui vous traverse l'esprit quand Duchemin vous appelle à cause d'un problème de connexion :

- Qu'il contacte le SAV ! Vous n'êtes pas sa nounou !
- Aucune idée de ce qu'il peut faire...
- Où est-ce que j'ai rangé le numéro du SAV ?

La cantine ne fonctionne plus :

- Ça ne vous dérange pas, vous préférez le libanais du coin.
- Ça vous agace. Vous avez été obligé d'accorder à vos collaborateurs une pause déjeuner plus longue.
- Ça vous embête pour les salariés, mais vous avez organisé un service de livraison pour tous avec un restau du coin. Win-win, toujours.

La qualité que vous revendiquez facilement :

- La cool attitude.
- La capacité à écouter.
- La poigne.

Dans la boîte, tous les signaux sont au rouge. Avec la crise sanitaire, les bénéfices sont à la baisse :

- Vous avez passé le week-end en tête-à-tête avec vous-même pour modifier totalement l'organigramme de votre service. Il n'y a plus qu'à l'annoncer aux personnes concernées !
- Tous ces gens qui s'affolent… La boîte va bien finir par trouver une solution.
- Tous les vendredis matin, à votre initiative, les volontaires peuvent exposer devant leurs collègues leurs idées neuves et leurs propositions de changement lors d'une réunion Zoom.

Depuis que tout votre service est passé au télétravail partiel, le rythme des réunions a changé :

- Il en a une toutes les trois heures, sinon c'est la chienlit !
- C'est une fois par jour, histoire de se donner des nouvelles et ensuite, c'est à la demande des salariés, en cas de besoins spécifiques.
- C'est plus trop la peine, c'était une vraie perte de temps. Les gens savent très bien ce qu'ils ont à faire.

Duchemin frappe à votre porte, il évoque un problème avec le dossier d'un client :

- Vous l'écoutez d'une oreille distraite. Vous devez partir tôt ce soir et il vous retarde.
- Vous l'écoutez attentivement en lui posant une ou deux questions. Il repart en disant qu'il a peut-être trouvé la solution…
- Vous l'interrompez en lui demandant de vous laisser le dossier, vous réglerez le problème vous-même.

Pendant le deuxième confinement :

- Vous avez exigé que chacun vienne travailler en présentiel au moins deux fois par semaine.
- Vous avez laissé votre équipe s'organiser comme elle l'entendait.
- Vous vous êtes servi du retour d'expérience du premier confinement pour réorganiser le télétravail au sein de votre équipe.

Vos collaborateurs :

- N'hésitent jamais à vous solliciter pour un avis.
- Sont un peu comme des enfants. Il faut toujours être derrière eux.
- Vous n'êtes pas du genre à les enquiquiner en exigeant des rapports et des comptes rendus sans fin. Ils vivent leur vie et vous, la vôtre.

Décidément, avec Duchemin, ça ne va pas. Ses dossiers sont en souffrance et il rate une réunion Zoom sur deux :

- Vous le menacez d'un avertissement.
- Vous laissez son binôme gérer l'affaire. Il le connaît mieux que vous.
- Vous l'appelez pour prendre de ses nouvelles et lui poser des questions sur la façon dont il vit son télétravail partiel. Vous lui proposez également de l'aide sur les dossiers en souffrance.

Votre N+1 est très content de vos résultats et vous le fait savoir :

- Dans la réponse que vous lui envoyez, vous louez les efforts de votre équipe. Et vous expédiez aussitôt un mail groupé à l'ensemble des membres de celle-ci pour les remercier.
- Le soir venu, vous savourez le compliment avec votre conjoint en ouvrant une bouteille de champagne.
- Vous remerciez votre N+1 d'avoir su reconnaître vos efforts.

Manager, selon vous, c'est surtout :

- Une question d'autorité.
- Une source d'ennuis.
- Une mine d'échanges en tous genres.

Le leader emblématique dont vous vous sentez le plus proche ?

- Steve Jobs.
- Napoléon.
- John Fitzgerald Kennedy.

Une nouvelle recrue est affectée à votre service :

- Vous confiez à votre N–1 le soin de lui présenter la boîte, il adore ça les mondanités.
- Vous lui demandez de se présenter et de parler d'elle avant de lui présenter votre équipe et la façon dont vous aimez travailler.
- Vous lui souhaitez la bienvenue avant de lui donner une clé USB avec tous les process que vous avez mis en place depuis que vous êtes arrivé·e.

LES PROFILS

SCORES

Comptabilisez vos réponses à chaque type de question (une seule réponse par question).

NOTES

Vous avez...

... une majorité de

Vous êtes un manager directif et gagneriez à faire davantage confiance à votre équipe.

Les objectifs clairs, ça vous plaît. À condition que ce soit vous qui les fixiez. Et, de préférence, sans consulter vos subordonnés. Avec eux, vous communiquez du haut vers le bas et vous les motivez en leur faisant miroiter récompenses et sanctions. Vous souhaitez garder la maîtrise de tous les projets et vous déléguez le moins possible.

Pour rester *bankable*
« Laissez aux autres la possibilité de prouver qu'ils sont dignes de confiance, par exemple, en contrôlant plutôt leurs résultats que leurs actions, conseille Adrien Chignard, psychologue du travail et des organisations et fondateur du cabinet Sens et Cohérence. Du moment que vos commerciaux font leur chiffre d'affaires, ne perdez pas votre temps à vérifier comment ils s'y prennent. Pour éviter d'infantiliser ceux que vous managez, de récolter leur défiance à force de semer la méfiance, répétez-vous que la confiance que l'on donne à autrui l'amène le plus souvent à s'en montrer digne. »

... une majorité de 

Vous êtes un manager démocratique et gagneriez à accepter l'idée qu'il faut parfois se montrer directif ou... lâcher prise.

Vous offrez aux gens que vous managez la possibilité de prendre des décisions. Vous évitez de choisir à leur place en valorisant le « nous » et en discutant avec eux avant toute chose. Ce qui passe par une communication facile, allant des employés aux employeurs et vice-versa.

Pour rester *bankable*
Veillez à ne pas vous laisser « bouffer »... « Le management démocratique prend du temps et de l'énergie », reconnaît Adrien Chignard. Eh oui, organiser des réunions et prendre en compte les avis de chacun est forcément plus complexe que de distribuer une feuille de route qu'on a rédigée soi-même ! Alors, pensez à ménager votre temps et à « tolérer d'être parfois autoritaire ou, au contraire, de céder au laisser-faire en fonction du caractère de vos collaborateurs ».

...une majorité de 

Vous êtes partisan du laisser-faire et gagneriez à aller au-devant de vos collaborateurs.

Vous laissez aux gens que vous managez le soin de déterminer ce qu'ils doivent faire et de quelle manière, en refusant de contrôler leurs objectifs et même leurs résultats... Problème : plutôt laxiste, votre façon de déléguer est parfois vécue par les autres comme une forme de décharge.

Pour rester *bankable*
« Apportez un soutien actif à vos collaborateurs », recommande Adrien Chignard. Le soutien passif, qui consiste à dire « ma porte est toujours ouverte », cela n'aide personne. « Pourquoi ne pas sanctuariser vos vendredis après-midi et vérifier, de façon individuelle, quels sont les besoins de vos collaborateurs ? propose le coach. La bienveillance et l'empathie ne sont pas des signes de faiblesse mais les clés d'un management efficace. »

CHAPITRE

1

Devenez
UN MANAGER COACH !

(Sylvie Laidet, Sophie Noucher et Laurent Caudron, expert en intelligence collective)

Exit le management « à la papa » !
Désormais, on est moins directif avec son équipe,
mais on l'entraîne à être plus autonome et responsable.

« Le manager coach pose un cadre, se comporte, travaille de façon constructive et stimulante. Il délègue et motive son équipe, suscite l'engagement, la communication, l'autonomie et l'adaptabilité », écrit l'expert en intelligence collective Laurent Caudron, dans son ouvrage de référence *Devenez manager-coach* (Éditions d'Organisation).

Élémentaire ? Ne vous y trompez pas : pour devenir un bon manager coach, il faut maîtriser un certain nombre de techniques de coaching. Et, évidemment, savoir manager. Mais ça, c'est la base !

* Alternez position haute et position basse

> ***« Il existe deux “positions” en management, explique Laurent Caudron. La position haute est celle de celui qui montre, qui sait, qui donne des ordres et exerce le pouvoir. C’est la position traditionnelle du manager. À l’inverse, la position basse est celle de celui qui ne sait pas, ne comprend pas ou, du moins, le fait croire. »***

En tant que manager coach, vous allez apprendre à jongler entre les deux. Soyez « en haut » pour fixer l'objectif à atteindre et les règles pour y parvenir. Et adoptez une position basse lorsqu'il s'agit de définir la façon de les obtenir. Cela permet à vos collaborateurs de « remplir le vide » que vous laissez. Placez-vous en position d'observateur qui veille au processus et au déroulement des interactions. Et posez des questions pour inciter vos collaborateurs à rester, eux, en position haute afin qu'ils expriment leurs idées et prennent des initiatives… « Ainsi, le manager coach bénéficie des qualités, de la participation, de l'implication, de l'expression et de la créativité de la part de chacun de ses collaborateurs, analyse Laurent Caudron. Ces derniers s'approprient le projet et se responsabilisent sur les moyens à mettre en œuvre et sur la façon de s'organiser. » Bref, managez quand c'est nécessaire et coachez le plus souvent possible.

* Distinguez information et communication

Petite précision sémantique : informer, c'est donner forme, et communiquer, c'est mettre en commun. « On informe quand il s'agit de fixer un objectif et de donner un cadre. Mais on communique lorsqu'il y a un problème, puisqu'il s'agit d'amener son collaborateur à trouver lui-même la solution en lui posant les bonnes questions, explique le coach. C'est d'ailleurs l'une des principales difficultés des managers dans leur nouveau job de coach : se retenir d'informer lorsqu'ils “savent”, lorsqu'ils pensent détenir “la” solution, ou ressentent le besoin de prouver à leur équipe qu'ils sont compétents. En fonction de votre objectif, transmettre une information, créer du partage ou susciter des échanges, vous choisirez d'informer ou de communiquer », insiste Laurent Caudron.

* Déléguez au maximum

Misez sur l'intelligence collective pour faire grandir et réussir votre équipe. Comme un entraîneur sportif, donnez à vos collaborateurs un objectif à atteindre (un nouveau contrat = une victoire en championnat), les règles du jeu (composition de l'équipe, moyens, délais = analyse du jeu, tactique, durée du match) et lancez-les sur le terrain. Lors des « temps morts », faites un point sur l'efficacité de la stratégie mise en place. Et, au besoin, définissez ensemble une nouvelle façon de procéder.

> ***Comme dans un match de foot, soyez toujours à l'écoute, pas trop loin de la ligne de touche pour entendre les préoccupations des joueurs et, si nécessaire, aider à trouver une solution. Mais sans entrer vous-même sur le terrain !***

* Passez un contrat relationnel

Votre nouvelle posture de manager coach doit se refléter dans vos échanges quotidiens. Si bizarre que cela vous paraisse, ayez par exemple le réflexe, avant chaque entretien avec un collaborateur, de définir ensemble le contenu et le processus de l'échange à venir.

> ***« Sans ce contrat, votre interlocuteur risque d'être surpris par votre attitude ou vos questions. Surtout s'il a l'habitude que, en tant que manager, vous lui fournissiez des solutions ! Le contrat le rassure sur votre démarche. Et lui éviterait d'éventuelles déceptions s'il espérait quelque chose que vous n'aviez pas prévu pour cet entretien. »***

Dans une situation de coaching, les termes de la rencontre doivent être les plus clairs possible. Si d'autres demandes surgissent, prévoyez un nouvel entretien.

* Créez une relation de confiance

Pour entrer dans la peau d'un manager coach, vous devez également maîtriser les bases de la communication non violente. Votre collaborateur doit se sentir le plus à l'aise possible et comprendre que vous pouvez l'aider. Premier réflexe, respectez sa bulle de sécurité.

> ***« Certaines personnes ont besoin d'être proches, de toucher leur interlocuteur pour appuyer leurs arguments. À l'inverse, d'autres ont horreur du contact… », illustre Laurent Caudron. Trouvez le bon équilibre.***

Ensuite, décryptez les messages non verbaux (gestes, posture, rythme de parole…) de votre interlocuteur afin d'y ajuster votre discours et de vous synchroniser sur sa gestuelle. « Vous renforcez ainsi chez lui le sentiment que vous êtes à son écoute, en phase, que vous partagez ses idées, ses émotions », ajoute notre expert. Reformulez ses propos en reprenant des mots-clés, en synthétisant ou encore en hiérarchisant ses idées…

* Posez les bonnes questions

Pour éviter toute justification alambiquée, évitez de poser des questions débutant par « pourquoi ». Vous risquez en retour de vous ramasser un « parce que… », qui est, en fait, plus un réflexe d'autodéfense qu'une explication.

> ***« Découvrez plutôt la motivation profonde de votre interlocuteur grâce à la question : "En quoi est-ce important pour toi de… ?" La réponse offre un levier que vous pourrez actionner pour faire avancer le sujet », soutient Laurent Caudron.***

De même, posez des questions qui ouvrent sur des solutions plutôt que de ressasser de vaines critiques sur le passé.

* Travaillez sur « l'ici et maintenant »

> ***Dans un échange, un bon coach prend uniquement en considération le moment présent. Exit donc le passé et le futur, ce qui demande parfois de l'agilité.***

Exemple : « Vous avez prévu de travailler avec cette collaboratrice sur l'audit qualité du mois prochain. Mais elle tempête contre le service commercial qui a "massacré" un client important, raconte Laurent Caudron. Reportez au lendemain votre point sur l'audit qualité et parlez de ce qui concerne le présent. Il sera plus opportun d'aborder le sujet qui la préoccupe et plus facile pour elle d'y travailler avec vous maintenant. » Et c'est peut-être l'occasion de revoir en détail un process interne !

MÉTACOMMUNIQUEZ !

Un bon manager coach ne doit pas se contenter de communiquer, il doit métacommuniquer ! Quèsaco ? « Cela revient à parler en se plaçant en troisième position perceptuelle, c'est-à-dire à communiquer sur le processus en s'extrayant du contenu », résume Laurent Caudron. Communiquer sur la communication, en quelque sorte (c'est la définition de la métacommunication selon son concepteur, l'ethnologue Gregory Bateson, qui l'a théorisée en 1935). Exemple : vous souhaitez pointer une incohérence entre le discours et l'attitude d'un collaborateur. « J'ouvre une parenthèse. Vous me dites que le projet vous intéresse. Pourtant, je constate que vous croisez les bras et que vous secouez la tête négativement. Qu'est-ce qui ne vous plaît pas dans ce projet ? » En agissant de la sorte, vous désamorcez une situation qui dérape. Vous reprenez la main sur l'entretien et vous contournez une difficulté en permettant à l'autre de s'exprimer sur le processus. Un acte coresponsable !

5 conseils
POUR MOTIVER VOTRE ÉQUIPE

Comme toutes les *soft skills*, la motivation se travaille, en groupe et individuellement. Voici les cinq leviers sur lesquels vous pouvez agir pour que vos collaborateurs gardent le moral.

1. Mettez en place des catalyseurs d'action
Teresa Amabile, professeure à la Harvard Business School, et le chercheur Steven J. Kramer les définissent comme des « actions qui soutiennent directement le travail ». Cela commence par des objectifs clairs, des délais raisonnables et des ressources (informations, relais...) associées à la conscience de pouvoir être aidé au besoin, par vous notamment. Créer un environnement rassurant, c'est la base de la motivation.

2. Nourrissez émotionnellement votre équipe
Amabile et Kramer parlent de « nourrisseurs » lorsqu'ils évoquent la reconnaissance ou l'encouragement. Par exemple, lorsqu'un projet est réaffecté et qu'un collaborateur doit passer la main, son manager ne doit pas minimiser la frustration que cela va susciter en lui, mais l'aider à la dépasser et valoriser le travail qu'il a accompli.

3. Donnez toujours un sens au travail demandé
Pour cela, il n'est pas inutile de replacer la mission de chacun dans la stratégie globale de l'entreprise, de façon que les salariés soient conscients de leur place. Les informer par exemple de l'importance de leur participation à la réduction des coûts pour renforcer l'entreprise est un message porteur de sens.

4. Analysez chaque jour vos actions managériales
Notez chaque soir un ou deux événements de la journée écoulée : avez-vous apporté une aide à qui semblait en avoir besoin ? Avez-vous permis à votre équipe de s'approprier un projet ? Avez-vous au contraire posé trop de contraintes ? Vous êtes-vous montré irrespectueux, négligent ou décourageant ? Vos réponses seront autant d'indices qui vous permettront de vous améliorer en vous donnant des objectifs simples et quotidiens.

5. Anticipez la crise de démotivation
Pour faire évoluer les talents de vos collaborateurs (et les garder), Sanjy Ramboatiana et Fabienne Autier ont mis au point la technique RGNR : d'abord reconnaître la crise (**R**) en identifiant, à deux et sans dramatiser, une phase de démotivation. Ensuite, inciter le salarié à la gérer (**G**) via une phase « d'hygiène psychologique » (avec l'aide d'un coach, d'un psy...) pour être capable de nommer (**N**) ses compétences et ses talents. Enfin vient le **R**, comme renouvellement, moment où le manager aide son collaborateur à retrouver un second souffle en mettant ses talents au service d'une nouvelle mission.

CHAPITRE

2

Allégez
LA CHARGE MENTALE DE VOTRE ÉQUIPE

(Marion Perrier)

Les pratiques managériales influent directement sur la charge mentale de vos troupes. Le point sur les méthodes à adopter pour éviter burn-out, bore-out et brown-out !

Et si manager, c'était piloter la charge mentale de son équipe ? « Les managers peuvent effectivement travailler sur cette donnée, qui va bien au-delà de la façon dont chaque individu gère son stress », assure Lisa Jeanson, doctorante en ergonomie cognitive et fondatrice de Coganalyse. Ainsi, parmi les 53 % de salariés qui déclarent subir un stress régulier au travail (baromètre Cegos 2018, Climat social et qualité de vie au travail), 45 % mettent en cause une charge de travail trop importante ; 31 %, une mauvaise organisation ; et 27 %, un manque de soutien. Autant de travers auxquels le manager peut remédier afin de limiter les risques de burn-out (épuisement professionnel), de bore-out (ennui au travail) ou de brown-out (perte du sens). Guide des bonnes pratiques à l'adresse des managers en quête de sérénité au sein de leur équipe.

* Repérer les premiers signes

Un salarié qui se sent dépassé ou ne sait plus comment combler ses journées ne le clame pas forcément au milieu de l'*open space*. Certains changements doivent cependant alerter le manager.

> ***« Ce sont les signes d'altération de la vigilance, d'isolement, d'irritabilité ou d'instabilité : un collaborateur qui sèche la pause-café, qui réagit très mal à la moindre réflexion ou commet des erreurs basiques, par exemple », résume Adrien Chignard, psychologue du travail.***

En cas de doute, « le premier réflexe doit être d'aller voir le collaborateur et d'engager le dialogue de la façon la plus amicale et la plus personnelle possible », préconise le Dr François Baumann, spécialiste de la souffrance au travail. L'idée est de lui faire part de vos observations et de constater l'existence d'une souffrance professionnelle. « Si le manager pense que le problème peut être géré à son niveau, il peut tenter de le faire. Mais il ne faut pas hésiter à prévenir le médecin, le psychologue et les ressources humaines », indique Nolwenn Anier, directrice du pôle recherche de Moodwork, une start-up qui accompagne les entreprises en matière de qualité de vie au travail. Dans l'urgence, l'important est de montrer au salarié que ses difficultés sont entendues et que l'on tâche d'y remédier.

* Déléguer sans lâcher les rênes

Pour faire baisser la pression chez ses collaborateurs, il est impératif de leur laisser une marge de manœuvre dans la réalisation de leur travail. En clair, apprendre à leur déléguer pleinement une mission, en reconnaissant leur expertise sur le sujet. Et sans leur demander de comptes en permanence !

> ***« Une délégation bien faite est porteuse de sens pour la personne à qui l'on délègue, si on lui a bien expliqué le projet, si elle a les moyens de le réaliser et qu'elle sait qu'elle peut se rapprocher de son manager en cas de problème », souligne Alexis Faglin, responsable du pôle leadership et management pour l'organisme de formation CSP.***

Le salarié doit également être informé du rôle de chacun, des délais et des objectifs prioritaires. « Il faut l'aider à arbitrer entre des contraintes contradictoires. Si l'on demande à un recruteur de trouver sous trois semaines une personne ayant des compétences spécifiques, il doit savoir sur quoi focaliser son espace mental en priorité : le respect du délai ou des critères demandés », explique Jean Pralong, professeur en gestion des ressources humaines. Enfin, pour éviter que l'autonomie ne soit contre-productive et que chaque décision prise par le collaborateur ne lui donne des sueurs froides, le manager doit laisser place à l'erreur. « Il m'arrive de dire à mes collaborateurs "Là, je me suis plantée", raconte Hélène de Tiesenhausen, directrice d'hôpital, à la tête d'une équipe de 120 personnes. Tout le monde fait des erreurs. Mieux vaut l'admettre quand c'est le cas, on en parle et on voit ce que l'on peut faire. »

* Tenir compte de la charge de travail réelle

Entre la charge de travail théorique et la charge réelle, il peut y avoir un monde. Machines défaillantes, procédures inadaptées, difficultés dans la relation avec les clients..., de nombreux aléas compliquent la tâche des salariés, de manière parfois invisible pour un manager trop éloigné des réalités opérationnelles.

> ***La solution ? « Institutionnaliser des moments de discussion collective pour débattre des problèmes », conseille Thierry Rousseau, chargé de mission à l'Agence nationale pour l'amélioration des conditions de travail (Anact). C'est l'occasion de prendre conscience des difficultés et de revoir les modes de fonctionnement.***

Depuis quelques mois, chez Cerfrance Côtes-d'Armor, cabinet de conseil et d'expertise comptable, les équipes se réunissent ainsi chaque semaine. « Cela me permet d'avoir des remontées du terrain, de constater quand tel ou tel sujet n'a pas été compris. On se pose et on parle de la manière d'appliquer une nouveauté fiscale dans certains dossiers par exemple », raconte Anne-Sophie André, directrice de l'agence de Broons, où travaillent 14 personnes.

* Encourager l'entraide

Un bon équilibre mental au travail passe aussi par le fait de se sentir soutenu et de pouvoir obtenir de l'aide en cas de besoin. Pas simple si l'on s'imagine entouré de collègues réticents à apporter leur secours ou d'incompétents qui nous feront perdre plus de temps qu'autre chose. Plutôt que de prôner la compétition, qui isole les individus, un manager soucieux du bien-être mental de ses troupes encouragera l'entraide.

> ***Le recours aux autres « peut passer par l'instauration de feed-back systématiques au sein de l'équipe », estime Alexis Faglin, qui conseille aussi, à l'heure d'attribuer une mission, de prévoir systématiquement une deuxième personne en soutien.***

L'organisation de moments de convivialité favorise également la cohésion. Évitez toutefois d'en faire trop avec de douteuses opérations de team building. « Les collaborateurs ne se sentiront pas mieux parce qu'ils auront joué au Kapla ensemble », persifle Julia de Funès, philosophe, autrice du *Développement (im) personnel, le succès d'une imposture* (Éditions de l'Observatoire, 2019). De simples déjeuners d'équipe feront très bien l'affaire.

* Instaurer une maîtrise du temps

Quoi de plus stressant que d'avoir en permanence le sentiment de courir un contre-la-montre ? Selon une étude de la Dares (service des statistiques du ministère du Travail) de 2017, 45 % des salariés estiment devoir toujours ou souvent se dépêcher au travail. Leur redonner la maîtrise de leur temps est primordial. Proposer des horaires flexibles permet à chacun de gérer les périodes de rush et de ne pas s'ennuyer inutilement au bureau. « Quitte à établir des plages de présence obligatoire quand on a besoin de travailler en équipe », précise Linda Jeanson à l'intention des réticents. Alertes e-mail, questions inopinées, les interruptions perturbent aussi la concentration en contraignant les salariés à passer d'une tâche à l'autre. Chez Alan, spécialiste de l'assurance complémentaire santé, les 450 collaborateurs de la scale-up sont encouragés à éliminer toutes les notifications. Même les réunions ont été supprimées. « Elles coupent les journées et empêchent de se projeter sur de longues plages de travail ininterrompues », explique Jean-Charles Samuelian, cofondateur et PDG. En revanche, des chaînes de discussion sont ouvertes sur un outil en ligne et chacun répond quand c'est le bon moment pour lui. Dans le même esprit, les salariés de Danone bénéficient le vendredi d'après-midi dits « libérés ». « Pas d'appels, pas de réunions, pas d'e-mails, afin que chacun puisse boucler ses dossiers avant de partir en week-end », explique le psy Adrien Chignard, qui a conseillé cette organisation à l'entreprise.

> ***« Ce qui compte dans ce domaine de la déconnexion, c'est l'exemplarité du manager, insiste Pascale Pitavy, directrice du cabinet Équilibres. Il doit envoyer le message que les salariés ont le droit à une vie en dehors du bureau. »***

* Travailler la proximité

L'autorité n'est pas l'autoritarisme. Une posture de petit chef n'encourage pas les collaborateurs à faire part de leurs difficultés.

> ***« Le manager doit prévoir un lieu et un temps qui rendent le dialogue possible », conseille Anne Bléhaut, coach et dirigeante du cabinet Discerneo. Il peut suffire pour cela de repenser les rendez-vous en face à face.***

« On commence par demander à la personne : "Alors, comment vas-tu ?" Cela montre qu'elle compte, que le fait qu'elle s'ennuie ou s'épuise au travail a son importance », illustre la spécialiste. Être à l'écoute permet en outre de mieux répondre aux aspirations de ses équipes. « Je suis attentive aux appétences de chacun, témoigne Anne-Sophie André. À l'agence, on a une collaboratrice très branchée nouvelles technologies. Elle va bénéficier d'une décharge de temps pour accompagner la mise en place de notre nouveau système comptable. » Pour que se noue une relation de confiance, il importe enfin que le manager communique en toute transparence. « L'entreprise évolue, se transforme rapidement. Il faut qu'il y ait un capitaine dans le bateau, même s'il n'est pas parfait, souligne Françoise Papacatzis, responsable de la prévention des risques psychosociaux chez DuPont de Nemours France. Quand il n'a pas les réponses, il vaut mieux le dire. »

* Reconnaître le travail fourni

« J'ai travaillé autant que j'ai pu et personne ne le reconnaît. » Ce discours, le Dr François Baumann l'entend régulièrement dans son cabinet. La reconnaissance fait pourtant partie des éléments essentiels pour renforcer l'équilibre mental des salariés. Pour le manager, il s'agit d'adopter une attitude au minimum respectueuse : saluer son équipe, se concentrer pleinement sur la discussion quand il reçoit un collaborateur pour un entretien... Mais, mieux encore, il doit mettre en valeur les résultats obtenus ou reconnaître les efforts, les difficultés rencontrées dans la réalisation d'une mission.

> ***« Les salariés doivent se sentir regardés, considérés, respectés. Il existe de multiples leviers de reconnaissance en fonction des besoins de chacun », souligne Anne Bléhaut.***

Du temps pour travailler sur un projet personnel important, un aménagement spécifique des horaires pour faire face à un impératif familial, des formations réellement enrichissantes, le champ d'action est large.

ET LA VÔTRE, de charge mentale ?

Coincés entre les exigences stratégiques de l'entreprise et la réalité du travail tel qu'il est vécu dans leur équipe, les managers occupent une position sensible en matière de charge mentale professionnelle. Selon le dernier baromètre Cegos, seuls 58 % d'entre eux estiment que leur opinion est prise en compte par leur hiérarchie. Or, soumis à de nombreux objectifs, ils doivent aussi veiller à préserver leurs collaborateurs de la pression qu'ils subissent. Apprendre à déléguer est une première manière de s'alléger l'esprit. « Je leur conseille aussi de pratiquer la politique de la porte fermée : se dégager des moments où ils sont concentrés sur leurs propres tâches afin de pouvoir être pleinement disponibles quand ils ouvrent la porte de leur bureau », explique Adrien Chignard. « J'essaie de ne plus courir plusieurs lièvres à la fois et je prends du temps pour moi en allant à la gym deux fois par semaine », raconte Hélène de Tiesenhausen. Directrice d'un hôpital, elle a choisi de discuter régulièrement avec ses pairs ou avec sa hiérarchie pour faire retomber la pression. « On a beau avoir des collaborateurs, certaines décisions nous reviennent. Parfois on se sent seul, témoigne-t-elle. C'est bien de pouvoir évoquer telle ou telle situation difficile et d'obtenir des conseils ou des retours d'expérience. »

CHAPITRE

3

Pratiquer

LE MANAGEMENT POSITIF

(Gaëlle Ginibrière et Marie-Madeleine Sève)

Pour positiver son management, on peut s'en remettre à la Providence et espérer que ça passe... Ou se mettre à l'ouvrage et compter sur ses propres forces. Dix conseils éclairés pour passer maître en bienveillance.

En France, le bien-être en entreprise a encore une belle marge de progression ! Et le management bienveillant, qui se propose de créer un climat de sécurité psychologique dans lequel chacun est amené à donner le meilleur de lui-même, est loin d'avoir trouvé toute sa place. « On parle de changer le management depuis des années, mais la culture latine très descendante, où le chef fait un peu peur et marque la distance sociale acquise dès les grandes écoles jusque dans la taille de son bureau, ne facilite pas la tâche », regrette Matthieu Poirot, fondateur de Midori Consulting. Auteur du livre *Développez votre leadership positif !* (Vuibert, 2019), ce coach en bienveillance reste toutefois résolument optimiste : « Je crois aux déviances positives ! Un nombre non négligeable de managers souhaitent avancer dans ce sens et finiront par faire tache d'huile. Il faut les soutenir. » Voici dix techniques à adopter pour rejoindre ces pionniers.

* Se préserver

Impossible d'être dans la bienveillance sans éprouver soi-même un minimum de bien-être. Ce constat frappé au coin du bon sens est aujourd'hui confirmé par les neurosciences et la psychologie, qui rappellent que notre cerveau est piloté par les émotions bien plus que par la raison. Plus vous vivez de sensations positives, plus votre humeur a de probabilités d'être globalement… positive.

> ***« Le préalable est donc de faire le plein de joie de vivre et de savoir prendre du recul, en s'octroyant des temps de repos ou de plaisir pour se préserver, conseille Matthieu Poirot. C'est en vous ressourçant que vous parviendrez ensuite à donner aux autres. »***

Pour ne pas polluer votre entourage avec vos pensées négatives, le docteur Philippe Rodet, coauteur du livre *Le Management bienveillant* (Eyrolles, 2019), propose quelques solides recettes de bien-être : trente minutes de marche par jour, un sommeil réparateur, un bilan rapide de trois points positifs atteints au cours de la journée écoulée chaque soir avant de se coucher… « Noter ses petits succès favorise la sécrétion d'ocytocine, hormone qui booste l'appréhension de la complexité, l'empathie, la générosité, et renforce la sociabilité », souligne-t-il.

La bonne attitude

Directrice régionale chez Preciphar, société de prestation pour l'industrie pharmaceutique, Nathalie Martinet pratique la méditation depuis quelques mois : « Une façon de prendre de la distance, de porter un regard décalé sur les événements, assure-t-elle, mais aussi de les aborder avec davantage de sérénité. »

* Consacrer du temps à ses équipes

Le grand malentendu du management ? « Croire que l'on est un recours pour son équipe, observe Matthieu Poirot. Cette croyance place les enjeux de connaissances et de contenu comme centraux, alors que le véritable objet du management est relationnel. » Et de citer ce patron handicapé, contraint de passer beaucoup de temps à l'hôpital : lorsqu'il se rend dans ses sociétés, il s'intéresse peu au fond des dossiers, mais il privilégie des échanges courts avec ses collaborateurs sur leur façon de négocier avec tel client ou l'attitude qu'ils ont adoptée face à telle situation managériale. Et ça fonctionne : « Sa véritable valeur ajoutée n'est pas de dire ce qu'il faut faire, mais d'amener chacun à prendre du recul sur sa façon de faire », poursuit Matthieu Poirot.

Un point de vue que partage Jean-Luc Jehl, conférencier, consultant et auteur du *Management positif à l'ère 4.0* : « Le temps que les encadrants passent désormais dans des réunions sans ordre du jour ni réel contact humain est incroyable. Or, sans moments de partage, il n'y a pas de management », constate-t-il.

> ***Et de préconiser de dialoguer chaque jour avec ses N–1, si ce n'est en face à face, au moins au téléphone ou en visio, et avec le reste de l'équipe une fois par semaine. « L'idéal est d'aller au contact sans avoir rien à demander, juste pour discuter. »***

La bonne attitude

Responsable support production pour le laboratoire LEO Pharma, Khadija Kachmar a appris à faire le tri dans ses réunions pour consacrer plus de temps à ses collaborateurs. « L'autre jour, j'avais trois réunions en même temps : l'une avec le service qualité pour établir des *deadlines*, un groupe de travail sur une problématique de gestion et une visio avec un membre de mon équipe pour finaliser un PowerPoint. Autrefois, j'aurais assisté au groupe de travail qui va déboucher sur un résultat concret. Mais ma véritable plus-value se trouve en réalité auprès de ce collaborateur qui me sollicite sur un point précis. J'ai donc proposé au groupe de travail de relire les documents à l'issue du meeting, et délégué quelqu'un à la première réunion. La mission d'un manager, c'est d'aider son équipe. »

* Libérer la parole

Pour faire du temps consacré à vos collaborateurs un moment fécond, il faut qu'il soit propice à la parole de l'autre et fondé sur une réelle attention. En mode écoute active, le regard doit être mobilisé, tourné vers l'interlocuteur sans distraction de type ordinateur ou portable. Et il faut apprendre à se taire !

> ***« C'est souvent une véritable difficulté pour les managers qui se positionnent dans la recherche de solutions et veulent à tout prix combler les vides. Je leur conseille d'essayer de cantonner leur intervention à 20 % de l'entretien et de laisser les 80 % restants au collaborateur. Pour l'aider à parler, il faut poser des questions ouvertes et lui laisser le temps de réfléchir, en acceptant les silences et en l'encourageant du regard », recommande Annette Chazoule, manager offre et expertise management pour l'organisme de formation Cegos.***

La bonne attitude

Jean-Luc Jehl conseille la technique du « et voilà » :

> ***« Tant que la personne en face de vous n'a pas prononcé la formule "et voilà", c'est qu'elle n'a pas fini de dire ce qu'elle avait à dire ! Il faut donc continuer à lui poser des questions, l'inciter à faire des propositions sur la façon de régler un problème, améliorer une procédure, renforcer une innovation… comme un accoucheur qui aide l'autre à aller au bout de sa pensée. »***

Cette méthode, proche de la maïeutique socratique, le consultant la préconise également dans les réunions d'équipe : « Il faut encourager les premiers qui donnent leur point de vue. Plutôt que de critiquer une solution qui semble impossible au premier abord, interrogez la personne sur les techniques qui pourraient la faire fonctionner. Pousser des idées parfois farfelues, inciter leurs auteurs à les défendre à tout prix est un fonctionnement très stimulant pour les équipes et permet souvent de faire émerger des innovations. »

* Pratiquer le renforcement positif

Khadija Kachmar a longtemps été irritée par un collègue totalement désorganisé, arrivant systématiquement en réunion avec la moitié des documents nécessaires, incapable de planifier un travail… Depuis qu'elle a suivi une formation avec Bruno Bortolotti, auteur du livre *Le Management positif* (B2 Éditions) et créateur d'une méthode sur ces questions, la responsable chez LEO Pharma en sourit : « J'ai appris à mieux me connaître – je suis hyperorganisée, sans doute trop aux yeux de certains – et à comprendre la façon d'être des autres, en identifiant les liens qui permettent de travailler ensemble, témoigne-t-elle. Si je ne m'agace plus, c'est que j'ai repéré les points forts de ce collègue et je m'appuie sur eux. » Pour Bruno Bortolotti, le manager positif doit commencer par abandonner toute idée de « changer » ses collaborateurs.

> ***« Ils auront toujours les mêmes faiblesses et les mêmes atouts. Plutôt que de vouloir corriger les premières, mobilisez-les sur ce qu'ils savent faire pour qu'ils s'améliorent encore : 80 % du potentiel d'une personne réside dans ses points forts. »***

La bonne attitude

Nathalie Martinet, chez Preciphar, a fait sienne cette philosophie pour accompagner un visiteur médical démotivé par des résultats en baisse. « Il avait totalement perdu confiance en lui, et plutôt que d'insister sur ce qui n'allait pas, je l'ai aiguillé vers ses talents clés : endurance, capacité d'empathie et esprit d'équipe. J'ai revu avec lui quelques connaissances, en me fondant sur son besoin de structure. Je lui ai fourni un plan d'action et d'accompagnement, un cadre écrit, des schémas logiques. Depuis, se félicite-t-elle, il a retrouvé sa motivation… et ses bonnes performances. »

* Instaurer la confiance

> ***La confiance est le socle de tout management bienveillant. Comment l'instaurer ? Apportez la preuve de votre compétence et de votre intégrité : tenez vos engagements, reconnaissez vos limites et vos erreurs.***

Annette Chazoule recommande la technique du cadrage collectif. « Il s'agit de réunir son équipe pour définir comment on va travailler ensemble et de faire le point sur les attentes et les besoins de chacun, ce qui est permis ou pas, les limites à ne pas franchir… Et on établit un compte rendu à l'issue de la réunion. » Ce travail peut être partagé à l'arrivée de tout nouveau collaborateur et réactualisé chaque année.

La bonne attitude

Rédiger un « contrat relationnel » : c'est la solution que Nathalie Martinet, à la tête d'une équipe de neuf visiteurs médicaux, a imaginée il y a quelques mois pour désamorcer un désaccord avec l'un de ses collaborateurs. « Afin que le conflit ne s'envenime pas, je lui ai proposé d'établir un contrat régissant nos relations : ce qu'on s'autorisait, ce qu'on ne pouvait pas tolérer… Cela nous a permis de nous parler différemment, de nous dire les choses sans aller trop loin et, finalement, de nous écouter et de nous faire confiance puisque, pour l'écrire, nous avons travaillé sur nos valeurs communes, comme le respect », explique-t-elle.

> ***L'effet a été radical : « Baisse des tensions, disparition de l'agressivité verbale, relation plus apaisée… Et cela dure encore, huit mois après ! »***

* Encourager plutôt que complimenter

Dans leur ouvrage *100 règles d'or du management positif et heureux* (Larousse, 2017), Magali Mounier-Poulat et Solenne Roland-Riché invitent les managers à complimenter moins et à encourager plus, ce qui valorise les efforts et le cheminement plutôt que le résultat. Citant les travaux de Carole Dweck, une chercheuse américaine qui s'est penchée sur la différence entre ces deux notions, les autrices précisent :

> ***« Le compliment rend dépendant du regard de l'autre. Il génère dans une équipe des jalousies et des envies de revanche. Il développe aussi, au fil des années, l'aversion au risque et à l'erreur. »***

Un regard complice, une blague partagée, une tape sur l'épaule sont autant de manières d'encourager. « En paroles, chaque fois que vous avez envie de faire un compliment, transformez-le en encouragement. Ne dites plus : "Ton rapport est formidable", mais "Tu peux être fier de ton rapport" », écrivent-elles. L'idée n'est pas de valider le résultat obtenu, mais les qualités ou les efforts qui ont permis de l'obtenir.

La bonne attitude

Spontanément focalisée sur les résultats, Khadija Kachmar a, au fil du temps, appris à se positionner davantage comme une coach que comme un distributeur de bons points. « Il y a quelques mois, j'ai intégré dans mon équipe une jeune diplômée assez stressée, mais très compétente. Nous échangeons une fois par mois : elle me liste en amont les points sur lesquels elle souhaite travailler, qu'ils soient relatifs à ses activités ou à des situations rencontrées. Ces partages sont pour moi l'occasion de l'accompagner dans son évolution. »

* Défendre son équipe

Cela fait partie de votre mission d'instaurateur de confiance au sein du groupe.

> ***Jean-Luc Jehl en est convaincu : un manager doit savoir protéger ses collaborateurs des critiques ou des trop fortes sollicitations.***

« De cette façon, il acquiert de la légitimité et permet à ses collaborateurs de se sentir en sécurité », soutient-il. Filtrer les sautes d'humeur de la direction ou porter les projets – même les plus décalés – dont vos collaborateurs sont à l'origine doit devenir votre ligne de conduite. « C'est ainsi que vous prouverez votre fiabilité à vos équipes », note aussi Matthieu Poirot. L'attitude inverse génère en revanche un gros risque de démotivation.

La bonne attitude

Dans sa précédente vie de responsable de la direction négoce d'un groupe d'enseignes de cuisiniste, Jean-Luc Jehl se souvient être monté au créneau pour défendre son équipe : « La direction d'une des enseignes avait fortement critiqué les retards dans la mise en œuvre d'un projet de numérisation des outils d'aide à la vente. Après avoir travaillé avec mon équipe sur ce qu'il était possible de faire, on a mis sur la table tout ce qu'on perdait si on réduisait nos délais. Notre démonstration a convaincu le client. »

* Faire preuve d'équité

L'équité est un puissant outil pour motiver. Pour le collaborateur, l'équité signifie qu'il reçoit ce à quoi il pense avoir droit – une rétribution, financière ou non – au regard de ses mérites et de son implication – sa contribution, en matière de travail fourni, d'esprit d'équipe…

« *A contrario*, l'injustice, c'est ce que l'individu ressent de manière subjective selon son vécu », explique Thierry Nadisic, professeur en comportement organisationnel à l'emlyon business school. Il existe trois types d'injustice : l'injustice distributive, qui vous prive de votre part du gâteau ; l'injustice procédurale, le sentiment que les décisions qui vous concernent sont prises en dehors de vous ; enfin, l'injustice « interactionnelle », qui touche directement à la relation à l'autre : le collaborateur a l'impression d'être invisible ou méprisé, tenu à l'écart sans explication. Aujourd'hui, les rétributions attendues par le salarié se cristallisent autour de ses valeurs, de sa sensibilité et de sa personnalité. Elles sont donc plus procédurales et interactionnelles que distributives.

« Dans les années 1960, les attentes portaient sur la rémunération, précise Thierry Nadisic. Après Mai 68, le désir de s'exprimer et de participer est devenu prioritaire et, depuis la fin des années 1990, prime le besoin d'être respecté et reconnu. »

La bonne attitude

En grande difficulté, ce dirigeant en était à son troisième plan social. C'est-à-dire au moment où il allait devoir se séparer de ses meilleurs et plus anciens collaborateurs. Cette décision étant (forcément) perçue comme injuste, il a compensé par un fort investissement relationnel auprès de chacun d'eux : présence physique, lettres de recommandation, mise à disposition de son réseau pro et perso, avec le souci de s'adapter à la situation de chacun. Ce comportement a pris le pas sur les ressentiments des commerciaux qui se sont recasés, en gardant un souvenir positif de leur ex-employeur.

* Montrer sa vulnérabilité

Fini le chef expert et tout-puissant. « L'humilité n'est pas une faiblesse, observe Yves Le Bihan, président de l'Institut français du leadership positif et auteur de l'ouvrage *Le Leader positif* (Eyrolles, 2016). Le manager doit savoir passer du sachant à l'apprenant. » Il gagnera en outre à formuler, sans les étaler, ses difficultés, sa baisse d'énergie, ses doutes. « Afficher sa propre vulnérabilité permet à l'autre de montrer la sienne », souligne la coach Delphine Luginbuhl, coautrice de *Trop bon, trop con* (Eyrolles, 2021).

Avouer un matin que vous êtes patraque dévoile votre humanité. Le neuro-économiste américain Paul J. Zak précise même que demander du secours stimule la production d'ocytocine chez les autres et constitue un outil puissant pour susciter une cohésion positive.

« Un leader qui sollicite de l'aide montre en réalité qu'il est sûr de lui, car il implique tout le monde derrière un objectif commun, écrit le chercheur dans la *Harvard Business Review* (septembre 2017). La posture est efficace parce qu'elle puise dans l'impulsion humaine naturelle qui pousse à coopérer. » Le degré supérieur à cet aveu de faiblesse consiste à reconnaître ses torts. Et le point ultime, à s'excuser. « Cela renforce le droit à l'erreur », souligne Yves Le Bihan.

La bonne attitude

Au plus fort de la crise sanitaire, Frédéric Anthoine, managing director chez DGC Industries (ingénierie mécanique ou industrielle), s'est démené pour engranger des commandes… en oubliant que ses collaborateurs dans la tourmente ne savaient plus où ils en étaient quant au contenu de leur projet commun. Il a fini par faire son mea culpa. « C'était inhabituel, je me suis excusé de ne pas avoir su donner un sens à leur travail, de ne pas avoir partagé ma vision et ma stratégie. »

* Parler cash

Dernier point pour finaliser sa transformation en manager positif : ne pas juger les personnes, mais leurs actions. Et « tenir un discours franc et sincère, même si le contenu est désagréable », indique Thierry Nadisic. Même son de cloche chez Yves Le Bihan. « Un manager positif ne doit pas se cacher derrière des discours lénifiants. Il doit au contraire parler cash, tenir un discours de vérité sur ce qui ne va pas. Pour cela, il doit faire la part des choses avec fermeté, afin de pousser les uns et les autres à grandir. Dès lors que cette condition est remplie, il devient possible de tout dire en se rappelant que ce qui compte, c'est le bénéfice que le collaborateur en tirera dans la durée », souligne l'expert.

Soyons clairs : il ne s'agit pas de balancer vos reproches à tout-va. « Des recherches via imagerie par résonance magnétique, menées en Suisse, montrent qu'un feed-back négatif bloque le système préfrontal de recherche de solutions. La critique n'est donc pas vraiment entendue, car la personne se met aussitôt sur la défensive », indique Matthieu Poirot. Une attitude bienveillante sera en l'occurrence beaucoup plus efficace pour faire passer un message. Le consultant préconise par exemple d'aider les collaborateurs à prendre conscience de leurs forces grâce à ce qu'il appelle des « feed-back de confiance » :

> ***« Par exemple, appeler quelqu'un à l'issue d'une présentation que l'on a appréciée pour souligner son esprit de synthèse et lui demander s'il est bien conscient de cet atout. »***

Autre approche : adopter une attitude « orientée solution ». « Le manager doit prendre le temps, à intervalles réguliers, de faire une analyse de cas réussis, poursuit le consultant, pas seulement pour célébrer les succès, mais aussi pour créer une mémoire des solutions qui fonctionnent. » Évitez enfin de comparer les équipes ou les individus. Il ne s'agit jamais d'instaurer une compétition entre collaborateurs, mais de souligner leur complémentarité, en affectant les tâches au plus compétent dans son domaine de prédilection.

Les ratages ou difficultés doivent être abordés de façon constructive. Également auteur du *Management juste* (UGA Éditions), Thierry Nadisic avance ainsi le concept de « feed-forward ».

> ***« Le feed-back permet de retrouver une trajectoire, tandis que le feed-forward vise à ouvrir une nouvelle voie. Le manager suggère de tester autre chose. Ce n'est ni un ordre ni une critique. »***

Concrètement, le feed-forward est une projection vers l'avenir, introduite par un « je te suggère », « je te propose » ou « je t'invite à »... À un bavard qui monopolise la parole, le manager dira : « La prochaine fois, je te suggère d'écouter 80 % du temps. » Tout est dans la formulation !

La bonne attitude

« Un directeur de centre d'appels avait catalogué une télévendeuse comme "incompétente", raconte la coach Aurélie Pennel. En réalité, ce poste ne lui convenait pas, elle souhaitait s'orienter vers les achats, mais son boss ne l'encourageait pas. C'est un autre manager, un N+2, qui a pris la peine de la recevoir. En l'écoutant, il a vu un potentiel à valoriser et l'a aiguillée vers une formation adéquate, cofinancée par la maison. » Un pari gagnant : la jeune femme a pu évoluer selon ses souhaits et s'épanouir dans son nouveau poste, au grand dam de son ancien chef, bloqué sur ses préjugés. Conclusion du Dr Philippe Rodet :

> ***« Il faut savoir demander à l'autre de faire des efforts, mais il faut aussi apprendre à lui faire confiance sans a priori. » À vous de lâcher prise !***

CHAPITRE 4

Dix façons

DE MOBILISER L'INTELLIGENCE COLLECTIVE

(Christine Halary et Marie Peronnau)

C'est prouvé, on est moins efficace seul qu'à plusieurs. Voici dix façons de mobiliser l'intelligence collective de votre équipe.

« Se parler souvent, s'adapter souvent. » C'est le mantra d'Emery Jacquillat, PDG de la Camif, spécialiste de l'édition et de la vente à distance de meubles et d'équipement pour la maison. Dans cette entreprise à mission, le choc de la crise liée au covid a pu être absorbé par le collectif et une organisation agile. Lorsque le chiffre d'affaires se réduit de moitié, au début du premier confinement, la Camif prend la décision audacieuse de soutenir les fabricants français en les payant dix jours à l'avance et en débloquant 500 000 euros pour une campagne de pub TV. Résultat : l'activité double dans les mois qui suivent. En interne, cette souplesse d'action doit beaucoup à la transparence de l'information, à l'implication des équipes et à l'absence de carcan, comme celui du budget annuel que la boîte niortaise refuse de figer dans le marbre. Alors que, selon une étude de la *Harvard Business Review* de 2016, le temps passé en activités collaboratives en entreprise a augmenté de 50 % en moyenne en vingt ans, seule une poignée d'entreprises telle que la Camif intègrent l'intelligence collective dans leur ADN. « Les autres l'utilisent ponctuellement avec l'objectif de coconstruire la solution à un problème », observe Christelle Mescolini, partenaire chez Acidu, cabinet de conseil en transformation basé au Luxembourg. Les études de Google (2016), du Massachusetts Institute of Technology (MIT, 2008) ou de la *Harvard Business Review* sont pourtant unanimes : un groupe qui fonctionne bien a « plus de chances » de trouver la bonne réponse à une situation critique que celui qui fonctionne en mode « sauve-qui-peut ». Revue de détail des dix clés qui vous permettront de mieux mobiliser le cerveau collectif de votre team.

* Choisir la bonne question

L'intelligence collective est « un outil d'aide à la décision », estime le spécialiste Olivier Zara, qui a consacré à la question de nombreux ouvrages, dont *Le Management de l'intelligence collective* (Axiopole). Précieux en ces temps d'incertitude, « cet outil est à réserver aux sujets complexes », précise le consultant franco-canadien. C'est-à-dire ceux qui requièrent plusieurs compétences transversales. Il fait ainsi le distinguo entre une décision complexe (trouver la direction à prendre), compliquée (trouver les moyens d'atteindre le but) et simple (fixer des tâches et des objectifs). À chacune son traitement : l'intelligence collective, source de réflexion commune, pour la première ; le management participatif, fondé sur la discussion, pour la seconde ; enfin le « command and control » dans le dernier cas.

> ***« Réfléchir ensemble, c'est d'abord déceler le vrai problème », insiste Olivier Zara.***

L'écueil fréquent ? Confondre la solution et le problème, comme cet opérateur de téléphonie convoquant ses troupes afin de coconstruire un logiciel capable de référencer tous les projets du groupe et d'en piloter l'avancement. Louable initiative ! Sauf que le véritable enjeu n'était pas la construction d'un énième outil informatique, mais bien celui d'une option stratégique à définir : comment sélectionner et valider les projets susceptibles d'être menés à terme…

* Susciter l'engagement

À l'heure des grandes remises en question sur l'utilité des produits et des services ou sur la relocalisation de la production, comment mobiliser les neurones des collaborateurs si eux-mêmes ont baissé les bras ?

> ***Selon le baromètre d'Empreinte Humaine réalisé en novembre 2020, 36 % des salariés français ont perdu la fierté de travailler pour leur entreprise et 35 % jugent que la crise leur a fait comprendre le manque de sens de leur travail.***

Or le point commun des boîtes qui font bouger les lignes – comme Decathlon, qui convertit un masque de plongée en appareil de ventilation pour les malades du covid –, c'est précisément leur capacité à susciter l'envie de contribuer à une aventure commune. Cet engagement est l'un des principaux moteurs de l'intelligence collective, soutient Pierre Lévy, directeur de la chaire de recherche sur ce sujet à l'université d'Ottawa. Comment le solliciter ? « En privilégiant des thèmes de réflexion inspirants, tels que la raison d'être de l'entreprise ou sa vision à dix ans », préconise Martin Duval, cofondateur du cabinet Bluenove. Ou encore en invitant à la coconstruction les agents de terrain, qui seront les premiers concernés par la décision prise.

* Créer un climat de confiance

La « sagesse des foules », démontrée par le scientifique britannique Francis Galton au début du XXe siècle, a été popularisée en 2004 par l'Américain James Surowiecki dans un best-seller éponyme. Elle postule que les intelligences réunies de plusieurs personnes forment une intelligence collective supérieure à la somme des facultés individuelles. À une condition : que chacun puisse s'exprimer en toute indépendance, sans influence.

> ***Or libérer sa parole au sein de l'entreprise n'a rien d'évident. Nous sommes victimes du biais de l'aversion au risque.***

En sortant de notre zone de confort, « la peur, cette émotion à laquelle nous sommes tous sensibles, représente une charge cognitive qui nous rend moins disponibles pour imaginer », explique le professeur de neurologie Philippe Damier, coconcepteur du jeu de cartes *Chasseur de biais*, destiné aux managers, avec Olivier Sibony et Yves Le Bihan.

> ***Quand elle ne nous inhibe pas, cette appréhension risque de favoriser un autre biais, celui de conformité. Par crainte de faire des vagues, nous cherchons le consensus. La parade ? Assurer un climat de confiance dans le groupe, en proscrivant notamment tout jugement de valeur sur chaque idée émise.***

Selon les études menées notamment chez Google (le projet Aristote, lancé en 2012 et portant sur 180 équipes), la sécurité psychologique, entendue comme « la capacité à s'exprimer et à prendre des risques ou à se mettre en situation de vulnérabilité face aux autres », est le premier facteur de performance collective.

* Mélanger les profils

« Pour être efficace, le groupe doit être suffisamment diversifié », rappelle le professeur de neurologie Philippe Damier. Ce n'est pas parce que vous avez constitué une dream team d'experts de haut vol que sa capacité à résoudre un problème sera meilleure. Cette homogénéité risque même de créer des rivalités qui paralyseront la dynamique. Il ne s'agit donc pas tant de multiplier les compétences, en espérant que chacun soit en mesure d'apporter une contribution judicieuse, que de mélanger les sensibilités. Des scientifiques du Centre d'intelligence collective du MIT cherchant à calculer le quotient intellectuel d'un groupe ont ainsi démontré que la mixité des genres en accroissait le score. Simplement parce que les femmes ont une intelligence émotionnelle, une empathie et une capacité d'écoute plus développées, ce qui favorise les échanges.

> ***Tout aussi pertinente, la présence de personnes en situation de handicap intellectuel. « Elles apportent un regard divergent très enrichissant », témoigne Christelle Mescolini.***

Autre critère suggéré par Yves le Bihan, chercheur associé à la chaire Essec du changement, celui de la complémentarité des biais cognitifs de chacun afin de neutraliser leurs effets. Il existe pas moins de 188 biais ! Mais les plus prégnants, sélectionnés par *Chasseur de biais*, sont au nombre de 32. Vous ne pouvez pas intervenir sur la constitution du groupe ? Multipliez les angles d'attaque sur un sujet pour faire émerger des points de vue inattendus.

* Pratiquer le questionnement itératif

Réfléchir ensemble, c'est d'abord se poser les bonnes questions pour bien définir les enjeux. Olivier Zara préconise d'entamer la première réunion par une salve de 25 à 50 questions. De préférence ouvertes, du genre « comment faire différemment » ou « et si le produit X n'existait plus »...

> ***« On est en quête de verbatim qui favoriseront les échanges », explique Martin Duval.***

Ce spécialiste de l'intelligence collective de masse prévient : si vous voulez mobiliser en ligne le plus grand nombre de parties prenantes, évitez le questionnaire, trop long, trop lourd. « Ce n'est pas un sondage ! » Préférez les cycles courts et itératifs en mettant dans la boucle les synthèses au fur et à mesure. L'objectif ? Alimenter la dynamique du forum. Les contributeurs sont en général de trois niveaux, observe-t-on chez Bluenove : les actifs (qui publient le contenu de départ), les réactifs et les apprenants.

* Distribuer la parole

« Le cœur du réacteur, c'est le tour de table », insiste Olivier Zara. Sans cet exercice, pas d'intelligence collective, confirment les experts du MIT. Le rôle du facilitateur y est essentiel. C'est lui qui énonce les règles et en assure le respect. Il peut proposer de commencer la réunion par un mémo écrit. Chacun couche sur le papier sa contribution au sujet. L'avantage ? « Les participants sont engagés à donner leur avis sans être influencés par celui des autres », souligne Olivier Sibony, professeur affilié de stratégie à HEC Paris et spécialiste de l'application des sciences comportementales à la prise de décision.

Christelle Mescolini, chez Acidu, distribue volontiers la parole en cercle. Les participants expriment successivement une idée à la fois. Chaque tour de parole est l'occasion pour le facilitateur de rebondir sous forme de questions jusqu'à faire émerger de nouvelles propositions. Personne ne coupe ni ne monopolise la parole. La règle : les participants prennent position sur chaque proposition. « Cela oblige à être attentif », explique Olivier Zara, qui a mis au point une technique de sprint digital, bien moins chronophage qu'un tour de table. Un temps de discussion orale clôture la session. L'occasion d'argumenter ses choix et d'exprimer ses émotions.

* Provoquer la contradiction

Ne cherchez pas à assurer une bonne ambiance au sein du groupe. Cela s'avère peu efficace en matière de résultat. À l'inverse, « cultivez la contradiction », exhorte Olivier Sibony. En incitant chacun à exprimer ses désaccords.

> ***Proposez de jouer alternativement l'avocat du diable et celui de la défense. « Un bon moyen d'identifier les éléments prouvant l'inverse de la pensée dominante », décrypte Yves Le Bihan.***

Pour exercer sa flexibilité cognitive et s'ouvrir à des idées différentes, rien de tel que la pratique de l'autocritique. Autre travers, particulièrement répandu en cette période de doute : le biais de confirmation. Nous accordons plus de crédit aux faits et aux chiffres qui corroborent nos idées. Certains seront aussi tentés de favoriser une proposition en fonction de l'aura de la personne qui la soutient. Pour déjouer ce biais du champion, il est impératif d'exclure le chef d'équipe des tours de parole et de ne le faire intervenir qu'en dernier, au moment de la synthèse.

* Hybrider les idées

Le management participatif consiste à juxtaposer des idées, comme si l'on débattait face à un mur de Post-it. L'intelligence collective, elle, « permet de combiner et d'hybrider deux idées », analyse Olivier Zara. La condition ? Écouter et/ou lire avec une grande concentration. Être réceptif à ce que dit l'autre et l'encourager à exprimer ce qu'il n'ose pas formuler. « Cela suppose de considérer a priori que l'idée va être intéressante ; pour y accorder un maximum d'attention », insiste le consultant.

> ***Il faut aussi savoir se taire et être patient en s'octroyant du temps. Car, selon cet expert, l'hybridation ne commence qu'au bout de dix à quinze minutes de discussion.***

* Imaginer l'imprévisible

Dans les situations complexes, personne ne sait avec certitude ce qu'il faut faire. Au décideur de le souligner dès le début du processus. Cet acte d'humilité va susciter de l'engagement et de la confiance. Mais s'il faut parfois attendre plusieurs mois pour juger de la pertinence d'une décision, la méthode appelée *pre-mortem* se révèle précieuse pour imaginer l'imprévisible. Son concepteur, le psychologue américain Gary Klein, remarquant que nous sommes tous très doués pour expliquer un événement improbable après coup, a eu l'idée de s'appuyer sur ce talent pour prédire l'avenir. En pratique, cette technique de débat, à utiliser juste avant la décision finale, consiste à se projeter dans un avenir où le projet a échoué et à en faire l'autopsie. Chaque membre de l'équipe liste toutes les raisons de l'échec, sans limitation. Un bon moyen d'identifier les risques, mais aussi de découvrir des aspects du projet qu'on n'avait pas envisagés.

> ***« Cela nous force à faire quelque chose de pas naturel : imaginer plusieurs futurs possibles au lieu d'un seul, pointe Olivier Sibony. S'obliger ainsi à prendre en compte l'imprévisibilité est une bonne manière de lutter contre notre biais d'excès de confiance. »***

* Clarifier les règles

Attention, insistent les experts, à ne pas confondre réflexion collective et décision collective.

> ***« La décision est une responsabilité, pas un processus », souligne Olivier Zara.***

Confier le choix final au groupe fait planer le risque d'une dilution de la responsabilité et d'une perte de pouvoir du dirigeant. C'est à lui de trancher. Et de clarifier dès le départ la règle du jeu : « Nous réfléchissons ensemble, je décide. » Winston Churchill avait une formule : « Pour décider, il faut un nombre impair et inférieur à trois. » Pas besoin de mobiliser votre équipe pour trouver lequel !

TROIS BIAIS DE GROUPE à neutraliser

Souvenez-vous de l'explosion de la navette Challenger à la fin des années 1980. Le décollage avait obtenu le feu vert à l'unanimité, alors que les ingénieurs avaient prévenu que les joints ne seraient pas étanches à la température prévue le jour J. Un exemple – désastreux – du biais de « la pensée de groupe », cette tendance à étouffer le désaccord au sein d'un collectif. Les minoritaires abdiquent par crainte d'être exclus.

Autre biais : l'effet de cascade. Les premiers à s'exprimer influencent les suivants... qui finissent par taire leur opinion lorsqu'elle diverge de la doxa majoritaire.

Troisième menace : la polarisation. Le groupe se concentre sur un point de vue plus extrême que la position moyenne des participants. Ces biais forment l'une des cinq familles de nos schémas de pensée trompeurs répertoriées par les concepteurs du jeu *Chasseur de biais* (à découvrir en ligne, positiveleadership.fr).

TÉMOIGNAGE

« Une équipe doit équilibrer ambition individuelle et réussite collective. »

(Guillaume Martin, coureur cycliste, membre de l'équipe Cofidis)

Comme toute organisation humaine, le peloton est composé de différentes « classes », au sein desquelles chacun est prié de tenir son rôle, du leader au porteur d'eau, en passant par le capitaine de route. Quelle place l'individu occupe-t-il dans le groupe ? Cycliste et philosophe, Guillaume Martin s'appuie sur son expérience sportive pour proposer une réflexion plus vaste sur le sujet. *Management* a voulu en savoir plus.

Vous semblez agacé quand on chante les louanges du collectif dans le sport...

Guillaume Martin : Avant chaque course, avant chaque saison, j'entends ce discours, censé mobiliser les équipes, sur la « force du collectif », un « collectif supérieur à la somme des individualités ». Le problème, c'est que ce message est un peu facile. Il peut être opérant un temps mais, au bout d'un moment, on ne l'écoute plus ! Cette ritournelle est révélatrice d'une tendance schizophrénique de notre société. Elle vante le collectif à tout bout de champ, tout en étant hyperindividualiste.

Comment s'articulent ces deux dimensions, le singulier et le collectif ?

G. M. : Dans la vie en général, il faut, d'après moi, reconnaître que l'unité, l'individu, est l'élément fondamental à prendre en compte. Mais il ne peut fonctionner seul : il a besoin des autres – ne serait-ce que pour se reproduire ! Dans le cyclisme, c'est pareil. J'aime à définir le cyclisme comme un sport individuel, pratiqué en équipe. Chez un coureur, il y a une pulsion d'affirmation de soi : tout cycliste rêve de s'échapper du peloton. C'est un élément de motivation essentiel. Il y a donc un équilibre à tenir entre l'ambition particulière et la réussite collective.

Quel est le profil du leader au sein d'une équipe cycliste ?

G. M. : Il est la courroie de transmission entre la direction sportive et le reste des coureurs. Il relaie, par exemple, les informations en matière de stratégie. Les leaders champions sont une caste très à part : ce sont des personnes qui arrivent à fédérer assez naturellement une équipe. Ils savent remettre leur titre en jeu, car ils ne craignent pas la concurrence interne. *A contrario*, il existe des leaders qui tyrannisent leurs équipiers et les considèrent comme des moyens pour arriver à leurs fins. Ces personnes ont souvent peur de perdre leur place.

Le gregario ou porteur d'eau, équipier qui ravitaille le leader et l'aide à gagner, tient un rôle clé. Il a pourtant droit à peu de reconnaissance…

G. M. : Sa mission est en effet cruciale. Il prend le vent en début de course ou à l'approche de difficultés pour protéger le leader et lui permettre d'économiser son énergie, il va chercher le ravitaillement à la voiture… Il n'a aucune chance de gagner : son rôle est de se sacrifier pour le leader ! Les managers sportifs ont tendance à oublier les gregarios. Ils ne voient que les résultats bruts, pas assez la contribution. Ils signent ainsi leurs contrats très tardivement dans la saison, pour les plus bas salaires… En tant que leader, je me sens une responsabilité envers eux : je pense toujours à les remercier et à les mettre en avant après la course. Avec l'adrénaline, on peut vite oublier les efforts de ses équipiers. Or leur engagement contribue à la victoire.

Propos recueillis à l'occasion de la parution de *La Société du peloton*, Guillaume Martin, Grasset, novembre 2021.

CHAPITRE

5

Entretenir
L'ESPRIT D'ÉQUIPE, MÊME À DISTANCE

(Gaëlle Ginibrière et Laura Makary)

Contraints par la crise sanitaire, de nombreux managers se sont initiés, au débotté, au télémanagement. Près de deux ans plus tard, qu'ont-ils retenu de l'art de diriger une équipe à distance ?

Diriger une boîte désincarnée, où chacun bosse chez soi, coupé des autres et du monde... Pour conjurer cette vision angoissante, Jonathan Vidor, PDG de l'agence d'e-marketing JVWEB, a, dès les premiers jours du confinement, opté pour l'outil bien connu des gamers, Discord, dans l'idée de créer un *open space* virtuel. « À chaque chaîne de discussion correspondait une équipe. Je passais cinq minutes par jour à saluer tout le monde, comme je faisais autrefois le tour des bureaux le matin. Coiffé de son casque, chacun pouvait activer à tout moment son micro pour interpeller un collègue ou faire un aparté dans une "bulle de conversation" », se souvient-il. Plus de 8 millions de Français ont pratiqué le télétravail pendant le confinement, selon l'OFCE, et cet épisode historique a durablement changé le visage du travail. Aujourd'hui, selon une étude Apec de janvier 2022, 4 entreprises sur 10 sont favorables au télétravail de leurs cadres. Si le « tout télétravail » ne séduit que 5 % d'entre elles, la plupart plébiscitent un modèle hybride, alliant « présentiel » et travail à distance. Retour sur la difficile période des confinements et sur les leçons que les managers ont su tirer de cet incroyable challenge.

* Créer de la proximité malgré la distance

Une fois passée l'urgence de distribuer à chacun ordinateur et VPN (accès à un réseau sécurisé) – fin mars 2020, plus de la moitié des salariés en télétravail utilisaient leur matériel personnel, alors que 24 % d'entre eux seulement étaient équipés par leur entreprise –, maintenir le lien avec des équipes dispersées a constitué la priorité pour les managers. « Au risque, parfois, dans les premiers jours, d'une surconsommation de visioconférences et d'appels téléphoniques », observe Cécile Eymard, consultante senior pour le cabinet de recrutement Clémentine. L'idée de ritualiser des moments d'échanges s'est par ailleurs vite imposée.

> ***Visio-café du matin pour bavarder avant de se mettre au boulot, concours des plus beaux espaces de bureau à la maison, groupes WhatsApp pour diffuser photos et vidéos tout aussi parodiques que cathartiques...***

Les idées fusaient pour retisser des liens et partager des moments conviviaux. Une cohésion d'un nouveau genre, qui a parfois eu pour effet de créer une intimité inédite... et de déstabiliser certains managers. « Beaucoup d'entre eux ont eu besoin de conserver une distance hiérarchique pour se préserver. Il était inutile dans ce cas d'aller contre sa nature. Si la période de confinement a engendré un besoin de lien social, ce dernier n'avait pas besoin du manager pour se mettre en place. Un grand nombre de choses ont été laissées à l'initiative des collaborateurs », affirme Daniel Ollivier, auteur du livre *Manager le télétravail et le travail à distance* (Gereso Éditions).

En revanche, le manager devait veiller à maintenir les échanges professionnels, en proposant des rendez-vous réguliers via des outils collaboratifs, comme Slack, Discord ou Zoom par exemple.

> ***« Pour traiter de sujets pointus, je privilégie aujourd'hui encore la visio afin de m'assurer que mon interlocuteur est bien concentré et de percevoir ses réactions à ce que je lui dis », confie Jonathan Vidor.***

* Devenir chef d'orchestre

Plus que jamais, le télémanager doit développer de véritables compétences de chef d'orchestre. Inciter les plus introvertis à s'exprimer lors des réunions d'équipe, s'appuyer sur ceux que la distance rend au contraire plus hardis et prompts à lancer des initiatives. La reconnaissance à distance est aussi essentielle. « Elle se donne beaucoup par la confiance que l'on accorde aux collaborateurs, par la latitude qu'on leur laisse. Réaffirmer votre satisfaction par des mots, des échanges réguliers, mais aussi par la mise en avant des réussites sur le canal partagé de l'équipe, voire le réseau interne de l'entreprise », recommande Isabelle Bastide, directrice France du cabinet de recrutement PageGroup. Spécialisée dans la vidéo numérique, la start-up ShowHeroes a ainsi créé pendant le premier confinement un journal hebdomadaire destiné à célébrer les réussites de l'équipe, tant individuelles que collectives.

* Rester en alerte

À la différence du bureau, un conflit entre collaborateurs en télétravail restera invisible aux yeux du manager. Or, dans une équipe, les tensions sont inévitables. C'est là qu'une bonne connaissance de chacun est utile. « Une inflexion de voix, des smileys qui disparaissent des mails, un désengagement... le moindre signe de malaise d'un collaborateur doit alerter », témoigne Julien Bettinger, directeur des ventes grand public et petits professionnels pour le fournisseur d'énergie ENI. Et conduire le manager à faire un point approfondi avec les personnes concernées.

> ***Alors qu'à la cinquième semaine de confinement, 45 % des salariés se déclaraient en souffrance psychologique (source : OpinionWay), personne n'était à l'abri de découvrir un collaborateur submergé par l'angoisse, la fatigue et la gestion parfois complexe du quotidien, et qui n'était plus à même de mener ses missions.***

« Plutôt que décider à sa place, mieux valait alors discuter avec lui pour trouver la meilleure solution, par exemple alléger sa charge de travail, la nature de son activité, sans l'exclure des outils collaboratifs », note Fanny Chateau, consultante pour le cabinet de conseil RH Com/une différence. Quitte, lorsqu'un malaise était trop marqué, à passer le relais à la médecine du travail.

* Trouver la bonne distance

Le micromanagement pointilleux est un travers hélas fréquent parmi les chefs d'équipe peu rompus aux subtilités du télétravail. « Pour l'éviter, donnez-vous des règles claires et commencez par prendre en compte les contraintes de chacun afin de prévenir les situations de blocage », estime Fanny Chateau. C'est ce qu'a fait Sylvestre Ledru, senior engineering manager chez Mozilla, pendant le premier confinement. « Nous avons décidé de diminuer le nombre d'objectifs à réaliser par certains collaborateurs, ainsi que notre niveau d'attente. Nous sortons une nouvelle version de Firefox tous les mois, alors tant pis si nous retardions quelques fonctionnalités momentanément », explique-t-il.

> ***Si la crise sanitaire est heureusement révolue, cet épisode a appris aux managers à faire preuve d'une plus grande adaptabilité lorsqu'ils encadrent des collaborateurs à distance.***

Seconde étape : managez par objectifs. Déjà recommandé en présentiel, ce type de management s'impose lorsqu'on bosse à distance. Avec pour corollaires confiance et lâcher-prise : vous fixez les objectifs, à charge pour vos collaborateurs de définir les étapes qui leur conviennent pour les atteindre. Ce qui ne signifie pas pour autant les laisser en roue libre, ce qui serait tout aussi déstabilisant pour eux qu'un contrôle omniprésent. Il vous faut trouver le bon rythme. Chez JVWEB, les chefs d'équipe, chacun responsable de six personnes, s'enquièrent chaque soir par visio de ce qui a été fait ou non, s'informant ainsi d'un éventuel besoin de coup de pouce. « Il s'agit d'une discussion informelle, sans tableur de suivi. Mais en cas de souci, mieux vaut s'en rendre compte tout de suite plutôt qu'après plusieurs jours », raisonne Jonathan Vidor.

* Soigner la motivation des équipes

Maintenir la mobilisation des troupes alors que les semaines de télétravail s'enchaînaient durant la période covid s'est révélé une véritable gageure à la longue. Auteur d'une étude sur le télétravail et professeur à EM Normandie, Jean Pralong analyse :

> ***« Le télétravail encourage les process, mais il n'est pas propice à l'innovation. C'est encore plus vrai dans une période anxiogène. Plutôt que de laisser ce conformisme s'installer, proposez à votre équipe de lire, se documenter pour ouvrir ses horizons, ce qu'elle ne fera pas spontanément. »***

Challengez vos troupes ! Certaines entreprises ont ainsi profité des confinements pour renforcer leurs programmes de formation. À l'adresse des collaborateurs, mais aussi des managers, qui ne sont pas non plus à l'abri d'un coup de blues. Chez L'Oréal, un programme leur a été spécialement destiné, à la fois pour les épauler dans l'accompagnement de leurs collaborateurs et pour les aider à surmonter leur propre stress.

> ***La tâche était d'autant plus corsée lorsque la crise économique s'ajoutait à l'éloignement.***

Afin de booster le moral de ses troupes, Eurécia, éditeur de logiciels RH, a proposé gratuitement ses solutions aux entreprises lors des périodes de confinement. « Cela resituait le sens de notre travail. Et c'était une façon pour nos collaborateurs de contribuer à leur niveau à améliorer la situation du pays, en aidant les autres », estime Pascal Grémiaux, président et fondateur de la PME de 100 salariés. Julien Bettinger a, lui, enjoint une de ses équipes, confrontée à une baisse d'activité, à anticiper la reprise. « Je leur ai demandé de prendre ce temps pour réfléchir à de nouveaux moyens de commercialiser notre offre. Pour les commerciaux, c'était l'occasion de développer de nouvelles compétences en BtoB, en vue de se préparer à une éventuelle mobilité. »

> ***Dans d'autres cas, c'est au contraire au surinvestissement de certains collaborateurs qu'ont dû faire face les managers.***

« Des personnes qui cherchent à surcompenser, en travaillant tard, une fois les enfants couchés. En voyant que tel ou tel dossier avait été modifié au beau milieu de la nuit, il m'est arrivé d'alerter un collaborateur sur la nécessité de lever le pied, quitte à revoir ses objectifs à la baisse », raconte Sylvestre Ledru.

* Changer son mode de management

> ***« Les managers doivent mettre à profit le temps libéré par le télétravail pour nouer de nouvelles relations, développer leur sens de l'écoute active, solliciter l'avis de leurs collaborateurs ou remettre à plat leurs façons de travailler », encourage Daniel Ollivier.***

En un mot, opérer leur propre mue. C'est aussi la réflexion de Pascal Grémiaux : « La période du covid m'aura appris à être plus que jamais délégatif et participatif. Alors que mes salariés étaient tous à distance, j'ai été conforté dans l'idée d'adopter un mode de management par objectifs, en laissant chacun de mes collaborateurs autonomes dans sa façon d'organiser son travail. » Vice-président chargé de l'acquisition des talents chez L'Oréal, Michael Kienle s'est, lui, surpris à mieux cerner certaines personnalités à distance, sans doute parce qu'il était plus attentif aux moindres signaux. Mais c'est sur le plan personnel qu'il a fait évoluer sa posture managériale. « Dans le cadre d'un webinaire interne, j'ai assisté à une séance de méditation de pleine conscience. Une pratique que je n'avais jamais eue dans le cadre professionnel et dont je me suis dit qu'elle serait certainement bénéfique », confie Michael Kienle. En tout cas, il en est persuadé : en tant que manager, le télétravail aura changé la donne.

5 PROFILS DE TÉLÉMANAGERS à éviter

Nathalie Monin, DRH d'ENI France.

1. Virtuel
Il laisse ses collaborateurs en roue libre, entre de rares appels et des mails parcimonieux rapidement écrits, quand la situation exige de la proximité.

2. Lost
Comme dans la série, il se cherche alors que l'équipe a besoin d'être rassurée. Conséquence : plus personne ne bosse !

3. Terminator
Tel un robot, il est obnubilé par l'activité et les résultats, et oublie les hommes et femmes qui fournissent le travail. Attention au burn-out !

4. Magistral
Il multiplie les réunions interminables, au cours desquelles il se complaît dans de longs monologues : à distance, les salariés se mettront en « silencieux » ou feront autre chose. Résultat : la boîte tourne au ralenti, en attendant que ça passe !

5. Free style
Misant sur l'autonomie et la confiance, il en oublie de fixer des règles. Mauvaise idée : désemparées, les équipes se démobilisent.

TÉMOIGNAGES

« Je ne me verrais pas revenir dans un *open space* ! »

Laura Beaubois, cheffe de projet chez Triple C, agence de com.

« Je travaille dans une agence de communication depuis cinq ans. L'agence est située à Bordeaux mais depuis deux ans, je vis à Madrid. Je suis partie m'y installer pour suivre mon conjoint. Nous nous sommes mis d'accord avec mon directeur : je travaille quotidiennement depuis l'Espagne et je passe une fois par mois au siège. Selon les mots de mon directeur, je suis "la cheffe d'entreprise de mes propres clients". Et, c'est vrai, avec la distance, j'ai plus d'autonomie. Je n'ai pas eu peur de l'isolement. Nous avons rapidement organisé des rendez-vous réguliers avec mes collègues, je participe aux réunions en visioconférence. Avec mes clients, nous communiquons à distance, mais je les rencontre dès que cela est nécessaire ! Il n'est pas question qu'ils aient l'impression que cela me gêne de venir les voir, au contraire. Au départ, je me forçais à être connectée sur Slack de 9 à 18 heures pour prouver que j'étais là. Maintenant, je m'en détache, le plus important est d'avancer sur mon boulot durant mes horaires de bureau. Pour réussir à distance, il faut de la rigueur, de la confiance et de l'autodiscipline. Pour être honnête, j'apprécie cette organisation. Pour le moment, je ne me verrais pas revenir dans un *open space* ! »

« Le management à distance a ses limites. »

Geoffroy Malaterre, fondateur de Spareka, site de vente de pièces détachées.

« En 2016, quatre ans après la création de mon entreprise, j'ai suivi mon épouse au Brésil. Un an avant mon départ, j'avais commencé à réorganiser Spareka, qui comptait alors 23 salariés. J'ai impliqué mes collaborateurs dans la stratégie de l'entreprise, afin de favoriser leur autonomie. J'ai choisi cinq managers pour former un comité de direction, puis j'ai défini les rôles de chacun. Du Brésil, je menais des points très réguliers, individuels et collectifs. Pour les rendez-vous qui demandaient d'être présent, les recrutements ou les entretiens annuels, je revenais une semaine tous les deux ou trois mois. Le bilan est très positif. Le changement d'organisation a très bien fonctionné : nous avons été élus Great Place to Work et notre chiffre d'affaires a doublé en trois ans. Mais l'exercice a ses limites. Aujourd'hui, nous sommes 50, toujours en forte croissance, et je suis content d'être de retour en France : c'est plus facile. Les banques et les investisseurs s'attendent à ce que je sois au cœur du business. Je suis heureux aussi de retrouver mes équipes et de ne plus faire de cinq à sept heures de Skype par jour. Mon prochain départ, ce ne sera pas pour vivre une grande aventure en famille et motiver mes collaborateurs, mais pour développer l'entreprise à l'étranger ! »

Développer son leadership et renforcer son pouvoir d'influence

Fini le chef tout puissant qu'on suit aveuglément !

Finis, les chefs, vraiment ? En réalité, c'est d'un certain style de management dont les salariés ne veulent plus. Ils ne sont pas rebutés par l'autorité, mais par l'autoritarisme. À l'heure où les entreprises se tournent vers une organisation plus collaborative, il devient d'autant plus crucial pour le manager de travailler son pouvoir d'influence. Car diriger, c'est avant tout donner une direction, un cap, et réussir à embarquer vos équipes avec vous dans l'aventure. Pour cela, vous allez devoir compter sur votre charisme, vos talents de communicant, à l'écrit comme à l'oral, et votre esprit de décision...

TEST

Quel leader ÊTES-VOUS VRAIMENT ?

(Samuel Loutaty)

Évaluez votre impact sur les autres grâce à ce test… et vérifiez le résultat en demandant à vos collègues et collaborateurs de remplir le deuxième test. Vos scores ne concordent pas ? À l'issue de ce double test, vous connaîtrez aussi les points à améliorer pour renforcer votre leadership.

D'après vous…

C'est la tuile, votre boîte vient de perdre son plus gros client :

- Vous obligez le chargé de créa à prendre des vacances parce qu'il est au bord du burn-out.
- Vous couvrez vos collaborateurs auprès de votre hiérarchie.
- Vous rassemblez votre équipe et leur faites écouter le discours de Churchill sur le sang, la sueur et les larmes.
- Vous vous fendez d'un e-mail collectif qui énumère les raisons pour lesquelles il est allé à la concurrence et les solutions à mettre en place pour y remédier.

En entretien d'embauche :

- Vous expliquez votre manière de fonctionner au candidat. C'est essentiel qu'il sache à qui il a affaire.
- Vous arrivez presque à le faire pleurer en lui racontant comment le petit-fils du créateur de la boîte a sauvé l'entreprise pendant la Grande Guerre.
- Vous le déstabilisez en lui proposant que ce soit lui qui prenne place derrière votre bureau. En général, ça fonctionne très bien pour voir s'il a des tripes.
- Après avoir fait le tour de son CV, vous lui parlez voile et Bretagne vu qu'il vient de Dinard.

Pendant le confinement :

- Vous avez instauré un apéro virtuel que beaucoup regrettent encore maintenant que les terrasses sont rouvertes !
- Le télétravail, ça a été facile de le généraliser parce que ça fait cinq ans que vous l'avez mis en place pour vos équipes.
- Vous avez toujours pris soin d'allumer votre caméra pour le Zoom quotidien en étant propre, net et lavé.
- Vous avez particulièrement fait attention à Jean-Paul, de la compta. Le pauvre, avec des triplés, le télétravail était tout sauf évident pour lui.

Le mot que vous préférez :

- Charisme
- Motivation
- Audace
- Empathie

La citation dans laquelle vous vous reconnaissez le mieux :

- « L'ascendant sur les hommes vaut mieux que la richesse. » (Luc de Clapiers, marquis de Vauvenargues)
- « La grandeur des actions humaines se mesure à l'inspiration qui les fait naître. » (Louis Pasteur)
- « Un esprit est comme un parachute. Il ne fonctionne pas s'il n'est pas ouvert. » (Frank Zappa)
- « De toutes les écoles de patience et de lucidité, la création est la plus efficace. » (Albert Camus)

Pour faire éclore les talents de vos collaborateurs, vous croyez à :

- La façon dont vous savez les saisir par les tripes.
- L'exemple que vous donnez.
- Votre capacité à questionner leurs certitudes.
- Votre écoute.

Ce dont vous avez le plus souffert dans votre vie professionnelle de la part de vos supérieurs et que vous ne reproduiriez pour rien au monde :

- Le manque d'audace.
- La rétention d'infos, pour diviser ou par simple paresse.
- L'absence de projet clair et inspirant pour l'avenir.
- L'impression d'être un numéro parmi d'autres dans l'entreprise.

Un échec :

- Ça se partage.
- Ça s'assume.
- C'est stimulant.
- Ça n'est qu'une étape.

Encore un stagiaire qui débarque !

- Plutôt que de lui refiler tout de go les rapports comptables des dix dernières années à éplucher, vous l'invitez à aller interroger les plus anciens de vos collègues afin qu'il prenne la température de l'entreprise.
- Vous l'encouragez à jouer les mouches du coche dans son rapport de stage. Mieux, vous l'invitez à vous faire des propositions pour améliorer les dysfonctionnements qu'il a pu constater.
- Vous l'emmenez à la cantine avec vous et l'invitez à vous rejoindre en réunion pendant toute la durée de son stage.
- Vous faites l'effort de retenir son nom et de lui demander de ses nouvelles dans l'ascenseur, de façon que vos collaborateurs fassent la même chose.

Avant une réunion avec le *big boss* :

- Vous révisez vos notes et arrivez au moins cinq minutes en avance.
- Vous vous préparez comme pour un combat de boxe : vous adorez le contredire, quitte à jouer les avocats du diable. C'est pour ça qu'il vous paie.
- Vous en expliquez les enjeux à tous vos collaborateurs. Vous avez remarqué que, de cette façon, leurs mémos étaient plus efficaces.
- Vous pensez à un petit icebreaker, histoire qu'il se souvienne de vous, étant donné qu'il a 17 autres réunions dans la journée.

SCORES

Comptabilisez vos réponses à chaque type de question (une seule réponse par question).

....

....

....

....

Vous avez...

... une majorité de

Vous pensez faire montre de considération individualisée. La façon dont vous traitez vos collaborateurs vous permet d'obtenir d'eux bien plus que la plupart de vos collègues.

Et pour cause, vous prenez le temps d'une vraie communication en tenant compte des besoins de chacun. Quand vous posez une question, vous écoutez attentivement la réponse et vous en faites quelque chose. C'est une force, le signe d'une vraie ouverture d'esprit et d'une capacité à créer le contact en évitant les généralisations hâtives.

... une majorité de

Vous pensez être motivant. Votre atout en termes de leadership : votre faculté à proposer une vision forte pour l'entreprise et à la partager avec vos collaborateurs de manière à ce qu'ils se dépassent... À votre contact, ils développent leur optimisme et leur confiance dans leurs capacités à réussir.

Fort de l'idée que l'on se souvient tous du 11 septembre 2001 (et pas du 12 octobre 2002), vous avez cultivé un art du storytelling, qui ne passe pas par les chiffres mais par l'émotion que vous arrivez à faire naître chez eux.

... une majorité de

Vous pensez être charismatique. Vous êtes de ces leaders que l'on a envie de copier parce qu'ils inspirent admiration, respect et confiance. Rien que ça ! Les autres s'identifient d'autant plus facilement à vous que vous donnez l'exemple et vous comportez de façon juste. Avec vous, les gens savent à quoi s'attendre car vous dites ce que vous faites et faites ce que vous dites. Cela ne vous empêche pas de savoir prendre des décisions difficiles parfois, mais, alors, vous associez les intéressés à vos choix.

Vous avez une majorité de

Vous pensez être stimulant. Vous êtes une incitation à innover à vous tout seul ! Vous avez le don de prendre conscience des problèmes et de favoriser les approches nouvelles pour les résoudre avec vos équipes. Votre leadership soutient le droit à l'erreur, laquelle n'est, chez vos collaborateurs, pas une faute, mais une occasion de montrer de la responsabilité. En bonne mouche du coche, vous résistez toujours au consensus mou et ruez dans les brancards quand vous l'estimez nécessaire.

D'après vos collègues et collaborateurs...

À présent, remplacez X par votre prénom et demandez à votre entourage de répondre aux questions suivantes.

La compta vient de changer tout le système de facturation, c'est un joyeux bazar :

- Alors que beaucoup de managers refilent la patate chaude à leurs subordonnés, X monte au créneau pour régler les problèmes.
- X demande aux deux personnes qui râlent le plus fort des propositions en vue d'améliorer le système.
- X profite d'une grosse réunion pour expliquer à tous les tenants et les aboutissants de cette restructuration.
- X passe deux jours à organiser des entretiens individuels pour interroger chacun de ses collaborateurs.

Le leader à qui X pourrait ressembler :

- Mark Zuckerberg
- Steve Jobs
- Marc Simoncini
- Emmanuel Faber

La phrase que vous vous répétez souvent à propos de X :

- « C'est marrant comme il trouve toujours les mots justes. »
- « Il n'en a jamais marre d'écouter les gens ? »
- « Si seulement je pouvais lui ressembler ! »
- « Mais où il va chercher tout ça ? »

Avec X, vous savez :

- Que sa porte vous est toujours ouverte.
- Que vous ne découvrirez jamais une info essentielle trop tard.
- Que vous aurez toujours envie de vous dépasser.
- Que vous aurez toujours les ressources pour vous renouveler.

Quand X s'énerve, c'est parce que :

- Il a été témoin d'une injustice.
- Tout le monde acquiesce.
- Il a l'impression d'être traité comme un mouton.
- Il ne comprend pas le but de ce qu'on lui demande.

À la veille d'une grosse présentation :

- X s'entraîne à pitcher ce qu'il veut dire devant toute son équipe.
- X révise dans son bureau.
- X décide de laisser parler Y, qui est meilleur à l'oral parce qu'il fait du théâtre depuis belle lurette.
- X se demande s'il ne faut pas tout reprendre à zéro, histoire d'être encore plus disruptif...

Le marché de la Junior & Son Company, décroché avec les honneurs :

- A valu à son équipe les remerciements du comex, sensibilisé par X au travail de tous.
- X l'a porté de bout en bout en remotivant l'équipe à chaque étape.
- C'est X qui en a eu l'idée alors que personne n'était chaud au départ, tant ce n'était pas dans l'ADN de la boîte.
- A été mené à bien parce que X vous a laissé partir trois jours au vert pour avancer la créa (il sait que vous bossez mieux à la campagne).

Face à un échec, X :

- Prend sa part sans rejeter la faute sur les autres.
- Change de braquet illico pour proposer autre chose sans perdre de temps.
- Prend garde de ne pas laisser son équipe s'enfoncer dans le déni ou le découragement.
- Positive toujours, y voyant une péripétie et rien d'autre.

Pendant le confinement et la longue période de télétravail qui s'est ensuivie :

- X n'était pas du genre à ne pas répondre à vos mails ou à sécher une visio.
- X a réussi à contrecarrer les effets délétères de la situation en augmentant la productivité de ses équipes.
- X n'a cessé de communiquer avec vous. Parfois pour le boulot, mais aussi juste pour prendre des nouvelles.
- X a imaginé des réunions à thème rigolotes, pour éviter que vous ne broyiez du noir tout en restant créatif.

SCORES

Comptabilisez vos réponses à chaque type de question (une seule réponse par question).

- ....
- ....
- ....
- ....

Vous avez...

Comptabilisez vos réponses à chaque type de question (une seule réponse par question).

Faites vos comptes !

- Vous avez une majorité de : vos collègues voient en vous un leader charismatique.
- Vous avez une majorité de : vos collègues voient en vous un leader motivant.
- Vous avez une majorité de : vos collègues voient en vous un leader stimulant.
- Vous avez une majorité de : vos collègues voient en vous un leader à l'écoute.

Mince, ça ne matche pas !

La manière dont vous vous voyez et celle dont vos collègues vous considèrent ne coïncident pas ? Qu'à cela ne tienne. Faites vos comptes à nouveau en additionnant les résultats des deux tests. Votre score le plus faible (en , , ou) indique la qualité que vous devriez développer :

- Vous avez une minorité de : vous devez travailler votre charisme.

Plusieurs raisons peuvent expliquer votre faiblesse en termes de charisme. Peut-être ne donnez-vous pas suffisamment l'exemple à vos collaborateurs. Demandez-vous si vous prenez soin d'eux et de vous-même, si vous assumez toujours vos erreurs, et si vous êtes juste et cohérent dans la relation avec votre équipe. Le leader qui part en vacances au ski alors qu'il a réclamé à sa garde rapprochée de bosser d'arrache-pied perd immédiatement 10 points de charisme. Même chose pour celui dont le management s'appuie sur le favoritisme ou la connivence plutôt que la compétence. Bref, balayez devant votre porte pour (re)devenir irréprochable et pour qu'on ait envie de vous ressembler. Pour influencer, il vous faut instiller la fierté et gagner la confiance de vos collaborateurs.

- Vous avez une minorité de : vous devez travailler votre faculté à inspirer les autres.

Vous avez une vision très claire de ce que vous voulez faire pour votre entreprise avec vos collaborateurs. C'est déjà bien. Mais c'est insuffisant pour réussir si vous ne parvenez pas à la partager... Votre équipe doit pouvoir comprendre votre vision et l'adopter, quelle que soit la tâche qui lui est dévolue. Pour cela, il va falloir apprendre à pitcher vos idées et à déclencher par le pouvoir des émotions une motivation inspirante. Cela passe par la convocation d'images riches de ce que sera l'avenir lorsque votre vision sera réalisée. Commencez par desserrer votre cravate et lâcher vos notes : c'est avec vos tripes que vous devez parler ! Devenez pédagogue...

- Vous avez une minorité de : vous devez travailler votre capacité à stimuler votre équipe

Pour motiver votre équipe, tentez donc de promouvoir une approche positive de la résolution des problèmes en vous fondant sur ce qui fonctionne correctement au sein de l'organisation. Encouragez vos collaborateurs à toujours voir les choses sous tous les angles plutôt que de plébisciter le consensus mou, certes confortable, mais dangereux à long terme.

Ils doivent pouvoir dire et vous dire : « C'est une mauvaise idée parce que... » Mieux vaut une vraie déconvenue qu'une fausse joie, et mieux vaut découvrir que votre super idée d'hélicoptère électrique est vouée à l'échec avant de lancer une chaîne de production !

- Vous avez une minorité de : vous devez travailler votre écoute.

Pour améliorer votre efficacité et votre leadership, et maintenir un fort engagement de votre équipe, surtout dans la période trouble dans laquelle nous vivons, vous avez besoin d'être plus près des gens avec qui vous travaillez. Cela suppose de l'ouverture. Au sens propre comme au figuré ! Ouvrez donc la porte de votre bureau à vos collaborateurs et aérez votre esprit en évitant les biais de généralisation et les stéréotypes du type « les marketeux, je les connais » ou « les comptables font toujours ça... » En plus d'être fausse la plupart du temps, cette vision « simplifiée » du monde vous empêche d'être à l'écoute de vos collaborateurs et de déceler chez eux un potentiel de leadership qui vous permettrait d'être mieux entouré et donc de réussir plus durablement.

CHAPITRE

1

Le charisme,
ÇA S'APPREND !

(Gaëlle Ginibrière et Marie-Madeleine Sève)

Expertise, posture, voix, originalité… Voici neuf axes sur lesquels travailler pour développer votre impact personnel et donner envie de vous suivre en toute circonstance.

« Parmi les instituteurs ou professeurs que vous avez eus dans votre enfance, desquels vous souvenez-vous ? » C'est ainsi que le coach Lionel Bellenger attaque ses ateliers sur le charisme. « Sur la quinzaine de profs côtoyés dans une scolarité, il ressort un ou deux noms, pas plus. Ces personnalités charismatiques nous ont laissé un souvenir qui ne s'efface pas. » Pourtant, poursuit le coach, « le charisme n'est pas inné ni surnaturel. Il se forge au fil du temps, autour de talents singuliers et d'expériences ».

Le façonner nécessite parfois des années de travail, relève Laurent Tylski, coach et fondateur d'Actéo : « Ce n'est pas une qualité évidente à repérer chez soi, car on est charismatique d'abord à travers le regard de l'autre », explique-t-il, à l'instar de tous les experts que nous avons rencontrés. Voici les neuf principaux ingrédients de cette vertu si particulière et les conseils pour les développer.

* L'expertise

Transformer son expertise en charisme ? Un talent qui relève du numéro d'équilibriste tant il est facile de se cantonner dans un sujet que l'on maîtrise en profondeur.

> ***« L'écueil de l'expert serait de perdre ses interlocuteurs en s'enfermant dans un excès de technicité. De plus, l'expertise relève du domaine intellectuel. Or, à trop rester dans l'intellect, on risque de limiter son impact sur les autres », tranche Luc de Belloy, coach de dirigeants.***

Pour muscler leurs capacités d'animation et de communication, Luc de Belloy invite donc les experts à « sortir des rouages de leur domaine de prédilection, éviter le jargon et les raccourcis. Il leur faut se mettre à la hauteur de leur public. » La clé est de parvenir à rendre accessible même le sujet le plus complexe. Pour cela, utilisez un registre de vocabulaire aussi quotidien que possible et reliez toujours votre propos aux grands enjeux que tout le monde comprend. « On a vu ainsi pendant la pandémie comment certains chercheurs ou médecins ont trouvé un écho auprès du public, simplement en s'efforçant de répondre à leurs préoccupations », note Sandrine Meyfret, dirigeante du cabinet de conseil en management et leadership Alomey, et autrice du livre *Gagner en impact* (Éditions Eyrolles). Pour maximiser cet impact, prenez le temps de rechercher ce qui, dans votre bibliothèque de savoirs, intéressera votre interlocuteur. Il vous faut « découvrir son besoin », en vous penchant sur son environnement et ses centres d'intérêt, afin de comprendre quel bénéfice lui apportera votre connaissance.

> ***Autre manière pour un expert de « valoriser » sa maîtrise d'un sujet pointu : la transmettre. Il ne s'agit plus seulement d'éclairer l'autre pour le rallier à sa cause, mais de lui confier les clés de son savoir, en lui offrant un accès à votre expérience et votre vécu.***

Enfin, le charisme de l'expert passe aussi par la capacité à exprimer ses valeurs ou ses idées, au-delà de son domaine de prédilection. « C'est toute la différence entre mettre en avant son expertise et s'appuyer sur elle pour convaincre », indique Luc de Belloy.

* La singularité

Le charisme se nourrit de votre différence et de votre singularité. « C'est la capacité à assumer et exprimer chacune de ses facettes, à oser penser librement, quoi qu'en disent les autres, qui fonde le charisme », souligne Luc de Belloy. C'est d'autant plus vrai à l'ère du prêt-à-penser qui inonde les réseaux sociaux et les médias. La plupart des grandes figures historiques ont construit leur charisme en s'élevant à contre-courant des dogmes de leur temps. « Tel Gandhi prônant la non-violence de façon assertive », note Luc de Belloy. Ou Joséphine Baker, militante antiraciste bien avant l'heure. Sans forcément être un héraut politique, chacun d'entre nous possède une graine d'originalité. « Dans mes séances de formation au charisme grâce aux techniques du théâtre, je propose aux participants de choisir un sujet sur lequel ils ont développé leur propre vision. À partir de ce premier travail, on construit une singularité dans le propos et la posture », indique la comédienne Ahu Sendilmen, qui offre des ateliers au sein de sa structure, Coach en scène. Pour Sandrine Meyfret, la singularité est la base de votre rayonnement intérieur, élément clé de votre charisme.

> ***« Le rayonnement se travaille en prenant conscience de sa présence et de son corps. Il ne s'agit pas de dupliquer des postures toutes faites, mais de trouver sa propre attitude. Ce que notre corps dit de nous doit rester en concordance avec ce qui se passe en nous », explique-t-elle.***

* L'alignement

« Méfie-toi de l'homme qui rit sans que son ventre bouge », dit un proverbe chinois. L'image parle d'elle-même.

> ***« La congruence désigne l'alignement entre ce que je suis, ce que je ressens, ce que je fais et ce que je dis, rappelle la coach Catherine Berliet, autrice de* Et si j'avais du charisme *(Eyrolles). À défaut, il y a dissonance, et ça se voit et s'entend. »***

Pour renforcer votre impact, il vous faut donc trouver et pratiquer cet alignement intérieur. Assumer ce que vous êtes, défauts inclus. Dire « non » quand vous pensez « non », quitte à aller au conflit. Annoncer les mauvaises nouvelles comme les bonnes. Mais le faire en donnant des perspectives d'espérance, comme l'explique François Aélion, fondateur du cabinet Danthros : « Un charismatique dira quelque chose comme : "Oui, aujourd'hui, nous sommes dans une situation très difficile, mais on peut s'en sortir, alors retroussons-nous les manches." » S'il est parfois dans l'emphase et l'excès, le charismatique ne se camoufle pas, ajoute Catherine Berliet. Ce « porteur de valeurs » les fait vivre et les manifeste, dans son discours, ses actes et sa posture.

Bref, il vous faudra commencer par vous interroger sur vos valeurs et la connaissance que vous avez de vous-même. Quel est votre moteur ? Qu'est-ce qui compte le plus pour vous ? La coach Catherine Berliet propose à ses accompagnés de réaliser un blason qui « formalisera ce en quoi ils croient » : notez la devise qui vous caractérise, complétée par trois attributs-valeurs.

> ***« Si votre valeur est la liberté, de ton et d'esprit, cela veut dire que vous avez besoin d'avoir les coudées franches dans votre travail par exemple », illustre-t-elle. À vous ensuite d'aligner ces valeurs avec vos principes d'action.***

* La proximité

« Le charisme est pétri de paradoxes. Il exige de prendre de la hauteur, de "viser haut et de juger large", comme le martelait le général de Gaulle, mais aussi d'être capable de descendre de son cheval blanc pour aller dans le concret et à la rencontre des gens en toute humilité », affirme François Aélion, chez Danthros.

> ***L'exercice exige de se décentrer afin de prendre l'autre en considération et de se mettre à sa portée : il n'y a pas de petit sujet, pas de petit problème, pas de petite requête, lorsqu'il s'agit de cultiver votre influence et donc votre proximité.***

Le coach préconise de s'adresser le plus souvent possible à des individus, et non à un groupe, en utilisant le « je » plutôt que « nous » : « Je vous le demande personnellement. » Mettez-y du cœur, de l'intensité, vous ferez vibrer votre interlocuteur. Et soyez simple, montrez votre fragilité, vous n'en serez que plus humain aux yeux des autres.

* Le show

> ***Qu'elle soit sobre ou flamboyante, la mise en scène de vos propos, de vos initiatives et de vos actions est indispensable pour gagner en visibilité et renforcer votre influence.***

« Le charisme est une forme d'autorité personnelle intense qui consiste à "augmenter" encore ce qu'on possède déjà de plus que les autres, un don, un talent naturel, une facilité particulière. Il s'agit en somme "d'augmenter l'augmentation" », sourit François Aélion. Cela passe par un récit captivant et une posture adéquate.

Dans ses travaux, la psychologue sociale américaine Amy Cuddy, professeure à Harvard, rappelle qu'en modifiant par petites touches son attitude corporelle, on influe à la fois sur la façon dont les autres vous perçoivent, mais aussi sur la façon dont on se perçoit soi-même.

> ***« Lorsque vous faites semblant d'être puissant, il y a plus de chances que vous vous sentiez vraiment puissant », souligne la chercheuse.***

À l'instar d'un acteur, il s'agit de se mettre dans la peau d'un personnage… et d'y croire sincèrement. En l'incarnant avec intensité et assurance, vous amènerez les autres à y croire également et à vous suivre. Attention, il ne s'agit pas de manipuler votre auditoire, mais d'exprimer une facette singulière de votre personnalité, pas forcément celle à laquelle tout le monde est habitué, mais qui fait bel et bien partie de vous. Laurent Tylski conseille même à certains clients de se faire relooker : en valorisant tel ou tel aspect de leur physique, ils changent leur perception d'eux-mêmes et cela les aide à mieux briller.

* La « sprezzatura »

Élégance, nonchalance, désinvolture soigneusement étudiée… L'allure et la tenue vestimentaire contribuent puissamment à votre charisme, explique la coach Catherine Berliet. Ce qui se remarque, en particulier, c'est le détail, et l'attitude qui charme et rehausse votre éthos social, c'est-à-dire votre manière d'être. Ce chic bien particulier s'appelle la « sprezzatura », terme italien né à la Renaissance qui désigne un négligé savamment orchestré dont nul ne perçoit la recherche ou l'effort qu'il a demandé. Ce peut être une paire de chaussettes rouges, une épingle à nourrice transformée en pince à cravate ou un « oubli stylé », tels les poignets de chemise non attachés. À l'opposé du bling-bling, un marqueur identitaire puissant à ne pas négliger pour faire son effet. On peut parler de classe, si on se réfère à Marcello Mastroianni, George Clooney, Inès de la Fressange, pour son côté aristocratique discret, ou à l'ancien président de Fiat, Gianni Agnelli, au dandysme mille fois copié.

> ***« Cultivez l'art du contrepoint avec subtilité, revisitez les codes de votre milieu afin de les adapter à votre propre registre », expose la coach. Bref, travaillez votre naturel sans le rendre artificiel.***

* L'audace

« Il fallait oser », entend-on souvent. L'audace, de l'idée disruptive à sa concrétisation, est l'un des ingrédients essentiels du charisme, selon Lionel Bellenger, fondateur d'Ibel et auteur de *La Vérité sur le charisme* (ESF, 2016). « La prise de risques suscite l'admiration, explique-t-il. Elle inspire, permet de s'identifier. Bien sûr, elle suppose une part d'obstination. En cas d'échec, le leader charismatique persévérera. C'est ainsi qu'il crée une œuvre et construit sa réputation. » Quelle que soit sa dynamique d'action, stratège ou coup de poing, le charismatique est doué d'une forte capacité de rebond et d'à-propos, détaille Laurent Tylski : « Il choisit ses combats, sait les mettre en scène pour en faire une mission au service d'autrui, n'hésite pas à transgresser les codes. Et, bien sûr, il va jusqu'au bout quoiqu'il arrive. » Pour rallier les suffrages et marquer les esprits au niveau du discours, le coach d'Acteo préconise « d'aller droit au but », en dévoilant tout de suite son idée choc, avant d'expliquer le pourquoi du comment. Et pas question de montrer le moindre doute. Mieux vaut éliminer de son vocabulaire les « je pense, je crois, j'ai l'impression que… » ! Et proscrivez le conditionnel, recommande François Aélion :

> ***« Affirmer les choses, comme si on ne doutait pas de les voir exister un jour, engage à avancer. »***

* Le rayonnement

Énergie, élan vital, enthousiasme, désir, engagement, passion, inspiration… Tous ces mots décrivent le halo des personnalités charismatiques, qui dégagent une aura palpable, un magnétisme, « un supplément d'âme », comme s'accordent à le souligner les coachs. « Tout se joue sur le terrain émotionnel, le pathos, dans le récit. Quelqu'un dont on dit qu'il crève l'écran est, dans les mots, doué d'une sorte de pouvoir magique », raconte le coach Lionel Bellenger. Le rayonnement se travaille en donnant de l'impact à son discours mais aussi, paradoxalement, en faisant preuve de réserve et de retenue.

> ***« La retenue crée du mystère et de la distance, et donne l'impression qu'on a encore plus d'énergie, de puissance », observe le coach François Aélion. L'exemplarité renforce également votre rayonnement.***

« Le charismatique a la capacité de sacrifier ses intérêts personnels pour une cause plus grande que lui, poursuit le coach. Mais bien sûr, il ne faut pas qu'il le fasse dans le seul but de rechercher la popularité, au risque de saper la portée de son geste. » Pour un dirigeant, cela peut être de renoncer à ses stock-options ou réduire son salaire tant qu'il n'a pas redressé sa boîte, ou rogner sur son temps personnel pour accompagner l'équipe. Enfin, il faut savoir choisir ses supporters, ajoute Laurent Tylski, chez Actéo : tels les 12 apôtres du Christ, une poignée de fidèles hyperconvaincus suffit pour relayer la bonne parole.

* La communication 2.0

> ***« Désormais, le charisme possède une dimension numérique dont les dirigeants ont tout intérêt à s'emparer », relève le coach Laurent Tylski.***

Les politiques l'ont compris, qui multiplient les interviews auprès de youtubeurs influents. Certains patrons aussi, comme Jean-François Sebastian, DG de SAS France, qui se prête au jeu de l'interview par ses collaborateurs dans un studio de BFM TV, loué clés en main, à destination des clients et du grand public. « L'intérêt est de montrer par l'image une autre facette de soi et d'aborder des sujets sociétaux consensuels – on évitera de parler du covid ou la vaccination, par exemple –, afin de toucher une large audience », poursuit le coach. Il s'agit donc de proposer régulièrement des capsules vidéo non institutionnelles, laissant voir un environnement personnel – pourquoi pas sa cuisine ? –, une tenue casual et une parole spontanée. Certains youtubeurs de 20-25 ans, à l'instar de Hugo Travers, ont le talent d'interviewer des patrons, pour les amener sur des chemins buissonniers. « Là, il s'agit de mouiller sa chemise, de parler de soi dans une démarche bien comprise de pipolisation », résume Laurent Tylski. Tout en acceptant le risque d'être déstabilisé.

CHAPITRE

2

Cultivez
VOTRE ÉLOQUENCE

(Sylvie Laidet)

On ne naît pas bon orateur, on le devient. Les cadres l'ont compris, qui se ruent dans les cours et concours d'éloquence en plein boom.

« C'est au Canada, pendant mes études, que j'ai découvert la passion des joutes oratoires, raconte Romain Facq, 26 ans, aujourd'hui ingénieur concept chez Safran. Depuis, je n'ai cessé de pratiquer à titre personnel, mais c'est un hobby qui m'est utile aussi dans mon travail. Au quotidien, je n'ai pas souvent l'occasion de m'adresser à un large public. Mais chaque jour, j'interagis avec des collègues et des collaborateurs. Travailler cette compétence m'aide à mieux communiquer, à mieux écouter et comprendre leurs besoins. »

Le Brio, *À voix haute*, *Le Grand Oral* sur France 2… Au cinéma et à la télé, l'éloquence sort de sa réserve. Et le monde professionnel s'empare du sujet. Alors que les cours d'art oratoire se multiplient à destination des cadres, les concours d'éloquence ne sont plus réservés à quelques orateurs passionnés, mais fleurissent au sein même des entreprises.

Orange et L'Oréal en organisent régulièrement. Raisons de cet engouement : « Depuis la crise sanitaire, les collaborateurs ne sont plus nécessairement sur site. Les managers ne savent plus comment leur parler ni quoi leur dire. Or, pour inspirer, il faut rassurer. Et on ne rassure pas en envoyant des mails. Seuls la voix et le corps en sont capables », analyse Charlie Clarck, directeur associé chez Whistcom, formateur en stratégie orale. Pour Laura Sibony, fondatrice de l'École de la Parole, si les cours d'art oratoire se développent, c'est aussi « parce qu'il s'agit de l'une des *soft skills* les plus transverses ». « Les *hard skills* sont de plus en plus vite obsolètes. Développer sa compétence oratoire devient primordial pour négocier, communiquer et se faire entendre », reprend la formatrice. Même son de cloche chez Orange, où l'on souligne que « cette compétence peut faire la différence dans un monde professionnel où la communication est clé. Il est essentiel de savoir partager ses idées, ses convictions pour embarquer autour de soi une équipe dans la réalisation d'un projet. » Bien sûr, les participants à ce type de formation ont aussi à cœur de savoir manier la langue, de convaincre..., voire un désir personnel de briller. Mais si ces cours d'art oratoire et autres concours d'éloquence ont le vent en poupe, c'est que l'on sait désormais qu'être un bon orateur n'est pas nécessairement un talent inné. « En début de formation, les participants insistent tous pour garder leur naturel, y compris leurs défauts, explique Charlie Clarck. Notre job est de leur montrer que rester naturel quand on prend la parole requiert la maîtrise de certaines techniques. Au risque de polluer son discours par des éléments négatifs, des gestes parasites. » Bref, savoir parler en public s'apprend et peut rapporter gros.

* Incarner un rôle

Dans les cours d'art oratoire, on enseigne donc des techniques, des lois, des *tips*, des clés... qui vont aider chacun à améliorer son éloquence. « L'art oratoire n'est pas un art pour se mettre en avant mais pour se mettre en action. Un bon orateur politique déclenche des votes en sa faveur. Un manager bon orateur engage son équipe vers des objectifs collectifs », illustre Jean-Marc Moret, directeur général de l'École de l'Art oratoire. Dans ces cours ouverts aux plus timides comme aux orateurs chevronnés, on apprend à « prendre en charge son public ».

> ***« Lors d'une prise de parole, la star, ce n'est pas soi mais l'auditoire. Il ne faut donc pas parler de soi, mais de l'autre, des autres », insiste Charlie Clarck. Et ce, qu'on intervienne en one to one ou devant des centaines de personnes.***

On y apprend aussi à maîtriser d'autres aspects de la communication interpersonnelle. Ainsi, ce n'est pas pour vaincre sa timidité ou une difficulté à parler en public qu'Elsa Huvet, responsable talent management et projets RH chez Sodexo, a suivi le parcours Orality dispensé par Whistcom. « Je voulais travailler sur l'impact de ma communication, raconte-t-elle. J'ai tendance à être cash, parfois un peu trop ! Je voulais donc m'assurer du bon niveau de compréhension de mes interlocuteurs. » En octobre 2020, elle se lance dans ses 20 heures de formation et apprend les méthodologies de prise de parole en public. « Maîtriser les techniques du silence, du regard et de la gestuelle m'aide à acquérir de la liberté et de l'aisance lors de mes interventions. Je prends mieux en compte mon public », analyse-t-elle. Charlie Clarck confirme :

> ***« Dans une prise de parole en public, la gestion des silences est capitale. Nous avons tous tendance à vouloir combler les "blancs" dans un discours. Il faut au contraire laisser des silences et les gérer. »***

Les participants apprennent à « servir un personnage » et non leur propre personne. « C'est une bonne nouvelle, car cela protège l'individu et facilite la prise de parole des plus timides. On donne à voir sa fonction. On incarne par exemple le management à travers une posture, un ton, une écoute », insiste Jean-Marc Moret. Enfin, les pros de l'art oratoire enseignent les astuces pour tenir bon sur scène, même par gros temps : lumière qui lâche, ordinateur qui plante, interruption d'un « troll »... Il faut savoir réagir !

Boostés par leurs stages, gonflés par une victoire en concours d'éloquence, ces orateurs gagnent en confiance. « En réunion, je suis plus audible et mes idées ont davantage d'impact », raconte Romain Facq. En poste depuis quatre ans chez Safran, il ambitionne de devenir un jour un expert technique reconnu dans son domaine. « Pour cela, il faut savoir transmettre. Être à l'aise dans la prise de parole en public est un atout », souligne-t-il. Elsa, elle, a été boostée par les réactions de son entourage. Lors d'une récente présentation commerciale, on lui a signalé qu'elle était bien plus percutante. « Cela a des conséquences positives sur les dossiers que l'on me confie. Et je suis davantage invitée à des comités de direction afin de porter des sujets », apprécie-t-elle.

* Toujours privilégier l'acteur sur l'auteur

Le paradoxe de la présence scénique est cette dichotomie qui existe entre l'auteur et l'acteur. Il est d'autant plus fort dans un milieu corporate puisque, généralement, celui qui « monte en scène » pour prendre la parole est à la fois l'auteur de son texte et l'interprète. Or, ce que recherche un auteur, c'est avant tout l'intégrité de son précieux texte élaboré avec soin et avec cœur. On imagine le travail d'un Shakespeare pour que chaque stance soit écrite et interprétée à la perfection, à la virgule près. Au contraire, ce que recherche l'acteur, c'est avant tout l'improvisation du moment, la liberté et l'adaptation dans l'instant. Pour avoir du charisme, il faut toujours privilégier l'acteur. Même si vous avez préparé votre texte pendant plusieurs heures, même si vous connaissez par cœur votre intervention, il faut que vous puissiez vous rappeler que l'important est la façon dont vous allez l'adapter à votre public, en délivrant votre message et en l'incarnant totalement. Le charisme d'un manager qui se présente à un collectif suppose qu'il est là uniquement pour lui, comme un acteur qui, bien qu'il joue ce soir-là sa 170e représentation, trouve la force de se renouveler pour ses spectateurs et faire en sorte que, pour lui comme pour eux, « ce soit la première fois ».

> ***Renforcer sa présence scénique vient donc d'une acceptation de vivre dans l'instant en mettant de côté le texte que l'on a appris par cœur, en parlant non pas devant un public mais pour son public.***

* Je vois, tu vois, nous voyons...

La présence scénique suppose ainsi un certain « rayonnement de disponibilité », tant mental que corporel, dès l'entrée en matière. Être présent dans l'instant implique une vraie préparation psychologique et physique. Certains comédiens font des exercices de respiration, d'autres sautent sur place pour faire monter le rythme cardiaque et forcer le niveau de stress à redescendre pour être plus « dans son corps que dans sa tête ». Il ne s'agit pas d'être prêt à combattre mais, au contraire, prêt à donner sa parole, donner sa voix, donner son information tout en acceptant de recevoir, peu importe le retour, qu'il soit positif ou négatif... Le charisme, tout comme l'aura, commence en fait par l'acceptation du regard des autres, en étant plus intéressé par le fait de voir que terrorisé par le fait d'être vu. Trop d'orateurs perdent toute prestance car ils craignent le regard des autres, le jugement, la critique, le ridicule. Or la présence scénique suppose l'acceptation de ce jeu de regards. L'orateur doit se définir comme la source active d'une attention bienveillante et curieuse. Il se doit d'être plus soucieux de ce qu'il découvre dans l'instant chez les autres que préoccupé de se souvenir des informations exactes à délivrer. On le voit souvent chez des orateurs qui ont tendance à avoir les yeux « qui partent » en haut à droite ou en bas à gauche, preuve qu'ils « se » regardent pour aller chercher l'exactitude des mots prononcés au lieu de privilégier un regard franc, vrai, qui ose croiser ses interlocuteurs non pas d'un air inquisiteur, mais en leur montrant la profondeur d'un être humain qui se sait regardé. On parle souvent, relié au charisme, d'un regard qui témoigne d'une vraie « vie intérieure ».

> ***Tout comme le comédien qui se sait regardé et qui accepte ce regard pour « emmener le public quelque part », la vie intérieure du leader charismatique se révèle dans le fait d'accepter le regard du collectif pour lui faire vivre une expérience, sans honte et sans gloire, dans une présence juste et apaisée.***

TÉMOIGNAGE

Le conseil de Guila Clara Kessous

Membre de la Harvard University affiliated Institute of coaching, Guila Clara Kessous, PhD, accompagne depuis près de dix ans des comités de direction, des hauts dirigeants et des managers. Spécialisée dans la RSE et l'éthique de l'entreprise, elle travaille au développement du concept de « management créatif ».

« Pour être vraiment présent, acceptez le regard de l'autre »

Vous avez oublié votre texte au moment de monter sur scène pour votre première TEDx ? Détendez-vous : votre présence scénique dépend de votre capacité à accueillir l'autre bien plus que de l'exactitude de vos mots.

Si l'on en croit l'étymologie grecque du mot « charisme », il semblerait que cette « grâce » soit une qualité innée qui serait signe que l'on naît auréolé de cette « aura » si précieuse dans un cadre managérial. Cependant, le charisme est avant tout une faculté liée à une « puissance présentielle », proche de celle que l'on trouve chez l'acteur qui monte en scène et arrive d'emblée à occuper l'espace de façon juste. Jack Waltzer, dernier maître incontesté de l'Actors' studio et coach des plus grands (dont Marlon Brando ou Nicole Kidman), rappelait pendant ses cours que, sur scène comme au grand écran, il ne s'agit pas pour l'acteur de « jouer », mais bien de « vivre vraiment l'action de façon momentanée, en étant présent à chaque instant et en vivant d'un moment à un autre les circonstances imaginaires proposées par le scénario ». Ce qu'il faut en retenir dans un cadre de charisme managérial, c'est cette capacité de présence que développe l'acteur qui, même s'il connaît son texte par cœur, doit être capable de le vivre en toute instantanéité en s'adaptant parfois à un contexte inattendu. Un partenaire qui a oublié sa réplique par exemple, un public qui ne rit pas au moment attendu ou un décor qui s'écroule pendant la scène romantique... Dans le cadre managérial, ce sont évidemment des « circonstances inattendues réelles » avec lesquelles il faut composer. Un supérieur hiérarchique que l'on cite pour le remercier, mais qui vient de quitter la salle, un public glacial alors que l'orateur tente désespérément de faire « du lien » en rappelant avec émotion des séances de team building ou, en distanciel, les fameuses déconnexions de personnes au moment stratégique d'une allocution, qui déstabilisent profondément celui qui a la parole.

CHAPITRE

3

Soignez votre com
À L'ÉCRIT COMME À L'ÉCRAN

(Marie-Madeleine Sève et Julie Krassovsky)

Avec l'avènement du travail à distance, le lien entre le manager et son équipe passe plus que jamais par les mails, les réseaux et la visio. Pour entretenir son leadership, on travaille désormais sa com à l'écrit comme à l'écran.

Voici quatre conseils pour ne plus se louper.

* Ouvrir vos chakras

À l'écran

Être à 100 % disponible, 100 % à ce qu'on dit, 100 % au diapason… Voici la clé si vous voulez rassurer, toucher, convaincre, motiver et inspirer par écran interposé. Tout cela exige une préparation au cordeau. D'abord sur l'aspect technique : pas question d'être arrêté dans son élan par un document mal cadré, un PowerPoint illisible ou un micro en panne. Il faut avoir dompté l'outil avant de se lancer. Ensuite, sur l'aspect psychologique. « Vous êtes un donneur d'âme, qui indique le sens d'un document, sa portée », analyse Sandrine Meyfret. Faire le vide une quinzaine de minutes avant d'allumer sa webcam est un impératif. « L'individu doit se recentrer sur ce qu'il est, lui, sur ce qu'il veut partager, donner à voir, et sur l'ambiance qu'il veut créer. » Par conséquent, il va repenser à la relation qu'il a avec Paul, Sophie ou Manon qui seront dans l'assistance, de façon à s'ajuster à leur fonctionnement. Et dès que l'on appuie sur le bouton « rejoindre la réunion », on se concentre : « Ça y est, je suis au bureau ! » Vous serez ici et maintenant.

À l'écrit

Soignez la mise en forme de vos messages ! Selon Sandrine Graf, docteure en Sciences du langage, chercheuse et enseignante à la Sorbonne Nouvelle, le premier des écueils consiste à penser que « l'écrit délivre un message plus clair que l'oral, ce qui n'est pas le cas du tout ». Exprimer une consigne noir sur blanc ne garantit en rien qu'elle sera parfaitement comprise par son destinataire. Et ce, pour une raison simple : l'écrit nous prive du « métalangage », c'est-à-dire de l'ensemble des informations qui contextualisent une conversation et lui donnent son sens, les gestes, le ton de la voix, la posture, le sourire… Il vous donne en revanche la possibilité de mieux organiser votre propos.

> ***La ponctuation permet de spatialiser les informations, en allant à la ligne, en mettant des tirets… Cette spatialisation, source de davantage de clarté, se révèle très utile lorsque vous devez assigner des tâches à un collaborateur ou rappeler les étapes importantes d'un projet à votre équipe.***

Une liste bien faite comportant une titraille, quelques paragraphes concis et introductifs, des éléments en gras pour aider à visualiser la segmentation de votre pensée allégera la charge mentale de vos interlocuteurs en leur montrant un chemin clair. Et hop, un point de plus pour votre aura !

* Créer une proximité

À l'écran

« Ce qui me manque ? Visiter les lieux, humer une atmosphère, serrer les mains et… partager un café », raconte Noémie Valter, commerciale chez Médi-Productions, qui propose des produits vétérinaires. Fini, les chouquettes qu'elle apportait à ses clients pour briser la glace. Désormais sédentaire, elle a dû apprivoiser l'écran, trouver des astuces pour détendre ses prospects à distance. « Je les incite à parler d'eux : "Comment se sont passées vos vacances ? Quelles nouvelles de votre dernier projet ?" Ils s'épanchent petit à petit et la confiance se noue. »

> ***Le but de Noémie est de faire de cet échange virtuel un moment de qualité en créant du confort relationnel, grâce aussi à la chaleur de ses mots et de sa voix.***

« En visioconférence, le mieux est d'effectuer un tour rapide des participants pour savoir dans quelle disposition ils sont, conseille Gilles Dufour, coach et fondateur de Be & Lead. Avec des inconnus, je préconise le small talk, qui passe très bien le filtre du digital. Vous savez, ces phrases faciles sur la météo ou les légumes de saison ! »

> ***Autant de petits riens qui donnent le « la » et génèrent de l'intimité, même à distance.***

À l'écrit

Réchauffez vos messages ! Le recours presque exclusif aux messageries dans les entreprises donne lieu à des écrits dans lesquels « les formes de civilité sont un peu mises au rebut alors même qu'elles servent à créer du lien », déplore Laurent Assouly, ethnologue spécialiste des espaces de travail.

> ***Or le charisme s'exerce aussi dans la capacité à faire preuve de bienveillance.***

Pour Vicky Oliver, autrice de plusieurs ouvrages sur les pratiques de communication dans le monde du travail, rien n'est pire que « les courriels d'une seule ligne qui sont si informels qu'ils semblent rédigés par des automates ». Au contraire, elle conseille de « réchauffer » ses écrits. Les formules de politesse paraissent évidentes, mais ne doivent jamais être oubliées : « s'il vous plaît/s'il te plaît », « En vous/te remerciant » pour conclure avec « Bien à vous/toi ».

> ***Dans un message professionnel, vous ne pécherez jamais par excès de courtoisie.***

Sandrine Graf conseille aussi de laisser de la place aux doutes ou aux interrogations de ses collaborateurs. « Par quelques formules simples comme "si tu as des questions, n'hésite pas à me faire repréciser... à m'appeler". C'est une manière d'asseoir la relation de confiance et de réciprocité », souligne la consultante.

* Parler vrai

À l'écran

Les coachs appellent cela la congruence. Il s'agit de mettre en cohérence ses paroles, sa posture, ses émotions. Donc, exit les mensonges, les non-dits, les évitements : l'être humain perçoit d'instinct les discordances entre ce que vous dites et ce que vous pensez. Un geste, un lapsus, une mimique risquent d'invalider votre discours. Le corps entier participe à votre message. Soyez donc authentique, assumez pleinement votre propos. Si vous êtes de mauvaise humeur ou au contraire en joie, dites-le : « Je suis content, j'ai le feu vert pour ce projet... »

> ***« N'ayez pas peur de vos défauts », renchérit Jean-Louis Muller, expert auprès de Cegos. Par exemple, si vous avez le débit d'une mitraillette, jouez-en : sondez l'auditoire de temps en temps. « Je ne vais pas trop vite ? »***

Si votre pensée est complexe, posez-vous la question : « Est-ce clair pour tout le monde ? Dois-je reformuler ? » En mettant sur la table vos points faibles, vous amenez l'assistance à penser que vous n'avez peur de rien et que vous ne vous cachez pas.

JOUEZ DE VOTRE GESTUELLE !

« Gare à ne pas rester statufié, alerte la coach Sandrine Meyfret. Scotchées sur leur PC, les équipes ont besoin de voir des gens vivants. "Animer" vient du latin *animare*, qui signifie "donner la vie". » Pour insuffler l'envie d'agir, il faut soi-même la ressentir et la porter par une tonicité musculaire. Autrement dit, avoir « l'éveil d'un joueur de tennis qui attend la balle de service » : être assis bien droit à son bureau, les pieds ancrés au sol, même si on ne voit de vous que le visage et le buste. On vous sentira alerte, aux aguets. Par ailleurs, marquez les esprits en joignant le geste à la parole. Valentin Becmeur, coach en media training chez Othello, conseille de renforcer ses propos grâce des mouvements simples, amples et lisibles devant un écran. Il en rappelle deux types, étudiés par le psychologue Paul Ekman : les gestes emblèmes, différents selon les cultures, tel le pouce levé (signifiant « bien joué »), le rond formé avec le pouce et l'index (pour « OK »), le poing en avant pour la détermination... Et puis, les gestes illustrateurs, qui dessinent dans l'espace ce dont vous parlez : un carré pour souligner la rigueur d'un projet bien bordé ou un cercle avec la main, « comme si vous caressiez une bulle », précise l'expert, pour signifier la rondeur d'une approche. À vous de vous montrer créatif !

À l'écrit

Contextualisez vos messages ! Privé de la possibilité de parler avec votre corps, de convaincre par une intonation, une élocution claire et un vocabulaire adapté à votre interlocuteur, vous devrez vous astreindre à détailler votre propos.

« Il faut expliciter tout ce qui risque de prêter à confusion, quitte à préciser son intention entre parenthèses si l'on en ressent le besoin, comme "Par ailleurs, quand je dis ça, je veux dire que..." ou "Je vois les choses comme cela..." », conseille la chercheuse. Pour que vos collaborateurs n'aient pas l'impression désagréable de n'être que des exécutants, vos messages doivent rappeler autant l'objet de votre missive et les détails de votre projet que l'intention qui est la vôtre en l'envoyant : confier telle ou telle responsabilité, parvenir à tel ou tel résultat. Par écrit, il vous faut ainsi recréer un espace informel tout comme user de documents formels (documents, feuilles de route).

« En explicitant soigneusement les consignes en vigueur au sein de l'équipe, on se place en position d'expert et on renforce son leadership », précise Sandrine Graf.

* Être attentif à chacun

À l'écran

La distance exige de démultiplier son intérêt pour l'autre. « Plus que dans la vraie vie, il faut faire sentir à chacun de ses interlocuteurs qu'il est unique. Cela générera une vibration positive, tant interpersonnelle que collective », insiste Gilles Dufour. Le leader charismatique s'adresse à tous et à chacun. Son attention à autrui passe par un regard, un sourire ou un encouragement sincère et affirmé (« Bravo ! »). Derrière votre écran, restez vigilant au moindre signe de décrochage et relancez l'attention par un questionnement bienveillant.

> ***En vous montrant curieux de l'autre, de sa santé, de ses désirs, de ses difficultés et de ses émotions, vous créerez ou renforcerez un lien direct, suscitant élan et engagement.***

À l'écrit

Soignez votre vocabulaire lors des feed-back ! Si des consignes claires et un langage de proximité sont de nature à instaurer une relation de travail inspirante avec vos collaborateurs, la reconnaissance passe inévitablement par la qualité des retours que vous saurez faire sur le travail de votre équipe.

> ***L'exercice du feed-back reste incontournable, mais doit s'appuyer aussi sur le bon vocabulaire. Un manager qui assure en une phrase qu'il est content du projet et qui déroule ensuite un « mais » avec une liste de points négatifs a tout faux.***

Préférez le « et » au « mais » ou au « cependant ». Pour Sandrine Graf, « commencez par donner trois points positifs au travail réalisé – il est toujours possible d'en trouver ! – et expliquez ensuite ce qui doit être amélioré, en restant bienveillant ». Le feed-back n'est pas une mise en cause, il doit ouvrir la porte vers des solutions suggérées par le manager. « Il faut toujours se poser la question de ce qu'on peut garder ou pas du travail effectué », ajoute l'experte.

LA MÉTHODE DISRUPTIVE : l'objet transitionnel

Vous n'oseriez pas en réunion physique ni en entretien au bureau. Mais, à distance, il ne faut pas hésiter à frapper fort pour marquer les esprits. Alors, pour conclure un échange, jouez de l'effet de surprise. Montrez face caméra un objet, jusque-là caché, qui symbolise votre message essentiel, celui que l'auditoire doit absolument retenir. Ce conseil, livré par Jean-Louis Muller, expert auprès de Cegos, ne supporte pas l'improvisation. Il faut avoir choisi un objet du quotidien, assorti d'une phrase imagée. Exemples : brandir une montre arrêtée en rappelant que « le problème est compliqué, prenons le temps de la réflexion » ; une lampe en disant : « Tout le monde doit être éclairé au même niveau, à vous de diffuser ces infos » ; ou... un ours en peluche, en soulignant : « Pas de coups tordus entre nous ! Il nous faut de la douceur pour avancer. » L'objet s'imprimera sur les rétines et les mots dans les cerveaux.

CHAPITRE

4

Sept pistes
POUR DÉVELOPPER SON INFLUENCE

(Gaëlle Ginibrière)

On peut être un manager sans être un leader. Mais ne pas devenir un leader, c'est fragiliser sa position de manager... D'où l'intérêt de booster son influence, la compétence des vrais chefs.

Être ou ne pas être influent, telle est la question, fréquemment abordée durant un coaching quand un manager atteint un certain niveau de responsabilité. « Derrière cette préoccupation transparaissent trois niveaux de réflexion, note Magali Thoraval, coach fondatrice du cabinet Connecteam. D'abord, la question du pouvoir que la personne exerce. Ensuite, le sens qu'elle souhaite donner à sa mission dès lors qu'elle cesse d'être un simple rouage et qu'elle peut avoir un impact sur son environnement. Enfin, l'idée qu'elle se fait de ce que l'on attend d'elle à son poste. » Alors, comment acquérir ce pouvoir d'influence après lequel nous sommes nombreux à courir ? Avant toute chose, il convient de l'asseoir sur un solide socle de compétences, si l'on ne veut pas voir son aura ternir à la première bourrasque. Ce n'est que sur cette base que vous pourrez échafauder votre stratégie, en vous inspirant de nos sept conseils.

* Adapter son apparence au poste convoité

Spécialiste en intelligence artificielle d'une quarantaine d'années, mais en paraissant tout juste 25, Claire avait le sentiment de stagner dans sa carrière, alors qu'elle avait été repérée comme haut potentiel quelques années plus tôt par l'entreprise du secteur du luxe où elle travaillait. Quelques conseils de relooking – troquer ses jean-baskets contre un tailleur, une coiffure et un maquillage plus sophistiqués – et des séances d'entraînement vidéo avec Aude Roy, autrice de *Maîtriser votre image professionnelle* (Dunod), lui ont permis de décrocher, quelques mois plus tard, la place qu'elle convoitait au sein du codir. « Vêtements, attitude corporelle, vocabulaire : entrer dans le costume de l'emploi est primordial. L'image, la présence jouent une grande part dans l'influence qu'on exerce sur ses interlocuteurs et sur la relation que l'on construit avec eux », commente Aude Roy. Une stratégie à travailler au quotidien. « C'est un réflexe à cultiver, insiste la coach. Un arrêt devant le miroir chaque matin pour s'assurer de renvoyer une image cohérente avec le message du jour. »

* Soigner sa touche personnelle

« On accroît son influence en manifestant sa différence », explique Ricardo Croati, coach expert en neuromanagement et consultant. Sachez donc vous couler dans les codes de votre secteur ou de votre fonction, mais en vous les appropriant, avec un petit plus personnalisé. En matière vestimentaire, cela pourra passer par un accessoire qui vous distingue sans vous marginaliser. Misez sur vos hobbys, surtout quand ils sont originaux et reflètent un trait de caractère propre à susciter l'intérêt ou l'admiration : une passion pour le pilotage aérien est synonyme d'audace, une parfaite connaissance de la culture japonaise dénote une ouverture d'esprit… Relevez des défis, prenez la tête de projets fédérateurs ou complexes qui vous permettront de vous démarquer. Enfin, n'hésitez pas à cultiver une expertise spécifique. Consultant formateur pour Orsys, Pascal Vogel a appris que seuls 10 % des formateurs étaient capables, comme lui, d'animer entièrement un stage en anglais. Il en a fait sa marque de fabrique. Si vous êtes incollable sur une thématique d'avenir (l'intelligence artificielle, au hasard), pourquoi ne pas proposer à votre boîte une étude sur la façon dont elle pourrait s'emparer du sujet ? Plus vous ferez autorité, plus votre influence sera garantie.

* Jouer le rapprochement

> ***La disponibilité et la présence contribuent largement à développer l'aura d'une personne.***

« Passer un coup de téléphone ou se déplacer pour échanger en face à face quand tout le monde communique par e-mail est une façon de sortir du lot au quotidien », indique Pia Martin, manager d'offres et d'expertises chez Cegos. « Aujourd'hui, commente Ricardo Croati, on attribue une vertu singulière aux dirigeants qui prennent le temps, car c'est devenu quelque chose de rare, donc de cher. Quand ils se sentent écoutés, parce qu'on leur a accordé un moment, les gens vous gratifient de commentaires positifs, reviennent vous voir, enjoignent d'autres à le faire. C'est ainsi que naissent des légendes ! »

* Semer des graines pour le futur

Directeur de la stratégie dans l'industrie des cosmétiques, Antoine a très rapidement été convaincu de l'intérêt d'être présent sur le créneau des produits bio. « Un sujet que j'ai progressivement soumis à la réflexion de mes patrons, à l'occasion de discussions informelles, puis lors de réunions. Elles m'ont permis d'éveiller les consciences. Et j'ai ainsi pu me positionner comme initiateur de solutions, faire la preuve de mon savoir et de mes compétences. Au fil des mois, la réflexion de mes boss a mûri et, lorsque la décision a été prise de créer une direction du développement commercial centrée sur les produits bio, on m'en a confié les rênes », raconte-t-il. Comme lui, semez, mine de rien, des graines dont la germination, quelques mois ou quelques années plus tard, se révélera fructueuse. Une stratégie de long terme, mais souvent gagnante. Pauses-café ou déjeuner sont des moments clés pour faire de l'autopromo.

> ***« Il ne faut jamais hésiter à parler de soi et de ses réalisations, note Aude Roy, même si, parce qu'elles mettent en jeu des compétences que l'on maîtrise, elles nous paraissent souvent anodines. »***

* Cultiver ses réseaux

Les réseaux sont les lieux de l'influence par excellence. Francs-maçons, cercles sportifs ou communauté d'échanges d'idées : à chacun le sien, selon ses affinités, ses objectifs... et le budget qu'il est prêt à y consacrer. Ciblez les manifestations concernant des sujets porteurs (l'intelligence artificielle, encore) ou susceptibles d'attirer des photographes qui pourront en décupler la portée. « En vous affichant dans un événement avec des chefs d'entreprise en vue, vous ferez envie, on se demandera comment vous avez réussi à être là, vous ferez parler de vous », analyse Ricardo Croati.

> ***Inutile de rechercher une incommensurable quantité d'amis ou de followers. Misez sur la qualité.***

« Aux côtés de personnalités importantes dans une salle comble, vous serez perçu comme faisant partie de ceux qui comptent », précise le consultant. N'en faites pas trop, au risque de lasser. Quelques apparitions annuelles devraient suffire à nourrir votre réputation et votre ego !

> ***Sachez également utiliser vos réseaux au sein de votre entreprise afin de vous faire connaître des décideurs internes.***

« Cultivez l'entregent, l'art de la diplomatie, tout en restant clair et ferme sur vos propres positions, conseille Pascal Vogel. Attention à ne pas vous acoquiner avec les personnalités en vogue dans l'instant, qui seront les premières à être débarquées au premier vent contraire : vous pourriez être balayé avec elles ! » Et occupez le terrain. Lui-même consultant externe, Pascal Vogel se rend une ou deux fois par an chez son plus gros client. « Je passe systématiquement à tous les étages pour serrer des mains, ce qui me rend visible et me remet sur le haut de la pile quand ils ont besoin d'un formateur. C'est aussi une bonne façon d'aller au-devant des gens et d'obtenir l'information à sa source. »

EXPRIMEZ

ce qui vous tient à cœur

Louise Beveridge, conférencière en communication et réputation à Sciences Po.

« Au-delà des thèmes sur lesquels il est attendu, un manager va construire son influence en s'exprimant sur des questions qui lui importent vraiment, qu'il s'agisse de sujets personnels ou de convictions professionnelles. Lorsque j'étais moi-même cadre en entreprise, j'ai créé un réseau de femmes dans le secteur de la banque, devenu Financi'elles, puis j'ai œuvré pour l'accès des femmes cinéastes à l'industrie du film. Et, en 2014, quand j'ai été élue "personnalité communicante de l'année", je me suis saisie de cette tribune pour inviter la profession à remettre en question la communication genrée. Je me rends compte aujourd'hui que ces initiatives m'ont permis de gagner en visibilité et en influence. Mais ce n'était pas un plan, ces sujets me tenaient réellement à cœur. Rien ne serait plus contre-productif que de défendre des causes sans sincérité. »

* Entrer dans les jeux d'alliances

« Le réseau, c'est déjà bien, mais les alliances que vous nouerez augmenteront votre influence. Identifiez les personnes bien positionnées dans l'organisation qui pourraient vous donner du crédit ou vous apporter leur soutien, cernez leurs objectifs ou ce dont elles ont besoin, afin de répondre à leurs attentes », préconise Magali Thoraval.

> ***L'information, par exemple, est une ressource essentielle pour construire son pouvoir.***

C'est ce qu'a bien compris Bouchra, directrice de la stratégie numérique dans une société de services aux personnes. Elle ne jouissait d'aucune influence sur les membres du comité de direction dont elle faisait partie. Une faille devenue un handicap le jour où elle a voulu soutenir un projet visant à faire évoluer la marque : ses collègues n'y ont accordé aucun intérêt. « Mais, en anticipant les besoins de son patron, elle s'en est fait un allié. En l'occurrence, ce dirigeant manquait de relais d'information quant au positionnement de son entreprise et de ses concurrents sur le marché. En lui apportant cette valeur ajoutée, Bouchra lui a permis de devenir un interlocuteur recherché par les médias, auprès de qui il aimait se faire valoir », raconte Magali Thoraval, qui l'a accompagnée. Donnant-donnant : reconnaissant, le directeur général de Bouchra lui a octroyé davantage de ressources pour expérimenter son idée, requalifiant ainsi celle-ci aux yeux des autres membres du codir. Il a même engagé ces derniers à lui apporter leur aide. Pascal Vogel recommande de son côté de se bâtir un groupe de soutien, en mesure ensuite de relayer, donc de décupler, vos messages.

« Il peut s'agir de personnes déjà convaincues, mais aussi de personnes neutres qui ne demandent qu'à basculer de votre côté si vous savez les en persuader, précise-t-il. Comme le disait Jack Welch, légendaire patron de General Electric, ne perdez pas votre temps à essayer de convaincre vos ennemis. »

* Privilégier les tractations en coulisse

Comme dans la série *Borgen*, où les partisans de Birgitte Nyborg emploient leurs journées à nouer des alliances secrètes, sachez négocier vos appuis en coulisse. Les réunions suivantes ne serviront qu'à entériner officiellement des décisions arrêtées en amont. C'est ainsi qu'a procédé Xavier, tout juste nommé directeur du numérique dans le secteur du luxe, alors qu'il souhaitait déployer un gros projet de transformation du système d'information, assez révolutionnaire dans la stratégie de la société puisqu'il s'agissait de privilégier les ventes croisées entre plusieurs marques. Afin de s'assurer que le projet serait validé au plus près de ce qu'il avait conçu, il a inlassablement sondé pendant plusieurs semaines les intentions de chacun des membres de la direction des systèmes d'information, a multiplié les coups de fil et les conversations à la machine à café pour se garantir le soutien d'un maximum de ses collègues. Avec succès. Son projet a été adopté.

LE WEB, nouveau terrain de jeu de l'influence

Difficile aujourd'hui d'être un chef de file digne de ce nom sans visibilité sur la Toile. « De plus en plus d'entreprises laissent à leurs leaders la possibilité d'accroître leur influence à l'extérieur en leur permettant d'écrire des livres, d'animer des conférences ou des cercles de réflexion, de se montrer très présents sur les réseaux sociaux, affirme Cécile Dejoux, professeure des universités au Cnam et autrice du Mooc *L'IA pour tous* (ceciledejoux.com). Pour être influent en interne, il faut l'être en externe. » Certaines sociétés ont pourtant encore tendance à refuser cette présence extérieure, par peur de perdre leurs employés au profit de concurrents. Engluées dans l'idée, dépassée, qu'un employé doit se fondre dans un moule, elles se privent autant de pourvoyeurs d'idées que d'ambassadeurs. « Internet nous donne des outils de "faire savoir" qui sont aussi importants que le savoir-faire, estime Cécile Dejoux. L'influence est devenue image de marque. » Les leaders qui ont tout compris maîtrisent donc l'art d'orienter et de gérer, physiquement et virtuellement, des communautés qui les suivent. Une influence à double tranchant. « Une erreur n'est jamais pardonnée, précise la spécialiste. Une rumeur ou un faux pas, et la confiance s'évapore en un instant. C'est la contrepartie du direct. » La rançon du succès.

CHAPITRE

5

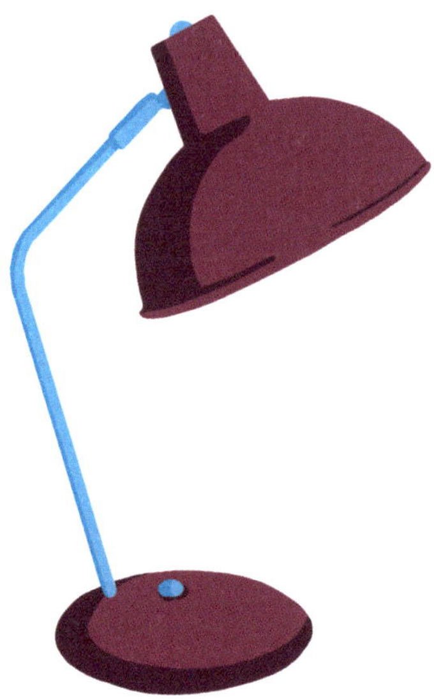

Onze conseils

POUR DÉCIDER AU QUOTIDIEN

(Christine Régnier)

L'art de faire le bon choix ne s'improvise pas, mais il s'apprend. Voici onze techniques imparables pour limiter au maximum les risques d'erreur.

Salade ou steak frites ? Quitter son job ou y rester ? Notre quotidien est rempli de multiples questions. Certaines sont tranchées en quelques secondes tandis que d'autres nous plongent dans l'incertitude. « Nous possédons deux systèmes cérébraux pour choisir, l'intuitif et le rationnel, explique Bernard Anselem, neuropsychologue et consultant en entreprise. Le premier, le plus courant, est rapide et consomme peu d'énergie. On réserve le second aux situations plus complexes. » Le tout est de savoir quand se fier à son intuition et quand faire appel à son raisonnement. Car l'intuition se révèle parfois trompeuse, poursuit le scientifique, auteur de *Je rumine, tu rumines, nous ruminons* (Eyrolles) : « Il existe plus de 180 biais cognitifs connus qui peuvent nous induire en erreur sans même que nous nous en apercevions. » Le biais de confirmation, par exemple, pousse à ne retenir que les informations qui vont dans notre sens, au détriment des autres. Le biais de négativité, au contraire, nous rend hypercritiques. Faute de vigilance, ces automatismes de la pensée mènent droit à l'erreur. N'allez pas croire pour autant que s'accrocher à un raisonnement soit la solution : « On n'a jamais tous les paramètres en main pour élaborer un raisonnement 100 % logique, prévient le neuropsy. Les intuitions sont précieuses, car elles expriment nos expériences et nos motivations profondes. »

D'où l'importance de prendre du recul avant de trancher, dans un sens ou dans l'autre, prévient Anna Gallotti, coach et coautrice de *Faire les bons choix* (Eyrolles) : « S'écouter avant de décider est un long apprentissage. Et le seul moyen de s'assurer, au fond, qu'un choix correspond vraiment à ce que nous sommes. »

* Adoptez les pourcentages

« Notre cerveau est structuré pour prendre des décisions répétitives fondées sur ses expériences passées, note Anna Gallotti, fondatrice du site de coaching Share. Un choix n'est jamais objectif, puisqu'il se réfère chaque fois à ce que l'on a connu, bon ou mauvais. »

Pour déjouer le piège, la coach conseille d'accroître sa lucidité : « Pensez à votre journée. Réfléchissez à tous les choix que vous avez faits et classez-les en quatre colonnes : ceux qui sont destinés à satisfaire vos besoins primaires (manger, dormir, se sentir en sécurité…), ceux que vous avez faits par défaut ou obligation, ceux que vous auriez dû faire mais que vous avez repoussés et, enfin, ceux qui étaient motivés par le désir d'atteindre le résultat souhaité. » Calculez combien de ces choix, en pourcentage, appartiennent à chaque catégorie : vous avez un bon aperçu de la palette de vos choix quotidiens. « Répétez l'exercice deux semaines durant. Et demandez-vous si cette répartition convient et si vous ne devriez pas essayer de changer quelque chose. »

* Établissez un arbre des choix

« Il ne faut pas confondre faire un choix et prendre une décision, pointe Laurent Falque, docteur en sciences de gestion et titulaire de la chaire de recherche Sens et travail à l'Icam de Lille. Prendre une décision, c'est établir une préférence entre des options. Faire un choix, c'est avoir une finalité. »

Pour bien saisir la nuance, le chercheur préconise d'élaborer d'établir un arbre des choix. Placez devant vous toutes vos options et regroupez celles qui, en dépit des apparences, obéissent à une même finalité. Par exemple, si vous cherchez à déménager, vos options sont « ville », « campagne », etc. Mais votre choix, c'est : changer de vie ou pas ? Autre exemple, cité par Laurent Falque : un manager veut « changer de job » parce qu'il en a assez de son équipe. En parlant avec le coach, il prend conscience qu'il a toujours cherché à « réparer ce qui est cassé ». « Son choix n'était pas "quitter mon job ou pas", mais "Comment apporter de l'aide à une équipe qui ne fonctionne pas ?" » Revenu en mode « réparateur », il a retrouvé toute son énergie !

* Méfiez-vous de votre ego

« Face à une proposition enthousiasmante, on écoute souvent son ego, note David Lefrançois, formateur en coaching. Or celui-ci réagit à une valorisation à court terme, sans tenir compte des conséquences à long terme. » Pour « débrancher » votre ego et l'empêcher de décider à votre place, le coach conseille un truc qui a fait ses preuves : listez les plus et les moins sur un bout de papier.

> ***« Cela permet de réfléchir à vos priorités, qui ne correspondent pas forcément à ce qui satisfait votre ego. »***

* Élucidez vos motivations cachées

L'arbre des choix mettra au jour vos motivations enfouies, celles qui vous poussent parfois vers des solutions de facilité. « Par exemple, recruter quelqu'un qui a fait la même école que soi ou qui est passé par une entreprise que l'on connaît », illustre Laurent Falque. Faire un choix éclairé, ce n'est pas se laisser porter par la paresse, mais au contraire prendre conscience de ses objectifs réels. « En phase de recrutement, je peux me contenter de choisir parmi les CV reçus, plutôt que de me poser la question du profil que je recherche vraiment, explique le chercheur. Si, en revanche, je me concentre sur cet objectif, je me dispose à faire un véritable choix. Quitte à ne retenir aucun de ces CV et à repasser une annonce. »

> ***Réfléchir à la façon dont vous prenez vos décisions vous permet ainsi de distinguer ce qui relève d'un choix intuitif (attention aux biais cognitifs), d'un choix rationnel (attention à vos motivations enfouies) et d'un choix éclairé, c'est-à-dire correspondant à une finalité et à un objectif précis.***

* Sollicitez l'avis des autres

> ***Ne croyez surtout pas qu'un décideur doive se retrancher dans son bureau à l'heure des grands choix. S'ouvrir aux autres est une bonne chose.***

Par exemple, avec ses collègues. « Parler d'un problème à ses pairs permet de se confronter à une autre vision du monde », explique Bernard Anselem. Consulter son équipe est également payant. « Un manager, souligne Anna Gallotti, doit toujours intégrer plusieurs niveaux de réflexion à sa prise de décision : quels effets aura-t-elle sur lui, sur son équipe, son département, son entreprise, son écosystème ? » Ces besoins peuvent être en contradiction les uns avec les autres. « Il faudra voir quel niveau l'emporte sur les autres, en se référant à la mission de son équipe et aux valeurs de son entreprise. » « Chaque fois que j'ai dit OK pour des projets qui me tenaient à cœur sans consulter mes collaborateurs, cela a été un fiasco, raconte une CEO d'un cabinet d'études. Comme ce sont eux qui sont sur le terrain, il faut vraiment qu'ils soient impliqués dans les choix en amont. » Les associer à la décision, c'est du bon sens.

* Adoptez la posture du barreur

> ***« Selon les situations, un individu va être influencé par le regard des autres, par ses peurs et ses inhibitions. C'est ce que j'appelle le "gendarme intérieur", analyse Laurent Falque, de l'Icam. La bonne posture à adopter est celle du barreur : garder l'œil sur tout. »***

Métaphore efficace pour déterminer l'attitude que chaque manager devrait avoir face aux alternatives qui se présentent : « Un barreur doit prendre en compte les éléments de la situation (l'environnement), l'état du bateau (lui et son équipe) et poser ses options en fonction des uns et des autres. » Adopter la posture du barreur suppose donc de s'arrêter, de douter et d'assumer parfois de changer de cap : « Douter est une chance, assure Laurent Falque. Cela donne l'occasion de clarifier la finalité de son choix. »

* Et si vous procrastiniez (un peu) ?

Soumis à une émotion forte, claqué après une journée de travail, perturbé par une remarque ou une nouvelle désagréable ? Surtout, on ne prend aucune décision ! « Le stress et l'accumulation de tâches limitent l'efficacité du cerveau, note Bernard Anselem, neuropsychologue. Les capacités d'attention et de charge mentale de ce dernier sont comme un muscle : on peut être très bon, voire le meilleur, mais on a tous des limites. » Et de filer la métaphore sportive : « On ne peut pas demander à un sprinteur de courir au maximum de sa puissance sur le parcours d'un marathonien. » La solution : se ménager des pauses, repousser à plus tard, voire au lendemain, les décisions complexes. « Après une nuit de sommeil, les connexions neuronales seront meilleures », affirme-t-il.

> ***Si la prise de décision rapide est valorisée en entreprise, ce n'est pas toujours une pratique idéale. « Les temps de réflexion et les arrêts sur images sont nécessaires pour opérer un choix éclairé », conclut Laurent Falque.***

* Écoutez vos énergies vitales

Maxime Coignard, coach et fondateur de Diadem Coaching, utilise une méthode imparable pour savoir si le choix qu'il vient de faire est bon pour lui : il s'écoute. « Si après avoir pris une décision, on ressent un vide intérieur, une fatigue immédiate, une absence d'énergie vitale, c'est probablement que ce n'était pas la meilleure solution pour nous », affirme-t-il. Même constat pour Laurence Luyé-Tanet, business coach et autrice d'ouvrages à succès sur le développement personnel : « Pour faire un bon choix, il faut être reconnecté avec ce que l'on veut vraiment, avec notre force de vie. Ça, ça ne peut pas nous tromper. » David Lefrançois, coach star sur YouTube et formateur à l'Institut des neurosciences, confirme :

> ***« Est-ce que cette décision pompe mon énergie ou au contraire l'augmente ? Cela n'a l'air de rien, mais c'est un excellent critère pour savoir si elle est bonne ou pas. » Prenez cinq minutes de pause et ressentez ce qui se passe en vous.***

* Adoptez une double, voire une triple personnalité

« Quand il est vraiment très difficile de choisir entre deux solutions, une bonne méthode consiste à se glisser pour quelques heures dans la peau de quelqu'un qui aurait pris la première option, propose Bernard Anselem. Puis à se mettre à la place de celui qui aurait fait l'autre choix. » Ce jeu de rôles invite à envisager des conséquences auxquelles on n'aurait pas pensé intuitivement, affirme le neuropsychologue. David Lefrançois, coach, suggère, lui, de s'opposer à soi-même : « Il faut se demander ce que déciderait la version la plus grandiose de soi. »

> ***Objectif : inciter les pessimistes, les frileux et les paresseux à se projeter dans une vision positive d'eux-mêmes et à considérer des choix plus osés qu'à l'ordinaire.***

* Imaginez le pire… et le meilleur

> ***« La plupart des gens préfèrent le malheur à l'incertitude, souligne Alexis Santin, fondateur d'Altitude Coaching. Ils préféreront faire un mauvais choix plutôt que d'affronter leur peur de l'inconnu. »***

Pour tenter de rationaliser ces appréhensions, le coach préconise de réfléchir aux « PCP » : les pires conséquences possibles. Sur quel désastre pourrait déboucher ce choix ? Quelle en serait la probabilité ? Est-ce un risque acceptable par rapport au gain potentiel ? « Dans la plupart des cas, on se rendra compte que la probabilité du pire est minime et que le risque est acceptable », note le coach. Maxence Walbrou, facilitateur d'intelligence collective et auteur du site Bloculus, prône une technique de mentaliste : le 10/10/10. Il explique : « Si je prends cette décision, qu'est-ce que j'en penserai dans dix minutes, dans dix mois, dans dix ans ? » Cette simulation mentale, en nous projetant dans l'avenir, nous permet de dédramatiser le choix immédiat et de réfléchir avec plus de lucidité : « Garder un individu néfaste dans mon équipe pour de mauvaises raisons, je peux l'assumer pour les dix minutes qui suivent. Mais dans dix mois ? »

* Faites-leur porter six chapeaux

> ***Edward de Bono, célèbre psychologue, médecin et spécialiste en sciences cognitives, a développé dans les années 1960 le concept de la pensée latérale. Soit la capacité à penser hors du cadre, le fameux « out of the box » prisé par les pilotes du changement.***

Pour y parvenir, il a imaginé la méthode des six chapeaux.

Prenez six couvre-chefs de couleurs différentes, représentant chacun un mode de pensée. Portez-les l'un après l'autre ou faites-les porter aux membres de votre équipe en leur demandant d'adopter le mode de pensée lié à leur chapeau. Le blanc représente l'information brute – chiffres, data, etc. Le rouge correspond aux émotions, à l'intuition et aux pressentiments. Le noir symbolise la critique négative. Le jaune recouvre le champ du rêve, de l'idéal, des idées folles et de l'optimisme. Le vert figure la créativité et la provocation. Et le bleu est attribué au meneur de jeu, qui fait circuler les autres chapeaux.

Selon Jean-Marc Terrel, créateur de Coacheo : « Cela permet d'évaluer les effets d'une décision de plusieurs points de vue et d'ouvrir la créativité. » C'est, paraît-il, plus efficace qu'un brainstorming, où la parole de chacun n'est jamais tout à fait libre.

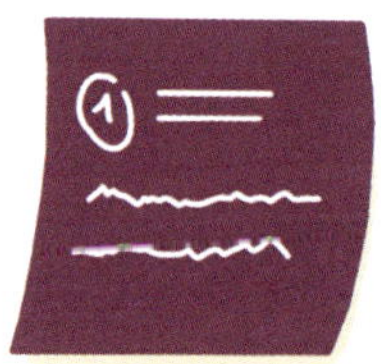

UNE DÉCISION, ça s'assume !

1. Ne jouez pas les girouettes

« Une fois prise, une décision ne doit plus être remise sur le tapis, affirme David Lefrançois, formateur de coachs. On peut rectifier le cap, mais on commence par faire ce qui a été décidé. »

2. Restez positif

Si vous vous sentez négatif dès le départ, c'est que votre choix doit être repensé. « Toutes les décisions sont bonnes quand elles sont prises dans un esprit d'ouverture », assure le coach.

3. Osez vous tromper

« Laissez vos collaborateurs se tromper. Sinon, ils n'oseront plus rien décider », note Anna Gallotti. Gronde-t-on un bébé qui tombe en apprenant à marcher ?

4. Assumez vos choix...

... même quand cela ne correspond pas à ce que vous aviez prévu. C'est ça, être responsable !

Gérer les conflits et les tensions

Les occasions de se clasher ne manquent pas en entreprise...

Organisations qui génèrent de la tension, collaborateurs au profil « compliqué », situations stressantes... Les chercheurs sont formels : même dans le meilleur des mondes possible, le conflit serait inévitable, car il est inhérent au « vivre ensemble ». La bonne nouvelle, c'est qu'il n'est pas toujours toxique. Bien géré, il devient même un puissant facteur de changement pour l'entreprise et, pour le manager, une occasion de montrer sa compétence. Alors, vous allez bien sûr apprendre à le repérer, le déminer, le gérer, mais, en revanche... pas question de le fuir !

TEST

Identifiez

VOS SOURCES DE PRESSION AU TRAVAIL

(Mathieu Wader, avec Adrien Chignard, psychologue du travail et fondateur du cabinet Sens et Cohérence)

En 20 questions, détectez les principaux facteurs qui mettent votre sérénité en péril et apprenez à reconquérir votre équilibre psychique.

À quoi est dû votre stress quotidien ? Quelles pressions psychologiques subissez-vous au bureau ? En vous aidant à faire le point, ce test, élaboré avec Adrien Chignard, vous permettra de mieux rééquilibrer votre énergie. Si vous ne trichez pas dans vos réponses !

La dernière fois que vous avez sauté le déjeuner, c'était à cause :

- D'une demande de dernière minute.
- De la peur de croiser vos collègues après avoir raté votre dernière présentation en public.
- De la fatigue. Vous préférez garder de l'énergie pour boucler cet énorme dossier que vous gérez tout seul.

Quel superhéros aimeriez-vous être ?

- Docteur Strange. Avec ses pouvoirs magiques, nul doute que vous feriez disparaître ces piles de dossiers en souffrance sur votre bureau.
- Un membre des Indestructibles, parce que c'est une famille très solidaire.
- Superman, parce qu'il n'a de comptes à rendre à personne.

Votre citation préférée :

- « Que de temps perdu à gagner du temps ! » (Paul Morand)
- « L'isolement est le pire des conseillers. » (Miguel de Unamuno)
- « L'autonomie est une discipline. » (Adolphe Ferrière)

Le café que vous préférez, c'est :

- Le matinal. Celui que vous buvez entre collègues en arrivant au bureau.
- L'impromptu. Celui qui vous permet d'échapper à votre supérieur hiérarchique et à sa manie d'être sur votre dos.
- Le tardif. Celui qui vous donne un coup de fouet les soirs où vous restez au bureau pour rattraper votre retard.

La dernière fois que vous avez demandé de l'aide sur un dossier, c'était à :

- Un stagiaire qui passait devant vous.
- Votre bonne étoile, vous ne pouvez compter que sur elle.
- Un·e assistant·e, pour filtrer vos appels, histoire de travailler sans être dérangé.

Si une fée vous proposait d'exaucer un vœu, vous lui demanderiez :

- Un planning qui ne change pas d'heure en heure.
- Un boulot en phase avec votre définition de poste.
- De recevoir l'assurance que vous faites bien votre travail.

Le tableau de Dalí connu sous le titre *Les Montres molles* représente très bien :

- La fuite du temps à laquelle vous êtes sans cesse confronté.
- L'impression qu'au bureau tout vous échappe parce que vous ne contrôlez rien.
- La sensation de solitude que vous éprouvez face aux tâches que vous avez à accomplir.

Votre sport préféré, c'est :

- La boxe, pour vous libérer des frustrations accumulées.
- Le running, pour ne pas perdre le rythme.
- Le volley, parce que c'est un sport collectif.

Votre meilleur souvenir du travail, c'est :

- Quand votre boss vous a félicité pour un PowerPoint. Il y a quatre ans.
- L'été dernier, quand vous êtes parti en vacances sans laisser de dossier en souffrance derrière vous.
- Le jour où votre N+1 a bien voulu discuter avec vous de la meilleure façon de mener la prospection sur le projet 2024.

Les réseaux sociaux :

- Pas le temps pour ça !
- Votre N+1 n'a jamais rédigé sur LinkedIn la recommandation que vous lui aviez demandée.
- Instagram et Facebook, c'est pratique pour savoir où votre manager part en vacances...

Cette photo de votre dernier séminaire vous rappelle :

- La sensation de bien-être que vous avez ressentie en sautant dans le vide tout en vous sachant en sécurité (parce qu'on vous avait bien expliqué la marche à suivre).
- La façon dont les encouragements de vos collègues vous ont aidé à surmonter votre appréhension et vous ont galvanisé.
- Le soulagement d'oublier le bureau pendant quelques secondes.

Votre belle-sœur a adopté le statut d'auto-entrepreneur :

- Vous la félicitez : plus de comptes à rendre !
- Vous lui conseillez des modèles d'agenda électronique.
- Vous lui demandez vers qui elle se tournera quand elle aura un doute.

Lors de votre dernier entretien professionnel avec votre manager :

- Vous avez eu beaucoup de mal à en placer une pendant qu'il (elle) parlait de lui (d'elle).
- Votre N+1 avait l'œil rivé sur l'heure affichée sur son portable.
- Vous avez réclamé d'être mieux informé sur ce que l'on attendait de vous.

Lors de ce même entretien, votre manager vous a reproché :

- D'être trop émotif.
- D'être désorganisé.
- De ne pas savoir rester à votre place.

Un collègue se plaint :

- Vous vous montrez solidaire et compréhensif, et essayez de lui faire voir le bon côté des choses.
- Vous l'écoutez poliment, mais en dites le moins possible pour éviter qu'il ne s'attarde.
- Vous l'envoyez promener. Vous n'êtes pas le mur des Lamentations !

Le Cri, d'Edvard Munch, on dirait bien que c'est vous :

- Le lundi matin, devant l'ampleur de la tâche qui vous attend.
- Quand vous apprenez que vous allez devoir gérer votre prochain dossier dans les mêmes conditions que le précédent.
- Quand vous entrez, inquiet, en réunion avec le comité directeur et que votre N+1 vous glisse à l'oreille : « À la guerre comme à la guerre. »

Une chanson qui vous fait du bien :

- *I Will Survive*, de Gloria Gaynor.
- *We Are the Champions*, de Queen.
- *Clocks*, de Coldplay.

Ce paysage de carte postale :

- Vous angoisse. Au retour de vos vacances, vous avez toujours plus de travail qu'avant de partir.
- Vous est étranger. Vous ne pouvez pas vous permettre de débrancher : trop de gens comptent sur vous.
- Vous rappelle furieusement la façon dont votre manager se comporte au bureau : en touriste !

C'est la deuxième fois cette semaine que vous faites une insomnie. Chaque fois, vous êtes réveillé par :

- L'impression d'avoir oublié un chapitre entier de la présentation que vous devez faire en public à la fin de la semaine. Vous l'avez pourtant relue trois fois.
- La peur de mal faire.
- La sensation que vous n'arriverez jamais à finir à temps tout ce que vous avez à faire.

Si vous ne vous étiez pas chargé de l'organisation du prochain séminaire :

- Il aurait sans doute dû être décalé.
- Quelle question bizarre !
- Il aurait été purement et simplement annulé.

Vous avez...

... une majorité de 📄

Votre charge mentale est liée à un manque ou à un trop-plein d'autonomie.

Il s'agit là des deux faces d'une même médaille. Trop peu autonome, sous-employé et sous-estimé par votre hiérarchie, vous n'avez aucune latitude d'action. L'image professionnelle que vous avez de vous-même est dégradée. Trop autonome, vous êtes constamment en pilotage automatique, obligé de prendre des décisions qui vous dépassent et qui vous plongent dans l'anxiété.

Les conseils de l'expert
« Même si vous vous sentez très autonome, ne restez pas isolé en cas de difficulté ! » préconise Adrien Chignard. Demander de l'aide à ses collègues, ou à son manager, ou oser réclamer une formation est le premier pas vers le soulagement mental : « Une fois que l'on sait faire une chose, on n'a plus de raison d'angoisser à l'idée de la faire. » Vous êtes plutôt en manque d'autonomie décisionnelle ? Restaurez votre confiance en vous et votre légitimité en... ne vous résignant pas.

« On a l'autonomie que l'on nous donne, mais aussi celle que l'on s'accorde », avertit Adrien Chignard. À trop enchaîner en solitaire les questions et les réponses, on inhibe la possibilité de fonctionner autrement. Concrètement, identifiez ce qui dysfonctionne, puis proposez une solution à votre responsable pour y remédier. Et n'hésitez pas à intégrer les organes de décision (les réunions, les consultations du personnel...) pour vous faire une place.

SCORES

🕐 ____________

🖼 ____________

📄 ____________

NOTES

____

____

____

____

____

____

____

____

____

… une majorité de 

Votre charge mentale est liée à votre gestion du temps.

Horaires décalés, planning surchargé, impossibilité de prévoir un déroulé type de votre journée de travail, mobilité géographique importante ou encore sollicitations extérieures permanentes…, vous vous épuisez à courir après le temps, et l'horloge est devenue votre première source d'angoisse. Stop !

Les conseils de l'expert
Prévoyez de ne pas regarder vos e-mails immédiatement après votre arrivée au bureau. « En cas de réelle urgence, à l'heure des portables, on est plutôt appelé que prévenu par e-mail », souligne Adrien Chignard. Réservez-vous plutôt une heure de travail en toute tranquillité pour commencer à planifier votre journée. Autorisez-vous à fermer la porte de votre bureau, à mettre un casque, à vous isoler dans une salle de réunion dès que vous avez besoin de concentration. « Sous prétexte de vouloir avoir l'air disponibles tout le temps, beaucoup de managers sont constamment dérangés », explique le psychologue. Établissez un planning rempli à 80 % afin de laisser un peu de marge pour l'imprévu. Et, en cas d'agenda partagé, n'hésitez pas à créer des réunions « fantômes » pour éviter qu'un manager bien intentionné ne se précipite sur les plages laissées libres. Adoptez le Free My Friday, une pratique qui consiste à libérer son agenda le vendredi après-midi ou, mieux, le vendredi toute la journée. Ce jour-là, pas d'e-mails ou d'appels téléphoniques ! Le but : se donner la possibilité de finir ou d'améliorer son travail afin de partir en week-end l'esprit tranquille. Enfin, pour éviter l'effet cumulatif du stress, chaque situation de tension (charrette ou grosse présentation, par exemple) devrait être suivie… d'un temps de repos.

... une majorité de

Votre charge mentale est liée à un manque de soutien managérial.

Selon Adrien Chignard, on distingue quatre formes de soutien : l'opérationnel (« Je ne sais pas remplir le dossier de demande de subvention, j'ai donc besoin qu'on le fasse avec moi »), l'émotionnel (« Je suis perdu, j'ai les yeux rouges, j'ai besoin d'empathie »), l'informationnel (« Je ne sais pas si je suis éligible au prochain plan de départs volontaires, j'ai besoin qu'on me fournisse des informations pertinentes ») et le quatrième, lié à l'estime de soi (« Je dois prendre la parole durant un séminaire et j'ai besoin qu'on me rassure sur ma capacité à parler en public »). Pour diverses raisons, l'une ou plusieurs de ces formes de soutien vous sont refusées par votre management...

Les conseils de l'expert

La meilleure réponse à ce déficit d'appui est l'affirmation positive de soi. Plutôt que de formuler des plaintes (« J'en ai assez que personne ne me demande s'il me faut du renfort sur ce dossier »), on exprime ses besoins : « Pour être efficace sur ce projet, j'aurais besoin d'aide avec le nouveau logiciel de la compta. » La personne à qui l'on demande cette assistance n'a alors pas de raison de se sentir agressée par des reproches plus ou moins directs. En général, mieux vaut toujours exprimer son ressenti (« Je me sens mal à l'aise d'être si peu informé, cela me démotive ») qu'émettre un jugement de valeur (« Tu fais de la rétention d'information »). Autre option : élargir ses sources de soutien en visant non pas vers le haut mais autour de soi. On oublie en effet trop souvent que l'appui des pairs est au moins aussi important que celui de la hiérarchie. De nombreuses études ont d'ailleurs montré que le soutien social est le premier rempart contre la détresse psychologique au travail.

CHAPITRE

1

Le conflit, quèsaco ?

CE QU'EN DISENT LES CHERCHEURS

(Fabien Trécourt)

Tour d'horizon, en cinq questions, sur ce que nous apprend la science en matière de conflits.

Peut-on éviter la confrontation ?

Que révèlent les affrontements ?

Quelles sont les vertus du clash ?

Quelles stratégies faut-il suivre ?

Et en termes de process, on fait quoi ?

* Peut-on éviter la confrontation ?

Non ! Les confrontations sont inhérentes au vivre ensemble. C'était déjà la conclusion de Paul R. Lawrence et Jay W. Lorsch, deux théoriciens des organisations, dans leur classique *Adapter les structures de l'entreprise* (1967) : une boîte est faite de personnes ayant différentes ambitions et intérêts. Il est donc normal qu'il y ait régulièrement des oppositions. Quand cela arrive, poursuivent Lawrence et Lorsch, les managers ont tendance à commettre deux erreurs : minorer le conflit, le fuir, en espérant que les choses se tassent toutes seules ; ou, à l'inverse, trancher de façon autoritaire, comme pour s'en débarrasser le plus vite possible. Mais ces deux options génèrent de la frustration, et l'explosion risque d'être d'autant plus violente à moyen terme. Les deux chercheurs ne croient ni à l'autorégulation ni à l'autoritarisme.

> ***Pour eux, les managers doivent organiser la confrontation, autrement dit reconnaître l'existence d'un problème et prendre le temps de la consultation – en discutant avec les parties prenantes, en recueillant les différents arguments et propositions de résolution du conflit…***

Certes, cela prend du temps et de l'énergie, mais ce serait la seule façon de le gérer efficacement.

L'étude décalée

Le constat de Lawrence et Lorsch, tous les deux Nord-Américains, ne vaudrait pas dans toutes les cultures.

> ***En Chine, par exemple, la non-intervention des cadres et dirigeants aurait des effets plutôt positifs[1]. Les salariés chinois préfèrent gérer leurs conflits par eux-mêmes.***

L'intervention des chefs serait, en effet, vécue comme un manque de confiance à leur égard. De plus, les managers chinois craignent que le chef, dont le statut est quasi sacré pour eux, ne décide de tout sans leur demander leur avis. Mieux vaut donc qu'il reste en retrait !

* Que révèlent les affrontements ?

> ***Les prises de bec au boulot sont l'expression d'un problème et non le problème lui-même ; les éviter reviendrait donc à casser le thermomètre sans chercher à guérir la fièvre.***

Pour les sociologues Michel Monroy et Anne Fournier, auteurs de *Figures du conflit* (PUF, 1997), ces moments de confrontation représentent même une opportunité : celle de repérer les tensions et les contradictions au sein du groupe. Ces oppositions peuvent être conjoncturelles – deux personnes veulent

1 « Can absent leadership be positive in team conflicts ? An examination of leaders' avoidance behavior in China », *International Journal of Conflict Management*, 2017.

le même poste, par exemple –, auquel cas gérer un conflit revient tout simplement à prendre une décision. La confrontation peut aussi être le symptôme d'un problème structurel – par exemple, un ras-le-bol vis-à-vis de process inéquitables ou biaisés…

Dans* Organizations *(1958), les sociologues Herbert Simon et James March définissent le conflit comme un blocage du processus habituel de décision ; gérer cette situation suppose alors de réorganiser le fonctionnement global de l'entreprise.

* Quelles sont les vertus du clash ?

Dans *Les Fonctions du conflit social* (1956), le sociologue Lewis A. Coser estime que les confrontations peuvent renforcer la cohésion d'un groupe. Sans conflit, chacun rumine ses frustrations dans son coin… et tous finissent par quitter le navire !

Vider son sac aurait à l'inverse une « fonction de communication » : à savoir, faire connaître le point de vue des uns et des autres, permettre leur conciliation et donc la pérennité d'une équipe.

Dans *Sociologie, étude sur les formes de socialisation*, paru au début du XXe siècle, Georg Simmel observait déjà que le conflit était « un mouvement de protection contre le dualisme qui sépare, et une voie qui mènera à une sorte d'unité ». C'est, selon lui, un moment « positif » puisqu'il « rassemble les contradictions dans une union ». Un exemple concret ? En 2019, des chercheurs irlandais ont réalisé une série d'études[2] sur des conflits de tâches (liés aux objectifs et à la façon de travailler) : des équipes interdisciplinaires devaient résoudre des problèmes opposant plusieurs personnes en leur sein. Dans tous les cas de figure, les chercheurs ont confirmé que les discussions, même houleuses, permettaient de faire émerger de nouvelles connaissances et de les partager. La recherche d'un consensus à partir d'une situation conflictuelle renforcerait ainsi la culture commune et la cohésion du groupe.

2 « Design teams management of conflict in reaching consensus », *International Journal of Conflict Management*, 2019.

La contre-étude

Une autre étude[3] relève que les conflits peuvent être délétères et générer de piètres performances. Mais, nuancent les chercheurs, le problème ne vient pas alors du conflit lui-même, mais de la façon dont il est géré. Si les échanges et la communication sont bien organisés, la parole bien distribuée et tous les points de vue pris en compte, alors les frictions deviennent une source d'innovation et de créativité. Et les équipes sont d'autant plus satisfaites, et productives par la suite, qu'elles ont participé à la résolution du problème.

* Quelles stratégies faut-il suivre ?

> ***Tout dépend s'il s'agit d'un conflit relationnel ou d'un conflit de tâches. Dans le premier cas, le registre est personnel et n'a pas grand-chose à voir avec le travail.***

Comme l'explique le psychiatre Jérôme Palazzolo dans *Gérer les conflits et l'agressivité au quotidien* (Josette Lyon, 2019), il existe alors des stratégies de régulation émotionnelle pour éviter la montée en puissance : respirer lentement pour ralentir son rythme cardiaque, adopter une posture qui ne soit ni soumise ni agressive, baisser le ton de sa voix, etc.

> ***Dans le second cas, il faut revoir l'organisation de l'entreprise. Ce qui passe inéluctablement par une consultation.***

L'étude décalée

La confrontation a-t-elle un caractère personnel ou professionnel ? Dans l'absolu, les conflits relationnels sont les plus délétères et seuls les conflits de tâches pourraient se révéler constructifs. Mais en pratique, les enjeux se superposent. Une étude[4] sur les courses de Formule 1 montre d'ailleurs que les accidents sont plus fréquents lorsque les pilotes sont des hommes d'âge et de réputation similaires. Au-delà du fait qu'ils sont en concurrence sur un même objectif – franchir la ligne d'arrivée le premier –, la bataille de coqs œuvrerait en toile de fond...

3 « A moderated mediation model of intragroup conflict », *International Journal of Conflict Management*, 2019.

4 « Escalation of competition into conflict in competitive networks of Formula One drivers », *Proceedings of the National Academy of Sciences*, 2018.

* Et en termes de process, on fait quoi ?

Il existe une infinité de modèles pour résoudre les conflits en entreprise – la matrice de Thomas-Kilmann, l'analyse transactionnelle d'Éric Berne, etc.

> ***Mais un principe général revient toujours : le décentrement, parfois appelé la « technique de réinterprétation ».***

Un conflit s'envenime quand une personne s'enferme dans son point de vue et n'arrive plus à adopter celui de son interlocuteur. Tout le travail d'échange et de confrontation mis en place par le management doit donc encourager cette prise de recul. Le recours à une tierce personne, chargée de jouer les juges impartiaux, peut être utile. Mais on peut aussi utiliser des supports écrits ou des jeux de rôle. Dans une étude sur la vie de couple pendant les confinements[5], des psychologues ont proposé à des partenaires d'écrire chaque jour sur leurs conflits : causes, déroulé, dénouement… Aux uns, on a demandé d'adopter un ton aussi neutre que possible, comme si les faits étaient racontés par une tierce personne. Aux autres, on a au contraire proposé de coucher sur le papier ce qu'ils ressentaient, comment ils avaient vécu la confrontation. Verdict : celles et ceux qui ont testé la première méthode ont tous rapporté une diminution des conflits, des remarques agressives ou encore des tendances à ruminer pendant les deux semaines qui ont suivi. Les résultats seraient sans doute les mêmes dans une équipe de travail.

5 « Effects of a brief web-based interpersonal conflict […] », *Couple and Family Psychology, Research and Practice*, 2021.

INTERVIEW

Maxime Rovere, philosophe, chercheur associé à l'École normale supérieure de Lyon

« La dispute est un levier de transformation puissant. »

Inévitable et indispensable : l'engueulade est le révélateur d'une frustration. Mais elle s'inscrit dans une dynamique de groupe et relève d'un « devenir sage » qui caractérise l'être humain.

Spécialiste de Spinoza, grand connaisseur de Casanova, le philosophe Maxime Rovere nous parle dans ses ouvrages d'éthique et d'interactions. Dans son dernier livre, *Se vouloir du bien et se faire du mal* (Flammarion), il se penche sur un sujet qui nous concerne tous : la dispute. Plongée dans les mécanismes du conflit.

Quelle est votre définition de la dispute ?

Maxime Rovere : Je définis la dispute comme un conflit entre des gens qui se veulent du bien. C'est un sujet précieux pour étudier les relations affectives, surtout les caprices de l'amour au sens large, et l'origine des maux que les humains s'infligent les uns aux autres. Or chacun sait que les individus sont des systèmes complexes, instables et imparfaits. Ils s'associent donc entre eux non seulement parce que les qualités des autres leur plaisent, mais aussi parce que leurs imperfections s'attirent. C'est par leurs interactions que leurs systèmes cherchent à acquérir de la stabilité, notamment en engendrant des crises entre eux. Et plus on est proche de quelqu'un, plus les probabilités d'un accrochage avec cette personne sont élevées. L'amour n'est donc pas seulement un pourvoyeur de joie ou de bonheur ; c'est une association systémique destinée à évoluer. La dispute naît au moment où nos proches, y compris la famille ou les amis, nous révèlent nos brèches, comme des miroirs.

Les disputes sont donc nécessaires, d'après vous…

M. R. : À la fois inévitables et non souhaitables, oui ! On les conçoit souvent comme des accidents, des malheurs qui ne devraient pas arriver. Les crises engendrent des douleurs dont certaines sont infructueuses, c'est vrai. Mais elles offrent aussi l'occasion de se faire avancer mutuellement. C'est un levier de transformation puissant. Il faut donc neutraliser le jugement moral que l'on porte sur le conflit, sur nous-mêmes et surtout sur celles et ceux qui nous entourent. En effet, il y a partout une différence entre la représentation qu'un système se donne de lui-même et ses interactions concrètes qui, elles, lui imposent des amendements. Un double mouvement entre stabilité et instabilité se met alors en place, si bien qu'on a tendance à résister dans une dispute. C'est ainsi que les choses s'enveniment vite et qu'on rejette la faute sur les autres. Ce qui est contre-productif. Car la dispute révèle un désir de changement non seulement en soi mais aussi hors de soi. C'est toute la configuration qui demande à changer.

Comment sortir d'un conflit ?

M. R. : Il faut comprendre une chose : c'est en modifiant les interactions que les systèmes évoluent. Face à un compagnon qui ne décroche pas son téléphone, à un adolescent qui ne range pas sa chambre, inutile d'exiger des « efforts », car cela révèle une conception erronée des pouvoirs de la volonté. Le désir de changement n'a pas besoin d'être prescrit, il dépend de systèmes d'interactions qui le veulent déjà – et il rencontre des obstacles qui l'empêchent d'advenir. Il vaut donc la peine de se concentrer sur les obstacles concrets. Et même si les causes sont justes, elles ne gagnent jamais à être défendues avec colère. Il faut plutôt porter notre attention sur notre interdépendance : considérer sans culpabilité les formes de vulnérabilité qui se révèlent chez tous les agents. En déplaçant le regard, on peut alors faire de l'effet miroir une ressource qui me montre ce qui se passe à la fois en moi, et surtout entre nous.

Mais comment, justement, déplacer ce regard ?

M. R. : Les moments de chahut sont parfois pris au tragique car, quand un conflit survient, il peut brasser des émotions intenses, qui s'expriment alors dans une rhétorique très moralisante. Pour réagir autrement, il faut prendre le temps de remettre en cause ses propres postures morales, et accepter que cela ne marche pas à tous les coups. Mais tant que la brèche ne sera pas résolue, l'accident réapparaîtra encore et encore. Voilà pourquoi la sagesse n'est pas vraiment une qualité individuelle : elle est un processus dynamique dans la manière dont nos interactions, y compris nos disputes, peuvent nous inscrire dans un « devenir sage ».

Se vouloir du bien et se faire du mal. Philosophie de la dispute, Maxime Rovere, Flammarion, 2022.

CHAPITRE

2

Repérer
LES PROFILS « DIFFICILES »

(Marie-Madeleine Sève)

Râleurs, divas, paranos… Il suffit d'une personnalité difficile pour transformer la vie en entreprise en un véritable enfer. Nos conseils pour recadrer huit profils de casse-pieds.

« Ah oui, il y a des enquiquineurs que je ne suis pas près d'oublier, annonce en souriant le consultant expert en management Jean-Marc Boussidan. Ils m'ont donné du fil à retordre à l'époque ! » Responsable d'équipes puis DG au sein de diverses sociétés de services high-tech, Jean-Marc Boussidan a eu en effet à gérer toutes sortes d'importuns : râleurs, divas, anxieux, narcissiques, manipulateurs, cyclothymiques, hargneux… Des profils bien affirmés, la plupart du temps rétifs à l'autorité. « Tous ne sont pas des personnalités difficiles au sens médical du terme, commente Jacques-Antoine Malarewicz, psychiatre et consultant, auteur des *Personnalités difficiles en entreprise* (Pearson France), mais tous présentent un trait de caractère exacerbé, dérangeant pour la collectivité. Ce sont en général des gens en quête de pouvoir, ce qui rend compliquée et parfois invivable la relation aux autres. » Recadrer efficacement ces excessifs exige doigté et fermeté. Explication en huit profils.

* La grande gueule

Plutôt que de courir le risque d'avoir à se défendre, il commence par attaquer. « Il n'a pas confiance en lui et veut être reconnu par de hauts gradés plus que par son N+1, analyse Jacques-Antoine Malarewicz. Il conteste tout ce qu'on lui propose et monte le ton pour masquer sa fragilité. En revendiquant sa capacité à se dissocier du groupe, il trouve son identité. » Électron libre, inventif, la grande gueule ne prend pas de gants lorsqu'elle l'ouvre.

> ***« Le risque pour le manager est de bloquer sur la forme de ses propos très cash, du style "Tous des abrutis" ou "Vous n'avez rien compris", explique le coach Jean-Dominique Zanus.***

Or il faut aller au fond des choses, car la grande gueule a le talent de mettre le doigt où ça fait mal et de détecter les failles. »

La parade

Qu'il ait tort ou raison, laissez-le s'exprimer, dites-lui que son avis est intéressant, qu'il sera étudié. À défaut, vous risquez de rendre la situation ingérable. Certes, le rebelle peut s'opposer par principe.

> ***L'humour soft est alors une technique qui fonctionne bien.***

Paul Siboun, formateur et coach chez Valor, préconise de lancer, avec le sourire, une phrase à double effet Kiss Cool : « Attention, Thomas va parler, retenez votre souffle ! » D'abord, Thomas va illico saisir le message : « Fais profil bas. » Ensuite, l'équipe va s'apercevoir que vous ne laissez passer aucun débordement. Et s'il cherche à imposer sa vision du monde, pas d'hésitation, faites en sorte de le confronter à la réalité. Ainsi, ce PDG d'une PMI spécialisée dans les instruments médicaux, excédé par les protestations d'un chef marketing qui ne cessait d'imaginer des choses irréalisables, l'a changé de service, le mutant de la R&D interne à la R&D usine afin qu'il passe du concept théorique à son application pratique. Face aux écueils techniques rencontrés, le frondeur s'est calmé.

* Le pinailleur

« Hélène voulait tout contrôler à la virgule près. À chaque exposé sur un nouveau calcul de prime, cette ingénieure d'affaires bloquait toutes les deux secondes : "Je ne saisis pas..." C'était exaspérant. Pour aller du point A au point K dans un raisonnement, il lui fallait d'abord passer par toutes les phases, A, B, C, D... », raconte Jean-Marc Boussidan, à l'époque manager chez Rank Xerox. Obsessionnel du détail et amoureux de la précision, le pinailleur souffre d'un doute maladif. Parfois crispant pour l'entourage. Mais c'est aussi, pas toujours, un gros bosseur capable d'approfondir une question.

La parade

Même si votre pinailleur vous tape sur les nerfs, il ne s'agit pas de le briser, car il ou elle concocte des dossiers aux petits oignons ! Optez pour la douceur.

« La bonne solution consiste à le déresponsabiliser partiellement pour le libérer de ses tourments, conseille Yvon Berl, coach chez Zathinoé. Incitez-le à travailler sur la vue d'ensemble, l'estimation globale, en zappant des phases du processus, tout en l'assurant que vous assumerez seul les conséquences de ce choix. »

C'est ce qu'a fait Jean-Marc avec son ingénieure : fixer une date butoir... et lui autoriser de petits délais. « Survoler trop vite un dossier lui aurait fait perdre pied, alors je lui accordais un peu plus de temps, ce qui lui permettait de peaufiner son travail. Cela lui faisait plaisir et on est peu à peu sorti de cet enfer. » En cas de blocage, construisez les étapes ensemble et prévoyez des points intermédiaires.

* Le sans-gêne

Pieds sur le bureau, chewing-gum mâchouillé en continu, tasses jamais lavées... « Le sans-gêne provoque parce qu'il est en conflit avec la structure, la situation, l'entreprise », analyse Jacques-Antoine Malarewicz. Irrationnelle, son attitude provient peut-être d'un malaise lié, par exemple, à une promotion qui lui est passée sous le nez, à une rémunération stagnante ou à un poste qui ne lui convient pas ou plus. En aucun cas cela n'excuse son laisser-aller !

La parade

Avant d'aller au fond des choses, commencez par recadrer votre sans-gêne. « Il faut réagir vite, fermement et en allant droit au but, préconise Paul Siboun, sinon un membre de l'équipe va lui rentrer dedans. » Remettez-le sur les rails par quelques remarques bien senties, selon la grossièreté de son attitude. Mieux vaut, ensuite, prendre cet impoli entre quatre yeux pour lui rappeler les règles de la vie en collectivité.

Bien sûr, profitez-en pour tenter de comprendre son éventuel malaise. Si c'est tout simplement un gros balourd, il vaut mieux le savoir aussi !

* La victime

« Pourquoi est-ce que je n'ai pas eu d'échantillons de produits ? On m'a oubliée ! » « Pourquoi n'est-ce pas à moi qu'on a demandé la liste des anciens clients ? J'ai été squeezée ! » Responsable de département dans une grande enseigne, à Limoges, Juliette ne cessait de se plaindre. Criant à l'injustice et créant de vives tensions avec son chef direct. Une « victimisée systématique », selon Frédéric Désiré, DG de la société Solig, qui chapeaute ce magasin et d'autres franchises de la région. « Elle interprétait toujours les faits à son détriment. Alors qu'en réalité, Juliette n'avait plus droit aux échantillons et que seul le souci d'efficacité m'avait conduit à demander les dossiers clients à quelqu'un d'autre », explique ce patron.

> ***Ce Caliméro, en quête d'attention permanente, culpabilise et pompe l'énergie de tout le monde.***

La parade
« Écoutez et acquiescez, recommande le coach Yvon Berl. Dites : "Oui, ça doit être terrible, ce qui t'arrive !" Puis décortiquez ensemble ses doléances : quand, quoi, comment, pourquoi, etc. Laissez-lui le temps d'intégrer qu'il ou elle s'est monté le bourrichon. »

> ***Répondez par des faits à une souffrance dont l'origine ne se trouve pas forcément dans l'entreprise.***

Frédéric Désiré, lui, a décidé d'organiser une médiation pour crever l'abcès, en réunissant Juliette, son directeur de magasin et la DRH, afin que tout le monde entende bien la même chose. « Nous avons écouté les frustrations des uns et des autres, expliqué le contexte et redéfini les territoires de chacun. »

* Le cancanier teigneux

« Tu ne sais pas la dernière ? Julie a dit ça de Marie et Marcel a piqué du matos pour bricoler chez lui... » Diffuseur de racontars, le cancanier teigneux sème la zizanie. Mal dans sa peau, jaloux, il cherche à se valoriser afin de combler un vide existentiel. Il a une info que vous n'avez pas ? Vraie ou fausse ? Peu importe, il faut le stopper net. Car ce spécialiste de Radio Moquette n'a pas son pareil pour exploiter les faiblesses de chacun et monter tout le monde contre tout le monde. Votre bel esprit d'équipe n'y résistera pas longtemps.

La parade
Vous avez plusieurs options. La première : ignorer ses médisances et le lui faire savoir sèchement. « Vous pouvez répondre : "Je n'aime pas ce genre de dénonciations. Si tu as quelque chose à dire, arrange-toi avec Julie et Marcel" », indique le coach Yvon Berl. Deuxième option : dégonfler l'affaire en demandant à ce pro du ragot de préciser ses propos. « À chaque sornette qu'on me rapportait, raconte Jean-Marc Boussidan, alors directeur des opérations chez Alten, je questionnais : "Pierre a fait ça ? Ah ! Et comment s'y est-il pris ? À quelle heure ? Où ?" Le début était souvent vrai, mais la suite devenait incohérente, car les faits avaient été modifiés, amplifiés. Je détricotais ainsi l'histoire et le délateur était coincé. »

> ***Troisième option : mettre en place le « triangle de résolution », cher au coach Jean-Dominique Zanus.***

Il consiste à réunir les trois parties pour qu'elles confrontent leurs versions. « OK, merci pour l'info, on va organiser une réunion avec Marcel, et tu lui répéteras ce que tu viens de me dire. Moi, je vous écouterai tous les deux. » Cela devrait vite refroidir le cancanier.

* Le cyclothymique

Dans le langage courant, on parle de bipolaire. « Au niveau aigu, c'est le cas pathologique du maniaco-dépressif. En entreprise, on a surtout affaire à des instables émotionnels, qui alternent phases d'exaltation et phases de mélancolie, explique le psychiatre Jacques-Antoine Malarewicz. Des variations imprévisibles et violentes, qui désarçonnent. Ces profils sont incontrôlables. »

Chez Alten, se souvient Jean-Marc Boussidan, « l'un de mes managers avait dans son équipe commerciale une jeune ingénieure qui arrivait le matin rayonnante, avec du café pour tout de monde. Quelques heures après, elle s'enfermait dans son bureau, en pleurs. Et, dès le lendemain, elle revenait en riant aux éclats. »

La parade

L'écouter. « Lors de chaque rendez-vous, il fallait être doux avec elle, beaucoup parler. Ça fonctionnait, mais c'était long et on devait prendre sur soi », poursuit le manager devenu consultant. Malgré ses bons résultats, cette ingénieure est partie pour un poste similaire, dans une société à l'environnement moins agressif.

> ***Si vous ne parvenez pas à canaliser ses émotions, songez à réorienter ce cyclothymique vers un job mieux adapté, plus calme et moins perturbant pour lui.***

* L'éruptif

Son cas est moins grave que celui du cyclothymique. « Il sort parfois de ses gonds sans raison apparente, décrit Yvon Berl. Mais il y a toujours un facteur déclenchant, un mot qui le hérisse, une attitude qui lui est insupportable... On peut l'analyser et le comprendre. » Un fantôme du passé s'est réveillé : une peur, une fragilité, un manque de reconnaissance... Sans jouer les psys, observez ce petit rien qui le met en colère, afin de déminer le terrain.

La parade

Lorsque ce type de profil explose, verbalisez vos émotions. « Là, tu me mets mal à l'aise », « Tu me ferais presque peur » : vous cessez alors d'être un punching-ball pour redevenir un être humain. Restez calme, laissez les mots violents rebondir sur vous.

> ***« Grâce aux neurones miroirs, le comportement de votre interlocuteur se calera sur le vôtre », explique Paul Siboun.***

Puis tentez quelques phrases légères pour dédramatiser : « Il pleut des scuds aujourd'hui », « Après ce rôle de colérique, tu choisis lequel, bienveillant, timide ? » Il devrait se détendre !

* La diva

Tout comme l'éruptif, la diva est capable des plus beaux éclats. Sébastien, jeune responsable du système d'information chez Eolen, société de conseil et d'ingénierie, aimait quitter une réunion en claquant la porte quand il n'était pas d'accord. Doté d'un ego démesuré, expert brillant mais individualiste, peu coopératif, sûr d'avoir toujours raison et d'avancer d'excellentes idées, il était surnommé « Dieu le père » à tous les étages, puisqu'il agissait avec tout le monde sans la moindre déférence.

La parade

L'humour. À son jeune expert aux chevilles enflées, Jean-Marc Boussidan rétorquait parfois :

> ***« J'ai l'impression d'avoir Bill Gates devant moi. Rassure-moi, tu n'as pas créé Microsoft ? »***

Une façon de le déstabiliser gentiment. Dans la même veine, vous pouvez aussi compter sur votre équipe. « Sur les chantiers, relate Bruno Pavie, DRH du groupe de travaux publics NGE, nous avons des artistes qui travaillent au milieu des artisans. Certains de ces talents prennent parfois leurs collègues de haut et se révèlent cassants. Mais le reste de l'équipe les chambre sans la moindre gêne. Moi, je fais mes remarques en tête-à-tête, je mets les points sur les "i" de façon factuelle quand ils vont trop loin. » Il leur signifie ainsi qu'ils ne sont pas parfaits, tout en leur sauvant la face vis-à-vis des autres.

> ***Lors de tensions avec des divas, le coach Paul Siboun suggère de faire appel à leur intelligence : « Ce n'est pas à toi que je vais apprendre que le partage est essentiel dans une équipe. J'ai besoin de ton aide. Réfléchis-y. Je sais que tu prendras la bonne voie. »***

Quant à Jean-Marc, dont le collaborateur Sébastien snobait les réunions, il est monté un cran au-dessus. Ne lui laissant pas le choix, il lui a imposé de faire un point sur son travail chaque fin de semaine. « Je le fixais tard exprès, à 19 heures. Et j'ai bûché ses sujets techniques pour pouvoir le stimuler : "Je n'ai pas ton expertise, mais écoute ce que je te propose." Au fil du temps, je n'ai plus eu ni éclats, ni énervements, ni envolées lyriques. »

4 conseils

POUR RESTAURER LE DIALOGUE EN CAS DE PUGILAT DANS VOTRE ÉQUIPE

(Cédric Watine, formateur, conférencier et créateur du podcast* Outils du manager*)

Paul menace de prendre la porte. Alexandre lui répond par des cris. La réunion hebdomadaire se transforme en règlement de comptes. Attention, danger ! Les pugilats entre collaborateurs sont révélateurs d'un échec managérial, analyse Cédric Watine, podcasteur et chef d'entreprise : « Dans une équipe qui fonctionne bien, il doit être possible de confronter les idées sans que ça finisse en affrontement. »

1. Prévenez

« C'est une évidence, il est plus efficace d'anticiper un problème que de le subir. Veillez à l'état d'esprit de vos collaborateurs : rencontrez-les individuellement chaque semaine et instaurez un temps de parole avec chacun. Le but : détecter les problèmes avant qu'ils ne deviennent incontrôlables et éviter les pertes de temps et d'énergie. Les membres de l'équipe vont plus spontanément parler en face à face et évoquer leurs difficultés. »

2. Séparez les adversaires

« Vous ne l'avez pas vu venir, un conflit éclate en réunion. Mettez-y un terme tout de suite en proposant aux deux parties d'en parler plus tard, seul à seul, avec vous. Et poursuivez l'ordre du jour. Sauf si la situation est exceptionnelle, ne réunissez jamais les adversaires dans votre bureau pour une explication à plusieurs. Loin d'apaiser les tensions, vous n'avez que des coups à gagner à cette confrontation. Vous vous retrouvez dans le rôle de l'arbitre. Celui qui s'en sortira le mieux sera le plus habile, pas forcément le moins coupable. De plus, en convoquant les deux personnes, vous rejouez le conflit et vous l'ancrez davantage, au risque de le rendre indémêlable. Votre rôle est de séparer les belligérants et de les entendre, l'un après l'autre. »

3. Recadrez

« Paul coupe la parole à tout le monde pendant les réunions ? C'est votre job de le recadrer. Premièrement : l'"invitation". "Paul, j'ai un point à évoquer avec toi. On peut se voir ?" Deuxièmement : rappel des faits. Exprimez vos reproches factuellement sans tomber dans le jugement. Dire "Tu as une mauvaise attitude" ne suffit pas. Il faut être précis : "Tu lèves les yeux au ciel quand Julie prend la parole", "Tu as coupé la parole à Éric trois fois pendant le point hebdo". Soyez clair, allez droit au but, évitez les généralités. Enchaînez en expliquant en quoi le comportement incriminé a une incidence sur la performance de l'entreprise. "Lorsque tu interromps Éric, il est déstabilisé et ne parvient pas à faire part de ses idées à l'équipe. C'est le groupe qui en pâtit, et donc l'entreprise." Terminez en posant clairement votre demande : "Tu dois laisser la parole aux autres." Attention, le feed-back doit être court et efficace. Pas plus de quelques minutes ! Et le ton sera neutre et plutôt détendu. Ce qui n'exclut pas la fermeté ! »

4. Ciblez bien votre objectif

« "Je fais ça, parce que..." "Oui, mais en fait c'est à cause de..." Votre collaborateur se lance dans des justifications compliquées. Coupez court à la discussion : l'objectif est qu'il change de comportement. S'il recommence, refaites-lui le même feed-back. À force de répéter ce recadrage, vous verrez que le comportement de ce collaborateur finira par évoluer. Vous pourrez alors lui donner un retour positif. S'il ne change rien dans son comportement au bout de cinq entretiens, il est peut-être temps d'envisager une sanction. »

CHAPITRE

3

À chaque organisation
SES TENSIONS

(Sylvie Laidet et Adrian de San Isidoro, pour l'encadré Yoocan)

Maniaque du contrôle, libéré, agile, éclaté… Tous les modes de management génèrent du conflit, mais chacun à sa manière. Nos solutions adaptées à tous les cas de figure pour faire baisser la pression.

Un manager pénible, un collègue tire au flanc, un fournisseur toujours en retard… Les raisons de se friter au boulot sont légion mais, bon an mal an, vous parvenez à gérer les coups de gueule. Là où ça devient plus compliqué, c'est quand l'organisation de votre boîte génère par elle-même des conflits. Excès de procédures ou manque de cadre, pilotage à distance (sans filet) ou en présentiel (avec fil à la patte), mode hyperagile ou au contraire ultra-hiérarchisé… Chaque entreprise, pour des raisons qui lui sont propres, engendre des tensions pas toujours simples à dénouer. Nos pistes pour alléger certaines charges conflictuelles.

* Votre boîte est *control freak*

Votre entreprise est maniaque du contrôle ? Alors, vous savez bien que dans cette société hyperhiérarchisée, on cherche avant tout à éviter l'erreur pour maximiser la performance. Pour cela, d'obscures directions édictent des centaines de règles et de procédures. L'important est moins le résultat obtenu que le respect des prescriptions. Anxieux à l'idée de perdre le contrôle sur ce qui se passe dans la boîte, vos dirigeants transforment votre quotidien en exercice de reporting permanent.

Les conflits qui en découlent

> ***Ce type de fonctionnement infantilise les salariés en les privant de leur libre arbitre.***

« La charge de travail liée au reporting est perçue comme inutile, car les collaborateurs n'ont jamais de feed-back sur l'utilité des données qu'ils produisent et ne reçoivent pas de reconnaissance pour les efforts fournis. Cela crée des tensions entre les équipes et les managers, incapables de leur expliquer le pourquoi de ces procédures. Cela incite les salariés à une sorte de sabotage passif, en remplissant les tableaux avec des données grossières pour passer entre les mailles du filet », observe Adrien Fender, senior manager chez Stimulus, cabinet de conseil en santé et bien-être au travail. Ce type d'organisation génère aussi des relations de domination-soumission. « Si on ne fait que ce que le manager (et la règle) impose, on est en réalité sanctionné, c'est-à-dire tenu à l'écart des progressions de carrière et des super projets... Cela crée des tensions latentes, qui ne s'expriment souvent qu'autour de la machine à café », analyse Francis Boyer, consultant, spécialiste en innovation managériale.

Comment calmer le jeu

Impossible de casser ce modèle de fond en comble. Les managers doivent composer au cas par cas.

> ***« Pour désamorcer les conflits liés à un reporting excessif, vous devez faire alliance avec votre équipe. Remerciez-les pour leurs efforts, tentez d'avoir des indications sur l'utilité de ces reporting et faites redescendre l'info. Leur travail trouvera alors davantage de sens », recommande Adrien Fender.***

Et si vous faites chou blanc ? « Négociez avec votre équipe ce qui serait le moins chronophage pour alimenter un reporting correct sans s'épuiser dans les détails. La tension devrait retomber », poursuit l'expert. Pour éviter les râlages liés aux procédures internes, à vous d'expliquer à vos collaborateurs que certaines sont parfois utiles ou facilitent la vie des collègues d'autres services. Enfin, à vous, manager, de faire en sorte que l'erreur ait droit de cité, au moins dans votre service. « Pour cela, posez des objectifs intermédiaires d'apprentissage. Au lieu de sanctionner systématiquement les erreurs, faites en sorte que vos collaborateurs apprennent de leurs échecs », insiste Francis Boyer.

* Votre boîte est libérée

Dans une entreprise libérée, il y a deux postulats de base. Le premier : les salariés sont tous responsables, motivés et compétents. Le second : c'est de la hiérarchie que naissent les frustrations et la démotivation. Le pouvoir revient donc à chacun. Ce qui n'exclut pas la mise en place de référents et de leaders disposant de rôles et de missions spécifiques, mais sans contrôle hiérarchique.

Les conflits qui en découlent

« L'entreprise libérée est basée sur l'hypothèse du consensus, alors qu'elle fonctionne au compromis. Cela génère des frustrations et des conflits », observe Francis Boyer. En cas de problème, les collaborateurs ne filent pas s'expliquer avec leur manager ni avec la DRH, étant donné que ces fonctions n'existent pas. Ils doivent exposer leur problème devant un collectif de pairs. « C'est violent. Le corps social juge une situation et une personne. Cette dernière, déjà en difficulté, peut se sentir ostracisée », regrette Francis Boyer.

Comment calmer le jeu

« Chez Morningstar, une institution financière nord-américaine, la résolution des conflits interpersonnels a été ritualisée. Les personnes concernées essaient de trouver une solution entre elles. Si le dialogue est impossible, chacune fait entrer un tiers médiateur. Si cela n'est définitivement pas réglé, c'est le dirigeant de l'entreprise qui tranche », illustre Francis Boyer. Comme dans une boîte pas libérée, en somme.

* Votre boîte bosse en mode agile

Les équipes agiles sont en général de taille restreinte et travaillent sur des projets à cycles courts. Leur impératif ? Obtenir un résultat dans les temps pour leurs clients, souvent en interne. Tous les matins, le travail commence par le feed-back de la veille et la distribution de la charge de travail quotidienne. En mode agile, il est très rare d'avoir un résultat attendu défini à l'avance. Au contraire, on apprend en bossant, selon la méthode du « test and learn ». Ça marche ? On avance. Ça déraille ? On recommence autrement.

Les conflits qui en découlent

La réussite d'un projet en mode agile est fondée sur l'avancement simultané de tous les membres de l'équipe. Que se passe-t-il lorsqu'un retardataire bloque tout le monde ? « Ces situations créent des tensions, car il y a un véritable enjeu entre l'individu et le collectif, observe Adrien Fender. Les équipes agiles sont très centrées sur elles-mêmes, avec le risque de collaborateurs plus attachés à leur équipe qu'à l'entreprise. » Des conflits surviennent également à l'occasion de projets mixant équipes agiles et classiques, au risque de se heurter en raison de méthodes de travail différentes. Enfin, en mode agile, la hiérarchie devient plus plate et la compétition entre les collaborateurs d'autant plus vive. « Il y a moins de places "verticales" à prendre. Cela crée des rivalités et des jeux politiques », assure Mathilde Dégremont, autrice et consultante en organisation chez Square.

Comment calmer le jeu

> ***« Pour éviter (ou du moins limiter) les retards qui pénaliseraient toute l'équipe, le manager agile doit valoriser les collaborateurs qui appellent à l'aide », conseille Adrien Fender.***

Il semble également opportun de mettre en place des temps de coordination entre les équipes agiles et les autres. « En veillant, bien sûr, à ne pas construire une usine à gaz, avec du reporting, que l'agilité vise justement à éviter », précise Mathilde Dégremont.

* Votre boîte travaille où elle veut

En *full remote*, en télétravail partiel ou sur site, mais connecté avec des équipes basées un peu partout dans le monde, les échanges se font par mail, messagerie, visio, téléphone... En mode synchrone, c'est-à-dire en direct, ou asynchrone, avec un décalage entre l'émission du message et sa réception. Les liens sociaux sont de plus en plus virtuels et donc les relations humaines sont au mieux différentes, au pire distendues... et parfois tendues.

Les conflits qui en découlent

Loin des yeux, loin du cœur. « À distance, on ne développe pas d'ocytocine, l'hormone du bien-être et du lien social. En cas de conflit, on hésite moins à hausser le ton », observe Francis Boyer.

La distance génère également des conflits « froids », qui s'enkystent. « Comme on n'est pas obligé de se confronter à l'autre concrètement, on ne réagit pas sur le coup à une phrase maladroite et ça se transforme en ressentiment. Le jour où les protagonistes se retrouvent, ça risque d'exploser », constate Adrien Fender. Autre danger de la distance : l'effet « Julien Lepers », ou l'erreur fondamentale d'attribution. Dans *Questions pour un champion*, l'animateur paraît toujours plus cultivé que les joueurs... parce que nous oublions qu'il a toutes les réponses sous les yeux. On associe les succès ou les échecs d'une personne à ses caractéristiques individuelles, sans prendre en compte le contexte, ce qui fausse l'interprétation et génère des tensions. Enfin, la distance renforce l'individualisme et le risque de délitement du lien collectif.

Comment calmer le jeu

Instaurez des rituels de feed-back. Dix minutes avant la fin d'une visio, demandez à votre équipe si elle a des questions, ce qu'elle a compris et retenu de votre intervention.

> ***« Régulièrement, contactez vos collaborateurs pour évoquer ce problème de distance. Des phrases d'introduction comme "J'ai peut-être été maladroit sans m'en rendre compte, parlons-en" sont utiles », illustre Adrien Fender.***

Enfin, pour contrer l'effet Julien Lepers et les jugements à l'emporte-pièce, soyez curieux du contexte professionnel et personnel de votre interlocuteur. Vous y gagnerez en indulgence.

CAS D'ÉCOLE :
la renaissance de Yoocan

Déficits, incompétence, manque de productivité... Voilà ce qui minait la SSII Yoocan. Aussi, quand il a rejoint cette entreprise, Marc Lemaire a dû commencer par sévir pour éviter la banqueroute.

Grosse pagaille

« En 2010, raconte-t-il, quand je suis devenu directeur du développement de Yoocan, mon équipe de dix personnes bouclait nombre de contrats avec plusieurs milliers d'euros de déficit. » Pour arrêter l'hémorragie, le nouveau dirigeant installe d'abord des outils de mesure. « Il fallait que je m'appuie sur des faits », explique-t-il. Il annonce à ses collaborateurs qu'ils devront saisir leur emploi du temps sur une plateforme numérique. Objectif ? Vérifier que toutes les heures déclarées sont bien facturées aux clients. Quelques salariés dénoncent un « flicage » et un « travail supplémentaire ». Mais Marc Lemaire, qui avait prévu ces remarques, décide de jouer la franchise : « Je comprends vos réticences, mais il s'agit de notre survie ! » Bon gré, mal gré, tout le monde se plie aux nouvelles règles.

Grand ménage

Le reporting met à jour le flou des procédures. La productivité de certains est parfois dérisoire, tandis que les chefs de projet « oublient » de facturer des heures ! « Sur un mois, j'ai récupéré 10 000 euros, soit 10 % du chiffre d'affaires de la société. Un employé avait, par exemple, déclaré vingt heures de travail pour cinq payées par le client ! » s'exclame le patron. Un à un, il reçoit dans son bureau les distraits et les indolents pour les recadrer et leur laisser une chance de se reprendre. « Les uns rejetaient la faute sur leurs collègues, d'autres refusaient de voir le problème, d'autres encore n'écoutaient rien et claquaient la porte. Quand la tension devenait trop forte, je m'isolais pour reprendre mes esprits, se souvient le dirigeant. Dans ce genre d'entretien, le premier qui s'énerve a perdu. » Finalement, cinq employés quittent l'entreprise. « Ceux qui ne voulaient pas se former ou qui n'arrivaient pas à suivre le rythme. » Aujourd'hui, l'équipe, à nouveau compétitive, compte 12 salariés. Marc Lemaire, lui, a gagné dans l'épreuve ses galons de leader : il est aujourd'hui PDG de Yoocan.

Pourquoi tant de haine sur les réseaux sociaux ?

Si LinkedIn reste un havre de paix, sur Facebook, et surtout sur Twitter, l'agressivité se répand comme une traînée de poudre. Explications.

Est-on de plus en plus méchant sur les réseaux ?

Le nombre de propos haineux sur les réseaux sociaux est en hausse. Au premier trimestre 2020, Facebook a supprimé 9,6 millions de messages malveillants sur sa plateforme, soit deux fois plus qu'en 2019 (4,1 millions). « La crise a sans doute amplifié le phénomène. Coupés du réel, les gens ont formé des communautés sur les réseaux sociaux pour se sentir moins seuls, avec une tendance à chercher des boucs émissaires », analyse François Jost, sémiologue, professeur émérite à la Sorbonne Nouvelle, et auteur de *La Méchanceté en actes à l'ère numérique* (CNRS Éditions). Critiques, insultes, diffamation, dénonciation..., de l'affaire Mila au hashtag « Balance ton/ta » (start-up, boss, agence...), les exemples pullulent. Comme si les réseaux sociaux étaient devenus le haut-parleur, ou le défouloir, d'une société à l'affût du moindre faux pas. « Tout est prétexte au bad buzz. Dès lors que la mécanique est lancée, les internautes se déchaînent », constate Nicolas Vanderbiest, expert ès réseaux sociaux au sein du cabinet Saper Vedere.

Pourquoi les réseaux favorisent-ils l'expression de la colère ?

D'abord parce que, sur bon nombre d'entre eux, l'anonymat est de mise. « Derrière leur masque, les individus se sentent protégés et oublient les règles du vivre-ensemble », poursuit François Jost. L'effet viral vient dans un second temps. Émotions particulièrement contagieuses, l'agressivité et la colère se répandent rapidement. « C'est d'autant plus vrai que les individus se regroupent par centres d'intérêt sur les réseaux. Ils s'enferment dans l'entre-soi et dans leur communauté. Ils ont tendance à s'autoradicaliser et à jouer la surenchère », complète Nicolas Vanderbiest. Une histoire d'ego en somme, mais aussi la peur de « rater quelque chose » (le fameux syndrome Fomo : « Fear of Missing out »). Cette irrépressible mécanique alimente dès lors le besoin de participer et de se faire remarquer, avec des dérives parfois totalement inappropriées.

Certains réseaux sont-ils plus conflictuels que d'autres ?

Chaque plateforme possède sa marque de fabrique : Facebook est le réseau des amis, Twitter, celui des experts (politiques, leaders…), LinkedIn, celui des professionnels et des collègues… De l'un à l'autre, les ambiances et les comportements changent. LinkedIn reste un havre de paix. « On s'y présente sous son vrai nom, avec sa photo, et on se connecte avec des gens de son entourage, sur demande expresse. C'est une relation duale avec des mécanismes plus enfermants et plus policés », explique Nicolas Vanderbiest. Tandis que Twitter ressemble de plus en plus à un repaire de haineux. L'utilisation de pseudos, l'anonymat et la relative inertie de la politique de modération de la plateforme laissent la porte ouverte aux agitateurs de tout poil.

Les entreprises sont-elles touchées par cette agressivité numérique ?

Impossible d'y échapper. Les entreprises sont, de fait, sous la surveillance des réseaux. « En 2020, 6 % des crises ont été provoquées par les employés eux-mêmes », note Nicolas Vanderbiest. Mais cela les oblige également à avoir une conduite vertueuse, quand la foudre vient de groupes militants sur l'environnement, par exemple, ou de salariés victimes d'injustices. Ainsi, trois hauts responsables d'Ubisoft ont démissionné de leur poste à la suite de témoignages de salariés sur Twitter portant sur des faits de harcèlement. Et le patron de la start-up Le Slip Français a, lui, été obligé de s'excuser dans la presse après la diffusion d'une vidéo sur Instagram montrant deux de ses salariés grimés en femmes africaines.

CHAPITRE

4

Neuf exemples

DE SITUATIONS DÉLICATES À DÉMINER

(Marion Perrier)

Face à des comportements indélicats ou à de la mauvaise volonté, il faut savoir intervenir sans braquer son équipe. Voici neuf situations délicates et comment les régler avec justesse.

À l'ère du management bienveillant, le recadrage, souvent associé à tort à une sorte de passage à tabac, pourrait sembler anachronique. Il n'en est rien : « Il y a une sensibilité accrue sur certains sujets. Depuis #MeToo, par exemple, certains dérapages autrefois tolérés ne le sont plus », pointe Jean-Édouard Grésy, anthropologue et associé fondateur d'AlterNego. Oui, les entreprises et les équipes ont besoin plus que jamais de managers sachant recadrer pour ne pas, d'abord, laisser libre cours à des agissements inappropriés ; ensuite, ne pas permettre à un sentiment d'injustice de se développer au sein de l'équipe ; enfin, risquer de voir leur légitimité mise en cause. Pourtant, les règles ont changé : hors de question de recadrer à l'ancienne, façon « remontée de bretelles » : « Il faut chercher à comprendre les raisons du dysfonctionnement, pointe Christine Benoit, autrice de *Recadrer sans démotiver* (Gereso). Recadrer, c'est un acte bienveillant. » Bien mené, le recadrage doit en effet permettre au manager d'exprimer ses attentes et ses besoins, et au collaborateur de partager ses difficultés. « Les deux doivent en sortir satisfaits ! » Voilà pour la théorie. Place à la pratique en neuf exemples.

* Enzo est toujours en retard

Dans cette start-up, on ne « flique » pas les salariés sur leurs horaires, la plupart étant en télétravail. En revanche, il faut être présent à la seule réunion d'équipe imposée chaque semaine en visio. Un rendez-vous qu'Enzo, commercial, a du mal à respecter : « Il se connecte toujours avec quelques minutes de retard et manque le moment d'échanges informels que l'on a au début de la réunion », explique Bastien, son chef.

Les solutions

Déjà, ne pas sermonner Enzo devant les autres. « Mieux vaut le prendre à part et institutionnaliser l'entretien », conseille Annette Chazoule, manager offre et expertise management et accompagnement du changement chez Cegos. Rester le plus factuel possible en évitant de généraliser.

> ***« Plutôt que "Tu es tout le temps en retard", dire "J'ai remarqué que tu t'étais connecté en retard aux trois dernières réunions" », suggère Christine Benoit.***

Ensuite, l'interroger (sans jugement...) pour comprendre l'origine de ces retards. Peut-être sont-ils indépendants de sa volonté ? Peut-être doit-il participer à une autre réunion calée juste avant et qui s'éternise systématiquement ? Il faudra alors chercher ensemble des solutions. Mais si le collaborateur avance une raison plus personnelle ? Ou s'il affirme que les discussions en début de réunion ne relèvent pas vraiment du travail et qu'il ne voit pas où est le problème s'il les rate ? « Le manager doit lui expliquer qu'il s'agit d'un rendez-vous professionnel, qu'il tient à cette séquence d'échanges et qu'elle a une utilité opérationnelle, commente Annette Chazoule. Ensuite, il faut contractualiser : s'assurer que le salarié a compris les intentions du manager et qu'il sera dorénavant à l'heure. »

* Julien fait des blagues limites

Expérimenté, Julien est un élément précieux pour l'entreprise industrielle qui l'emploie. Il est aussi le boute-en-train de l'équipe. Celui qui met l'ambiance, jamais à court de blagues... souvent potaches et sexistes. « Nos plus jeunes recrues ne goûtent pas du tout cet humour, mais j'ai peur que Julien le prenne comme une attaque personnelle si je le reprends », raconte Christine, sa manager.

Les solutions

C'est en tête-à-tête qu'il faudra échanger avec Julien : « Il faut valoriser le fait qu'il est générateur d'énergie positive. Et lui dire clairement, en s'appuyant sur des situations qu'on a soi-même constatées, et surtout pas sur des faits rapportés, que certaines blagues suscitent un malaise », conseille Adrien Nicolas, responsable des formations management et leadership chez CSP Docendi. La conversation doit permettre au chef d'équipe d'exposer en quoi certains traits d'humour mal perçus nuisent à la cohésion d'ensemble. Puis laisser le salarié exprimer son ressenti.

Il faut ensuite trouver le moyen de corriger le tir en dressant notamment la liste des sujets sur lesquels les mauvaises blagues sont malvenues : les femmes, l'appartenance ethnique, la politique, la religion…

« On donne alors au salarié quelques jours pour se mettre en situation d'auto-observation. Et on fait un suivi. Ce qu'on lui demande est un changement comportemental, un travail de longue haleine », souligne Annette Chazoule. Autre solution : l'organisation d'ateliers en équipe sur le sexisme ordinaire, propose Jean-Édouard Grésy.

« Cela permet à chacun de s'interroger sur ses stéréotypes et de ne stigmatiser personne. »

* Andréa ne fait pas un travail supplémentaire qu'on lui a demandé

« Andréa, une des membres de mon équipe, n'avait pas préparé une présentation que je lui avais confiée en plus de ses attributions habituelles, elle m'a expliqué qu'elle n'avait pas eu le temps », se remémore Julia, alors cadre dans une structure de l'économie sociale et solidaire. Que faire ?

Les solutions

Il importe avant tout de vérifier que le travail confié entre bien dans la fiche de poste du salarié. Votre collaboratrice n'est pas corvéable à merci et elle a tout à fait le droit de refuser une tâche en plus de ses missions ! « Le manager doit aussi se demander s'il a lui-même bien fait son travail, à savoir exprimer une vraie *deadline*, fournir les moyens et le suivi nécessaires », complète Adrien Nicolas.

Lors de l'entretien de recadrage, cherchez à comprendre, en posant des questions ouvertes, pourquoi la tâche n'a pas été remplie.

Et insistez sur l'importance de cette mission pour la boîte, avant de construire ensemble des solutions. Julia a ainsi proposé à Andréa de revoir ensemble ses tâches et leur priorisation pour en sortir certaines de sa to-do list. Et si le salarié reste bloqué sur son manque de temps ? « Si on tourne en rond malgré les solutions proposées, il faut parfois en conclure que ce n'est peut-être pas seulement un problème de temps », pointe Annette Chazoule. Lassitude, manque de reconnaissance, fatigue… Les raisons d'un désengagement sont nombreuses et supposent un dialogue plus approfondi qu'un recadrage. Et si vous mettiez la DRH dans la boucle ?

* Robert conteste la légitimité d'Élise

Ingénieure agronome, Élise a repris les rênes de l'exploitation maraîchère familiale après y avoir travaillé plusieurs années. Robert, technicien pointu, remet systématiquement en cause ses décisions, ce qu'il ne faisait jamais quand le père d'Élise était le patron. « Lors d'une énième remarque, j'ai fini par m'énerver et lui dire que c'était moi la cheffe, que je prenais les décisions et les risques, et que je n'avais pas besoin de son aval », rapporte-t-elle.

Les solutions

La réaction d'Élise est risquée : « Elle a fait acte d'autorité. Cela ne marche que si c'est exceptionnel, sinon c'est l'escalade », estime Jean-Édouard Grésy, qui suggère plutôt d'utiliser l'humour pour désamorcer ce type de remarques. S'emporter, c'est en effet devoir s'excuser plus tard, à froid et en tête-à-tête.

> ***Mieux vaut provoquer la discussion – en gardant son calme –, exposer son ressenti et son besoin de voir ses décisions managériales respectées, tout en laissant de la place pour les réflexions constructives.***

« Il ne faut pas rejeter en bloc toutes les idées du salarié, mais prendre le temps de l'écoute et expliquer posément pourquoi on agit de telle ou telle façon. On peut aussi convenir d'un point régulier pendant quelques mois, afin d'apprendre à travailler ensemble. C'est ainsi que l'on construit petit à petit sa légitimité de manager », suggère Annette Chazoule. Rien n'y fait ? Il est parfois nécessaire de passer dans le champ du disciplinaire et d'envisager des sanctions. Ou de proposer un départ !

* Marine est agressive pendant les réunions

Nouvelle venue dans votre équipe mais pas dans l'entreprise, Marine ne cesse de couper la parole aux autres pendant les réunions, de contredire tel ou tel, ou d'exprimer son point de vue de façon péremptoire. Tout le monde l'a prise en grippe et l'ambiance de l'équipe est plombée. Le nœud du problème ? « Une différence de culture, cette personne venant d'un autre service où les habitudes n'étaient pas du tout les mêmes », décrypte Jérôme Bocquet, formateur en gestion des conflits chez Unow. La tentation est grande également d'interpréter le comportement de Marine comme des attaques personnelles. Mais si vous vous limitez à cette analyse sommaire, vous risquez de ne pas être disponible pour la recherche d'une solution. C'est ce qu'on appelle un biais de confirmation.

Les solutions

Pendant la réunion, reprenez la main en demandant calmement à Marine de laisser Thierry poursuivre son raisonnement. Après la réunion, proposez-lui un face-à-face pour lui demander des explications.

> ***« Ce matin, tu as coupé la parole plusieurs fois à Thierry. Peux-tu m'expliquer pourquoi ? »***

« Un comportement agressif, souligne Christine Marchal, formatrice chez Comundi (module Anticiper et gérer les conflits au quotidien), est une réaction émotionnelle face à un obstacle. Aidez votre collaborateur à trouver une stratégie de contournement pour mieux gérer ses émotions. » Profitez de cet échange pour rappeler les règles non écrites : « Dans notre service, l'usage est de laisser parler chacun à son tour. » « On omet souvent de les préciser aux nouveaux venus », pointe Jérôme Bocquet.

> ***Pour ancrer la règle collectivement, utilisez la méthode agile dite de la « rétrospective ». Proposez à votre équipe : « Cela fait plusieurs réunions qu'il y a des tensions entre nous. Et si on détaillait à nouveau les bonnes pratiques ? »***

* Marc et Antoine se disputent la même mission

Obsédé par les objectifs à atteindre, Michel, directeur commercial, confie à Marc, son N–1, une mission de renfort consistant à prospecter le terrain avec une poignée de collaborateurs jusqu'ici sédentaires. Ceux qui, au sein de ce même département, se déplacent chez les clients sont pilotés par Antoine. Les deux équipes ne tardent pas à se marcher dessus. Dans ce conflit lié à des zones de pouvoir, la rivalité est telle qu'Antoine, victime d'une perte d'identité professionnelle, écope d'un arrêt maladie d'un mois. À son retour, et pour apaiser la situation délétère, Michel demande la médiation des ressources humaines.

Les solutions

> ***« Demander une médiation est une sage décision, commente Annette Chazoule. Quand un manager met ses équipes en porte-à-faux, il ne doit pas rester seul. »***

D'autant que Michel, confronté à l'urgence du chiffre, s'est longtemps enfermé dans le déni. Or c'est son manque de précision et de transparence qui a engendré le conflit. Sa mission de délégation, confiée à Marc, aurait dû être limitée dans le temps ainsi qu'à une zone géographique ou sectorielle et, surtout, portée à la connaissance d'Antoine et de son équipe. Avec l'appui des RH, l'ensemble des protagonistes se sont livrés à une analyse de la situation basée sur les faits, soulignant son improductivité (des prospects étaient sollicités deux fois par les équipes rivales), avant de réfléchir à la recherche de solutions. « Dans cette affaire, Michel a pris conscience qu'il n'avait pas passé assez de temps relationnel et émotionnel avec ses collaborateurs. La clé de la pacification est dans cette intelligence-là », insiste Annette Chazoule.

* Sébastien fait de l'obstruction

Quand il a vu débarquer Sandrine, la nouvelle DRH, recrutée dans un contexte de restructuration avec pour mission d'accompagner le changement d'outils, de pratiques professionnelles et de fonctions pour certains collaborateurs, Sébastien s'est cabré. Lui qui officie depuis vingt ans dans la boîte en qualité de spécialiste du développement des compétences a mis tout son zèle à écorner la

légitimité de Sandrine, devenue sa boss.
Il a si bien manipulé ses collègues, qu'il a semé la crainte du changement avant même qu'il ne soit mis en œuvre. Face à l'hostilité de ce collaborateur, Sandrine a jugé préférable de l'écarter des réunions concernant ce sujet sensible de la transformation. Cette décision n'a fait qu'attiser le feu...

Les solutions

> ***« La première règle, rappelle Annette Chazoule, c'est d'identifier la nature du conflit. Dans ce cas, il s'agit d'un conflit de valeurs, Sébastien pense que Sandrine est là pour défaire ce qu'il a fait. »***

La bonne attitude ? Faire de cet ennemi un allié. Plutôt que de le mettre de côté, il faut avoir le courage de l'embarquer avec soi en se donnant le temps de l'écouter pour comprendre la façon dont il fonctionne. S'interdire de penser « il veut ma peau » et proposer un débat.

> ***Que craint ce collaborateur ? Une entrave à son travail ? Un manque de moyens ?***

« À un moment donné, conseille Jérôme Bocquet, il faut prendre du recul sur la situation, se mettre à la place de l'interlocuteur et prendre conscience de l'écart entre les points de vue, pour mieux décider de ce qui est recevable ou pas. »

> ***En provoquant la discussion avec Sébastien, Sandrine aurait stoppé l'escalade du conflit. Ce réfractaire de la première heure n'aurait plus été un frein au projet.***

* Mélanie refuse de brancher sa caméra

Organisation hybride oblige, Bertrand convoque régulièrement ses équipes en visio. Parmi ses collaborateurs, Mélanie rechigne à brancher sa caméra. La récalcitrante menace d'entraîner les autres participants dans cette fronde. Au risque de saper l'autorité de Bertrand, qui n'a aucune envie de se retrouver confronté à une réunion d'écrans noirs.

Les solutions

« Bertrand doit expliquer pourquoi il tient à ce que chacun branche sa caméra », recommande Claudio Vandi, Content Director chez Numa, qui propose dans son catalogue une formation pratique aux « conversations difficiles ». Bertrand peut arguer que cela facilite l'échange, puisque cela lui permet de voir celles et ceux qui lèvent la main pour demander la parole. Il peut aussi suggérer d'utiliser des fonds d'écran virtuels à ceux qui ne souhaitent pas montrer leur intérieur.

> ***Autre astuce propre à calmer le jeu : ne pas imposer la caméra à toutes les réunions.***

Mais, quand on la requiert, préciser dans l'invitation : « caméra branchée ».

> ***Enfin, « le manager gagnerait en crédibilité à user de la réunion à bon escient, c'est-à-dire pour échanger et non pour informer », précise Claudio Vandi. Pour cela, il existe d'autres outils, comme les notes vocales... ou un bon vieux mail !***

* Ludovic ne remplit pas ses objectifs

Dans cette licorne du commerce en ligne, Arnaud, Lead Product Manager, s'aperçoit que l'un de ses équipiers, Ludovic, prend du retard sur son objectif trimestriel, le développement d'une fonctionnalité. Toute son équipe risque d'en pâtir. Arnaud vient en aide à Ludovic en lui proposant de simplifier cette fonctionnalité pour s'assurer de la livrer à temps. Malgré ce coup de pouce, le développeur achève son travail avec dix jours de retard. Son manager ne peut pas passer l'éponge sur cet impair. Il décide de réduire sa prime. Comment annoncer cette sanction en face à face ?

Les solutions

« J'ai pris le temps de préparer la discussion afin d'être précis sur les faits », explique le manager. Arnaud s'est appuyé sur le cadre d'évaluation de la performance, défini par sa boîte pour l'ensemble des collaborateurs. « J'ai mis mes émotions de côté pour juger non pas la personne mais le résultat », poursuit le N+1 qui a déployé la même rigueur à calculer avec Ludovic la décote de sa prime. « Nous avons trouvé ensemble un compromis de telle sorte qu'il estime juste la décision. »

> ***Arnaud a aussi appliqué cette astuce apprise lors d'un workshop chez Numa : il a eu cette conversation avec son collaborateur en fin de journée, afin que si la discussion virait à l'aigre, Ludovic ne propage pas sa mauvaise humeur au sein de l'équipe.***

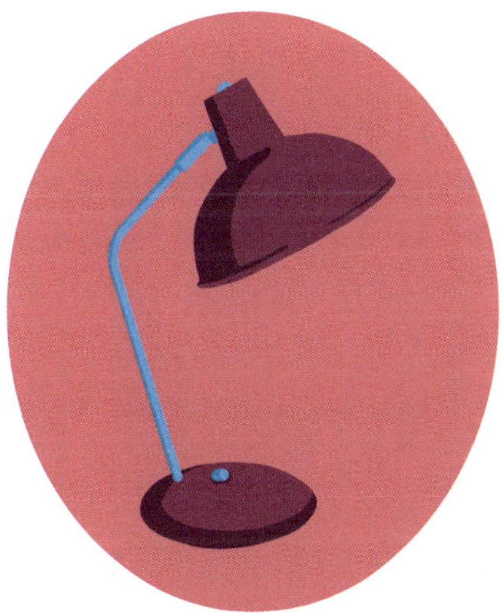

CHAPITRE

5

L'art
DE METTRE LES POINTS SUR LES « I »

(Ingrid Seyman et Gaëlle Ginibrière)

Lorsqu'un collaborateur pose un problème, il faut se décider à agir. Un exercice d'équilibriste qui exige de la rigueur et beaucoup de bienveillance.

« Recadrer quelqu'un, ce n'est jamais agréable », admet Christophe qui dirige un département au sein d'une maison d'édition juridique. Céline, responsable du service client d'une grande entreprise de transport, l'avoue tout de go : « Le mot recadrer est horrible, il me fait penser à l'école. » Pourtant, Christophe et Céline, qui dirigent à temps plein des centaines de collaborateurs, sont fréquemment tenus de mettre les points sur les « i ». Un exercice d'autant plus difficile en entreprise que l'heure est désormais à la communication bienveillante. « Aujourd'hui, on attend des managers qu'ils maîtrisent à la perfection les *soft skills*, et plus particulièrement l'écoute active et l'empathie », explique Axèle Lofficial, directrice talent et développement chez BPI Group. Dans ce contexte, impensable de recadrer comme avant, le management à la papa, tendance « surveiller et punir », s'avérant aussi dépassé que contre-productif. S'il reste un moment délicat, le recadrage moderne doit devenir l'occasion de dissiper des malentendus et de faire progresser ses troupes. Voilà sans doute pourquoi « de plus en plus de managers se forment à la communication non violente et au feed-back », constate Axèle Lofficial, qui se dit persuadée que « le recadrage et la bienveillance ne sont absolument pas antinomiques ». À condition toutefois d'avoir l'art et la manière de poser les (bonnes) limites.

* Ne pas blesser, chercher à comprendre

Selon Christophe, le préalable nécessaire au recadrage est une séance d'autoanalyse.

> ***« Je commence toujours par vérifier que mes reproches ne sont pas des jugements de valeur. Si le comportement d'un collaborateur me dérange, je me demande si c'est bien lié au boulot ou si cette personne heurte ma sensibilité parce que sa façon d'être est aux antipodes de la mienne. »***

Un travail sur soi que Céline effectue systématiquement avant d'entamer la discussion : « Si un membre de mon équipe ne réalise pas ses objectifs, je vais d'abord m'interroger sur ma communication : ai-je été claire lorsque je les ai fixés ? » Avant l'entretien, Céline comme Christophe s'astreignent également à décrypter l'attitude de leur collaborateur. « Un comportement inapproprié ou une baisse dans les résultats sont généralement le symptôme d'un problème de fond », analyse le premier. « Si un membre de mon équipe se montre démotivé, cela peut signifier qu'il a besoin d'évoluer, précise la seconde. Ou qu'il est en désaccord avec la stratégie. Ou encore qu'il a des problèmes personnels. Autant d'hypothèses que je vais sonder lors de notre rencontre afin de trouver la réponse managériale la plus adaptée à la situation. »

> ***« On ne fait jamais un feed-back à chaud », prévient Axèle Lofficial. Il est en effet nécessaire d'avoir digéré son agacement ou sa colère afin de s'exprimer de la façon la plus factuelle qui soit.***

Et comme le collaborateur doit lui aussi pouvoir entendre ce qu'on a à lui dire, inutile d'engager la discussion lorsque toute communication est manifestement biaisée.

> ***« Tu félicites devant les autres, tu recadres seul à seul », rappelle Christophe.***

Sur le fond, les mots seront soigneusement choisis. « L'idée n'est pas de blesser mais de comprendre », souligne ce manager, fort de ses vingt ans d'expérience. « Un entretien réussi est celui qui instaure un dialogue : le manager formule sa perception de la situation et, par ses questions, invite son collaborateur à lui livrer sa vision des choses. S'il y a consensus sur la défaillance du collaborateur, la discussion se poursuit afin d'analyser les causes du problème puis les solutions à mettre en œuvre », précise Axèle Lofficial, qui signale aussi les débordements possibles.

> ***« Le manager doit être prêt à accueillir une réaction émotionnelle forte : de la colère, de la tristesse, voire du déni. »***

* Trois retours positifs pour un seul négatif

Quelle que soit la tournure prise par la conversation, les feed-back ne peuvent en aucun cas être exclusivement négatifs.

> ***« La règle, c'est trois retours positifs pour un retour négatif, précise Axèle Lofficial, chez BPI Group. Dans la culture managériale américaine, la tendance à la valorisation est très forte. Sur ce terrain, les Français ont encore du chemin à faire. »***

Il s'agit ensuite de cibler ses encouragements, comme ses remontrances. « On peut féliciter quelqu'un pour les moyens qu'il a mis en œuvre, en regrettant que ses résultats ne soient pas à la hauteur. En faisant l'impasse sur le résultat, on risque de ne pas stimuler le collaborateur. L'excès inverse est tout aussi pervers, car les feed-back exclusivement centrés sur les résultats se révèlent vite décourageants. »

Autre règle d'or : la séance de recadrage ne doit pas rester lettre morte. « Je fais souvent un point, quelques mois plus tard, pour complimenter la personne lorsque notre discussion a porté ses fruits. Mais il m'est également arrivé de faire évoluer un collaborateur à l'issue d'un tel entretien. Ou de m'en séparer, car le dialogue était définitivement rompu », explique Céline, qui, comme Christophe, voit dans ce type d'échanges une occasion d'entretenir les liens au sein d'une équipe : « Lorsque quelqu'un affiche sa démotivation ou se met soudain à ne pas tenir ses engagements, il le sait ! En tant que manager, ne pas intervenir, c'est l'enfoncer. »

> ***Voilà pourquoi le recadrage témoigne aussi de la bienveillance et du souci, au sens le plus noble du terme, que peut se faire un chef d'équipe pour les personnes avec lesquelles il travaille au quotidien.***

Céline a d'ailleurs en mémoire une N+1 dont les remarques, aussi directes qu'affûtées, l'ont considérablement fait avancer : « Grâce à elle, j'ai appris que la personne qui vous recadre vous offre aussi une preuve de confiance. Et une formidable occasion de progresser. »

« Ma plus belle gestion de crise ! »

Tensions avec un collaborateur ou une organisation syndicale… Ces managers nous racontent leur pire conflit au travail et la façon dont ils ont su en sortir la tête haute.

Arnaud du Bellay, fondateur d'Authenteam : « Mon adjoint occupait mon bureau. »

C'est après une première partie de carrière dans l'armée qu'Arnaud du Bellay prend la responsabilité d'un centre d'exploitation dans les transports. « À mon arrivée, je n'ai pas été installé dans le même bâtiment que mon équipe, mais dans une annexe. Quelques jours plus tard, mon directeur m'a indiqué que le bureau qui m'était destiné était occupé par mon adjoint et il m'a pressé de le récupérer ! », se souvient le fondateur d'Authenteam, cabinet spécialisé dans le coaching et la formation en outdoor. De premiers messages polis, glissés à son adjoint par e-mails ou lors de leurs échanges quotidiens, restent sans effet. Arnaud du Bellay le convoque alors pour mettre les pieds dans le plat. « Il a fait un esclandre, a adopté une posture de victime pour s'attirer la sympathie de ses collègues et a joué de son poids au sein du centre d'exploitation alors que j'étais à peine arrivé. » Face à ce conflit ouvert, les autres collaborateurs hésitent sur le parti à prendre. Arnaud du Bellay décide de crever l'abcès : il réunit toute son équipe. « Ils sortaient d'une période de surchauffe. Je leur ai expliqué que je ne maîtrisais pas le passé, mais qu'en tant que manager, je devais être physiquement proche d'eux. En contrepartie, je m'engageais à faire avancer des travaux de réaménagement, au point mort depuis longtemps. L'équipe s'est montrée dubitative, mais j'ai bénéficié du soutien de mon patron qui, fait rare, était descendu assister à la réunion. » Quelques semaines plus tard, Arnaud du Bellay et ses collaborateurs ont emménagé dans de nouveaux espaces, avec un bureau pour lui et un pour son adjoint. Une étape clé pour asseoir sa légitimité et mettre ses troupes en ordre de marche.

En deux mots : Asseoir sa légitimité est indispensable. Mettez les points sur les « i » et, si nécessaire, assurez-vous l'appui de votre hiérarchie. Avant de se faire aimer, il faut savoir se faire respecter !

Valérie, DRH : « Je devais conclure une négociation dans un climat de violence. »

En bientôt trente ans de carrière dans les ressources humaines, Valérie a eu à gérer de nombreuses crises. Mais elle se souvient en particulier de cette négociation salariale collective, bien mal entamée. « J'étais alors DRH d'une grande entreprise effectuant des tests de conformité réglementaire. Une négociation salariale et d'intéressement s'ouvre dans un contexte de fortes tensions sociales, de revendications sur les conditions de travail, la sécurité, le manque de considération de la hiérarchie, sans compter les reproches sur le thème "Tout va aux actionnaires plutôt qu'aux salariés" », raconte-t-elle. La première réunion entre syndicats et direction se déroule dans une ambiance de violence verbale et de gestes déplacés. « La séance ne pouvait pas se passer dans de bonnes conditions. J'ai suspendu la discussion jusqu'au lendemain, tout en laissant la porte de mon bureau ouverte. Plusieurs représentants du personnel sont ainsi venus faire valoir leur point de vue, ce qui a permis de faire tomber les tensions. Pour qu'il y ait un dialogue, il faut une position claire et assumée, pas un conflit verbal ou de l'émotion », explique-t-elle. Quand les débats ont repris, la négociation salariale a pu se conclure sur la base des propositions de la direction. L'accord sur l'intéressement, lui, a été repoussé. « Mais on a pu le signer plus tard, après avoir convaincu la direction de faire un compromis. Dans cette négociation-là, comme souvent d'ailleurs, il était très important de ne pas crier victoire pour

LE MANAGEMENT est un sport de combat

La légende court dans tous les clubs d'arts martiaux : le seul fait de pratiquer le judo, la boxe ou n'importe quelle autre discipline réduirait considérablement les risques de se faire agresser ou, plus généralement, de subir un conflit. On n'aurait même plus besoin de se défendre ! « Il y a du vrai et du faux », estime le psychiatre Jérôme Palazzolo, lui-même adepte de karaté, de krav maga et de nunchaku de combat depuis une quarantaine d'années. Des expériences psychosociologiques ont ainsi révélé qu'une attitude craintive tendait à susciter l'agressivité, alors qu'un comportement plein d'assurance, que peut procurer l'entraînement à un sport de combat, décourageait les gestes conflictuels. « Après, ajoute le psychiatre, il existe différents niveaux de conflit. Ça ne va pas empêcher votre conjoint ou votre manager de vous engueuler ! » Les arts martiaux valorisent la connaissance de soi et la gestion des émotions en situation de stress. « Ce travail, à la fois psychologique et physique, permet de mieux se contrôler, et donc de mieux réagir en cas de conflit. »

ne pas faire perdre la face aux organisations syndicales, conclut Valérie. Il faut leur laisser la primeur de la communication. »

En deux mots : Taper du poing sur la table peut être nécessaire pour recadrer les débordements et faire retomber la pression. Mais prenez soin de libérer un espace pour les discussions constructives.

Michel Dufay, directeur business development : « J'ai dû me séparer d'un collaborateur. »

Ingénieur puis manager commercial, Michel Dufay a appris, en vingt ans de carrière, à maîtriser ses émotions pour ne présenter à ses clients qu'une apparence ultraprofessionnelle. Mais, lors d'un conflit entre deux de ses collaborateurs, il a dû adopter une approche plus radicale. « À son retour de congé sabbatique, j'ai nommé l'un de mes collaborateurs, Antoine, au poste de directeur commercial. Un titre que convoitait Luc, recruté durant l'absence du premier. Ce dernier a très mal pris la chose : il refusait obstinément d'obéir à Antoine, essayant par tous les moyens de le court-circuiter pour traiter en direct avec son N+2 ou son N+3. »

Après avoir tenté de trouver un compromis entre les deux hommes, qui ne satisfaisait personne, Michel Dufay arbitre au bout de quatre mois. Plutôt que de laisser la situation s'envenimer et de risquer de perdre ses deux collaborateurs, il choisit de garder le plus compétent, en l'occurrence Antoine. « Nous avons proposé à Luc une rupture conventionnelle et recruté quelqu'un de plus efficace, ce qui a rétabli la sérénité dans l'équipe », explique Michel Dufay. Une décision qui a par ailleurs renforcé son autorité.

En deux mots : Un compromis bancal risque de pérenniser un climat délétère. Pour ramener le calme, il faut parfois accepter de trancher dans le vif.

À RETENIR

- S'appuyer sur des faits objectifs avant de monter au créneau.
- Garder son calme, même au plus fort de la tension.
- Ne pas hésiter à s'isoler pour retrouver son *self-control* en cas d'entretien difficile.
- Évitez de vous reposer sur quelqu'un d'autre pour passer un savon. Votre ascendant risque d'en souffrir et les cas d'insubordination de se multiplier. Gérer vous-même le conflit jusqu'à son terme est l'unique moyen de rester seul maître à bord.

RDV Brainstorming
dans 10 minutes

Anticiper et accompagner le changement

Déclinée depuis les années 1990, l'idée d'un monde Vica – Vulnérable, Incertain, Complexe et Ambigu – a pris tout son sens depuis la pandémie.

La vie de bureau telle qu'on l'avait connue a déjà disparu : plus question de tous faire la même chose au même endroit ! L'heure du management hybride est venue. D'expert, le manager devient facilitateur, coach, rassembleur de tribus hétéroclites. À son image, le recrutement s'enrichit de nouveaux scénarios, intégrant « web réputation » et « mad skills ». Car la cohabitation hommes/machines entre dans un nouveau cycle, bouleversant nos acquis. Pour faire équipe avec les robots, il va falloir miser sur notre créativité, notre curiosité et notre pensée critique. En un mot, tout ce que les IA ne nous disputeront pas !

TEST

Quel est votre degré DE RÉSILIENCE ?

(Gaël Le Bellego)

Nous ne sommes pas tous égaux face aux traumatismes de l'existence. Êtes-vous plutôt du genre à vous retrouver au tapis à la moindre réflexion blessante ? Ou, au contraire, toujours prêt à vous relever comme un Terminator indestructible ? Notre test vous aidera à le savoir si vous cochez les affirmations qui vous correspondent…

- ☐ Je n'aime pas trop qu'on me plaigne.
- ☐ « Ce qui ne me tue pas me rend plus fort. » (Nietzsche)
- ☐ L'instabilité est une chance, elle force à se dépasser.
- ☐ À chaque épreuve, un nouveau départ !
- ☐ On ne peut jamais compter que sur soi-même.
- ☐ Dans la mesure du possible, je ne me fâcherai avec personne.
- ☐ Touché, on ne doit pas se montrer coulé.
- ☐ « Le pessimisme est d'humeur, l'optimisme est de volonté. » (Alain)

- Les changements me font grandir.
- Pour une relation gagnant-gagnant, il vaut mieux faire preuve d'empathie.
- « Si la certitude est plus apaisante, le doute est plus noble. » (Salāma Mūssa)
- Souvent, le matin, je me lève comme monté sur ressorts.
- Je déteste quand un autre trouve une solution à mon problème.
- « L'homme qui se relève est plus fort que celui qui n'est jamais tombé. » (Viktor Frankl)
- Je suis un leader.
- Mes collègues en souffrance aiment se confier à moi.
- Le covid-19 ? Même pas peur.
- On ne peut changer le passé, donc inutile de le regretter.
- Mes parents m'ont beaucoup valorisé, quand j'étais enfant.
- Je sais tourner mes difficultés en dérision.
- Je vois la réalité telle qu'elle est (et pas déformée par mes émotions).
- Je vis l'instant présent, sans ressasser le passé et craindre l'avenir.
- Je sais savourer une victoire.
- Je me sens très entouré (même en cas de coup dur).
- Je me définis par mes projets actuels, et pas selon mes réussites passées.
- La douleur fait partie de la vie.
- Quand j'ai un souci, je n'ai pas peur d'en parler.
- Un obstacle se présente, trouver comment le résoudre m'amuse.
- Pas du genre à ruminer.

Vous avez coché...

Plus de 20 affirmations : vous êtes en béton armé

SCORES

NOTES

Ce test confirme ce que vous saviez déjà : en matière de résilience, vous êtes un haut potentiel ! Conscient de vos capacités, mais aussi de vos limites, vous tracez des objectifs réalisables. Avec persévérance. Et sans ego car – rappelons-le – la résilience n'est pas une qualité ultime, mais plutôt un processus. Qui remonte à une enfance aimante, entourée de parents structurants. Aujourd'hui, donc, dopé à la confiance et à un optimisme résolu, vous avancez, tenace, sans vous laisser décourager par l'obstacle. Un résilient, d'ailleurs, n'en rencontre pas moins que les autres. C'est juste qu'il sait se blinder et trouver les ressources pour en tirer une force. Le psychiatre Serge Tisseron rappelle que « la résilience n'est pas juste une façon de résister aux traumatismes, mais de savoir réagir après eux ». Tout d'abord, en évitant la victimisation. Une promo qui nous file entre les mains ou un contrat perdu ne font de vous ni un raté ni un martyr.

Et surtout, « vous savez profiter des bouleversements pour envisager un développement sur d'autres bases, poursuit le psychiatre. Quand la catastrophe est arrivée, et une fois la crise jugulée, les séquelles peuvent rester nombreuses. La consolidation du rétablissement est une phase à part entière de la résilience. Car elle prépare aux traumatismes ultérieurs possibles. » Autrement dit, le résilient que vous êtes sait tirer des leçons, ne croupit pas dans l'échec, et s'en sert pour mieux anticiper les crises futures. Il faut une force en soi. Et dans le cerveau, un système de récompense très actif. Reste alors, grâce à votre empathie, à ne pas trop durement juger ceux qui en sont moins dotés. Les profils suivants, par exemple.

Entre 10 et 20 affirmations : vous êtes en plomb

Vous êtes fait d'un métal léger. Pas indestructible mais, tel le roseau de La Fontaine qui plie mais ne cède pas, vous encaissez. En cas de malheur, ce n'est pas la chute ou le repli total. Vous tentez d'avancer, parfois même, vous reculez un peu, freiné par l'émotion. Avancer vous coûte, mais votre fierté ne souffrirait pas un abandon. Votre profil, intermédiaire, évite la caricature darwinienne entre résilients et non résilients. Vous êtes entre les deux, parfois submergé, souvent – dents serrées – résistant aux chocs. Sensible, vous avez stocké en mémoire des mésaventures qu'il serait bon de purger. Le formateur en entreprise Alain Samson[1] fixe deux clés pour progresser : « D'abord, faire la paix avec son passé. La vie n'est pas une répétition générale. Le passé est derrière vous, constitué de souvenirs dépendants de la manière dont vous fouillez votre mémoire. Vous pouvez en changer la perception et influer ainsi sur votre aptitude au bonheur. La mémoire humaine est sélective et ne retient que les événements qui renforcent notre interprétation. Et elle est malléable. » Moralité : positiver le pire d'avant nous aide à affronter l'actuel.

Aussi, votre fragilité tient à ce mécanisme : « La personnalisation. C'est l'habitude de se rendre responsable de ce qui arrive. Les gens qui personnalisent sont équipés d'un radar qui ne perçoit, dans les gestes et les paroles des autres, QUE les éléments susceptibles de diminuer leur valeur personnelle. Cette façon de penser suscite colère ou déprime. » Si le boss critique les chiffres, on prend pour soi. Il faut changer de regard. Et ne plus se croire le centre. Vous verrez, ça repose.

1 Auteur de *Développer sa résilience* et *Rebondir après une pandémie* (Eyrolles).

Moins de 10 affirmations : vous êtes en papier mâché

Décidément, le destin s'acharne sur vous ! Un taxi qui plante, un boss qui s'égosille, un projet qui s'effondre. C'est un pêle-mêle sans hiérarchie de *bad news*... Vos stratégies sont alors le repli, la rétractation, l'évitement, et aussi l'épanchement, car votre besoin d'écoute est impossible à rassasier. Sachez d'abord que la plupart des chercheurs ne croient plus à une détermination génétique. Votre fragilité n'est pas innée. Mais le fruit d'un ensemble de facteurs cognitifs, comportementaux et environnementaux. Donc, en principe – c'est la bonne nouvelle –, vous pouvez agir dessus. Le coach Alain Samson propose de « découvrir l'utilité de nos craintes ». La peur est utile quand elle permet d'identifier une menace réelle. Sinon, ne perdez pas de temps à vous en occuper. À chaque scénario catastrophe, on se pose la question « Et alors ? » pour désamorcer l'anxiété projective qui nous affaiblit. Il faut que vous trouviez le courage de faire face à vos peurs. Boris Cyrulnik évoque le besoin du mentor qui nous rassure. Les psys Lazarus et Folkman, en 1984, définissaient le « coping » (« faire avec ») comme « l'ensemble des efforts cognitifs et comportementaux destinés à maîtriser, réduire ou tolérer les exigences qui menacent ou dépassent les ressources d'un individu ». De la sophrologie à la méditation de pleine conscience, les moyens ne manquent pas. « Maîtriser ses émotions pour prendre l'initiative, recommande la psychiatre Rosette Poletti[2]. Voilà le remède contre l'impuissance et la victimisation. » Elle évoque la « hardiness », concept américain que l'on pourrait traduire par hardiesse. Montrer du courage... donne du courage !

2 Autrice de *La Résilience* (Jouvence).

CHAPITRE

1

Métro, bureau, dodo, C'EST DÉJÀ FINI !

(Christine Halary et Charlotte de Saintignon)

Dans l'écosystème de l'entreprise, l'espace de travail est probablement l'élément qui va connaître l'évolution la plus radicale. Mais que va devenir notre bonne vieille vie de bureau ?

Des espaces de travail atomisés

Des bureaux modulaires

...

Exit son siège parisien du Père-Lachaise. La société LiveMentor, spécialisée dans la formation et le coaching à distance pour les créateurs d'entreprise, propose désormais à ses quelque 50 salariés de travailler d'où ils veulent. L'un est déjà parti s'établir en Afrique du Sud. Dans l'Hexagone, trois hubs régionaux seront constitués autour d'espaces de *coworking*, loués au gré des besoins. Le premier est lancé à Aix-en-Provence, où une vingtaine de collaborateurs se sont portés candidats pour migrer. Un avant-goût du bureau du futur ? « Nous basculons de l'espace physique de travail au temps de travail et, pourquoi pas, au temps superposé, pour ceux qui exerceront plusieurs activités », indique Sylvain Louradour, directeur associé de l'observatoire de l'innovation numérique Netexplo.

> ***« Chez certains pionniers comme Google ou Dropbox, les salariés se comportent déjà comme des freelances », pointe de son côté Samuel Durand, auteur du documentaire* Work in Progress.**

Ils travaillent en mode projet, de façon totalement flexible, de n'importe où, quand ils le souhaitent. Demain, dans les métiers qui ne nécessiteront pas une présence physique, nous aurons le choix de nos lieux de travail et nous les ciblerons en fonction de nos tâches.

> ***La technologie facilitera ce nomadisme. Une telle perspective n'enterre pas le bureau. Elle l'oblige à se réinventer. Avec l'exode des cols blancs dans les campagnes et les petites villes, l'entreprise devra rapprocher le bureau de ses salariés et non plus l'inverse.***

La pandémie a déjà bouleversé nos priorités, faisant passer au premier plan la qualité de vie pour 74 % des salariés interrogés par JLL, géant du conseil en immobilier d'entreprise, dans son étude 2021 des tendances mondiales de ce marché.

* Des espaces de travail atomisés

Premier axe : améliorer le confort du télétravail. « Un tiers des actifs ne dispose pas d'un logement adéquat pour travailler », rappelle Flore Pradère, directrice veille et prospective chez JLL.

> ***Concrètement, il s'agit de favoriser l'accès à des espaces de coworking proches du domicile : 48 % des entreprises envisagent de déployer ce relais.***

Le chèque bureau que la Fondation Travailler autrement appelle de ses vœux a de bonnes chances de se généraliser. Financé par les entreprises, sur le modèle du ticket-restaurant, il permettra à chacun de réserver sa place dans un tiers lieu, un espace de *coworking*, voire un salon d'hôtel Accor, partenaire du projet !

En pionnière, la start-up Fleex propose déjà une telle prestation aux entreprises, avec comme premiers clients Back Market, le spécialiste des produits électroniques reconditionnés, et la néobanque Shine.

La France comptait 1800 tiers lieux en 2018, selon la Mission Coworking. Leur nombre promet d'exploser.

« Leur configuration sera aux antipodes de la standardisation », garantit Émilie Vasquez, qui vient d'inaugurer Le Shack (« cabane », en anglais) à Paris, dans un hôtel particulier proche de l'Opéra, avant de dupliquer le modèle en province. Un lieu hospitalier et inspirant où se côtoient aussi bien une galerie d'art, des espaces de réunion aux allures de boudoir qu'une salle de sport, et où « il fait bon se reconnecter avec les autres et soi-même ».

La seconde option avancée par JLL ? Repenser sa stratégie d'implantation en investissant dans plusieurs microsites répartis aux quatre coins du territoire, afin de décongestionner le vaisseau amiral du siège social. BlaBlaCar y réfléchit. La licorne du transport partagé se dit prête à ouvrir une antenne lorsqu'au moins 15 salariés aspirent à s'installer dans la même ville. D'autres entreprises choisiront de mettre en réseau leurs différents sites où chaque collaborateur sera le bienvenu. Sophie Henley-Price, associée senior de Studios Architecture, évoque cette multinationale qui a décidé de transformer son siège social en hub, au même titre que ses filiales. Après réservation *via* son assistant personnel, un collaborateur peut choisir de travailler plusieurs jours en France avant de migrer vers le hub de Copenhague, par exemple.

LE MOT D'HIER :

« Open space »

Révolus, ces alignements de postes de travail nominatifs. Non seulement la surface dédiée à l'*open space* se rétrécira au profit des espaces collaboratifs « dans une proportion d'environ 1/3-2/3, dans nos scénarios les plus ambitieux », estime Flore Pradère, directrice veille et prospective chez JLL, mais les postes de travail basculeront en *flex office*. Les outils de réservation de poste vont devenir monnaie courante. Sur place, des capteurs de présence permettront d'en mesurer la fréquentation et de lisser les pics d'affluence. Le *tracking* individuel renseignera aussi sur vos préférences et vos habitudes en termes d'espace. Grâce à ces données traitées en temps réel par une intelligence artificielle, vous pourrez vous orienter vers d'autres configurations, propices aux échanges informels. Le bureau de demain sera décidément nomade.

* Des bureaux modulaires

Mais pourquoi continuer à se rendre au bureau quand il devient possible et admis de travailler de partout ? « Pour y vivre une expérience », répond Maxime Chevallet, manager au cabinet de conseil en stratégie Akoya, qui fait le parallèle avec les boutiques physiques concurrencées par les commerces en ligne.

> ***« Dans l'hypothèse d'une guerre des talents, il faudra traiter les salariés comme des clients », affirme-t-il.***

Nous viendrons moins au bureau, mais mieux – 36 % des entreprises s'apprêtent d'ailleurs à réduire leur surface, selon BNP Paribas Real Estate.

> ***Pour satisfaire l'aspiration croissante au bien-être, les halls se transforment en lounge, les espaces de restauration saine se multiplient, les cages d'escalier se percent de fenêtres, la climatisation devient individuelle.***

Comme chez Google, à Mountain View, en Californie, des cloisons gonflables actionnées par un robot permettent de recréer son intimité. Grâce au Bracelet of silence, un accessoire tout juste développé par des étudiants de l'université de Chicago, il est possible de s'isoler en bloquant tous les micros à proximité, y compris ceux de votre assistant vocal. « C'est l'ère de l'entreprise cocon », pronostique Camille Rabineau, fondatrice de la société de conseil Comme on travaille. La plupart viseront la certification Well Being Standard, plus focalisée sur les occupants que sur les bâtiments.

> ***Nous viendrons aussi au bureau pour échanger de façon informelle et phosphorer ensemble. Signe des temps, les postes de travail individuels se réduisent au profit des espaces collaboratifs.***

Au siège de Gecina, société foncière, ces derniers sont passés de 30 % à 60 % des surfaces disponibles. Le café, lieu de convivialité, devient central. Les terrasses autrefois réservées à la direction se démocratisent. « Les bureaux ne sont plus des bâtiments figés mais élastiques et réversibles, des laboratoires qui évoluent dans le temps », explique Alexandra Villegas-Sanne, associée senior de Studios Architecture. Chacun, au gré de ses besoins individuels ou d'équipe, peut faire tomber les murs ou créer, selon les termes de Sylvain Louradour, son « pop-up space » personnalisé, espace éphémère pour cogiter à plusieurs. Chez Vitra, spécialiste du mobilier de bureau, « le maître mot devient la flexibilité, indique Cécile Aubriet, responsable du studio France et Benelux. On raisonne en microarchitecture, avec des éléments servant à plusieurs fonctions et articulant l'espace de différentes manières, tel un jeu de Lego. » Enfin, il sera facile de participer à distance aux réunions organisées au siège grâce aux cabines individuelles à hologrammes (déjà développées par Portl), capables de vous faire apparaître dans plusieurs endroits à la fois.

« Le bureau est mort, vive les lieux de vie », prédit Gecina, qui vient de sonder, avec l'institut Elabe, 24 dirigeants d'entreprises sur le thème « Avons-nous encore besoin de bureaux ? ». « Les sièges sociaux seront débunkérisés, transparents, ouverts sur la ville », précise Valérie Britay, DGA de Gecina, à la tête du pôle bureau.

> ***Leur fonction sera d'abord « identitaire » : on y viendra pour s'imprégner de la culture de l'entreprise. Ils seront aussi la vitrine de la boîte.***

À l'image de Saint-Gobain, qui ouvre son showroom au public dans son nouveau siège social de la Défense, à Courbevoie. Ces futurs sièges sociaux s'intégreront dans leur écosystème urbain, « privilégiant la mixité des usages au sein des bâtiments », indique Flore Pradère, chez JLL. Dans un complexe de bureaux enclavé sur le boulevard circulaire de la Défense, Studios Architecture a ainsi pris le parti, avec Latitude, d'une architecture horizontale et humaine pour réconcilier quartier d'affaires et quartier résidentiel : les parkings ont été transformés en hub commerçant.

> ***Ces sièges du futur feront aussi la part belle au végétal, installant des potagers sur leurs toits-terrasses.***

« L'entreprise fonctionnera comme une ruche », pronostique le think tank la Fabrique Spinoza dans son étude sur l'espace de travail de l'avenir, « puisant ses ressources dans son environnement tout en participant à sa régénération ». Elle se convertira au « corpoworking », accueillant dans ses bureaux étudiants, partenaires ou entrepreneurs en herbe. Ses espaces de restauration seront ouverts au public. Elle pourrait aussi inviter des artistes en résidence ou programmer des événements culturels.

> ***« Le principe consiste à brasser les gens et les idées », décrypte Cécile Aubriet, chez Vitra. 70 % de ce que nous apprenons repose sur des échanges informels. Le bureau, lieu d'interconnexions, doit désormais devenir lieu de partage.***

LE MOT DE DEMAIN :
« Hybridation »

Des collaborateurs en réunion sur une plage paradisiaque ou au bord d'une piscine… Ces « remote workers » devenus *digital nomads* se sont multipliés avec la pandémie. Et l'avenir devrait confirmer la tendance. Avec plusieurs variantes possibles, du *cohoming* au *corpoworking* (ouvrir sa maison ou l'entreprise à d'autres télétravailleurs). Ce modèle hybride s'imposera, alliant télétravail et présence sur site. Une enquête du BCG de juin 2021 réalisée auprès de 10 000 salariés révèle que 76 % d'entre eux souhaitent davantage de flexibilité en termes de lieu de travail. Selon le cabinet de recrutement Cooptalis, 86 % des entreprises auraient même reçu des requêtes pour télétravailler depuis une destination étrangère ou une ville éloignée. Ainsi, « le dualisme qui structurait nos vies auparavant va s'effondrer, expose Fabien de Geuser, professeur associé à l'ESCP Europe. On va travailler 24 heures sur 24, mais aussi être en vacances H24. » Ce télescopage a d'ores et déjà donné naissance au concept de « workation » (*work* + *vacation*, travail + vacances). Le travail deviendra aussi de plus en plus asynchrone. Car, au-delà du choix du lieu de travail, 93 % des salariés aspirent désormais à davantage de « flexibilité temporelle ». « C'est la prochaine attente qui succédera à celle, actuelle, du travail à distance », anticipe Vinciane Beauchene.

CHAPITRE

2

Adieu le manager expert,

VIVE L'ANIMATEUR DE COMMUNAUTÉS !

(Sylvie Laidet, Charlotte de Saintignon)

La fonction de manager va inéluctablement changer. Voici 10 pistes à explorer pour piloter votre écosystème au quotidien et anticiper cette évolution.

Crise, digitalisation, intelligence artificielle... C'est une évidence : vous ne managerez pas votre équipe demain comme vous la managez aujourd'hui. La première évolution sera probablement la disparition d'un rôle auquel les *teamleaders* français sont particulièrement attachés : celui du manager expert, ce responsable « je sais tout » qui dit à tout le monde ce qu'il faut faire et comment. « À moyen terme, le manager expert ne sera pas dans une position facile, car l'intelligence artificielle va traiter une bonne partie de ses tâches. Nombre de ses compétences techniques vont être robotisées », souligne Pierre-Antoine Balu, associé People & Organisation chez PwC France et Maghreb. Sans doute faut-il y voir une chance : davantage basé sur les *soft skills* (empathie, écoute, bienveillance...) que sur les savoir-faire techniques, le management opérera ainsi son « retour vers le futur » et la gestion du capital humain dont il n'aurait jamais dû s'éloigner ! Mais comme une transformation ne vient jamais seule, voici 10 pistes pour se préparer à l'évolution de votre pratique.

* Entraîner une communauté

> ***L'équipe, c'est fini ! Demain, votre job va consister à animer une communauté, composée pour partie de salariés et augmentée de freelances, slasheurs – ces travailleurs qui exercent plusieurs activités –, consultants et partenaires…***

Tous avec des attentes, des envies, des obligations différentes et parfois opposées. « Les jeunes générations notamment sont désormais adeptes du polyengagement. Lors de la pause déjeuner, par exemple, certains enregistrent des podcasts, d'autres deviennent conseillers en naturopathie… Ils ne veulent plus un travail unique. Le management devra changer pour susciter leur engagement », constate Emmanuelle Joseph-Dailly, directrice du Lab recherches et prospective chez Julhiet Sterwen. Comment ? En respectant aussi leur désir d'autonomie.

* Piloter au résultat

> ***La réussite de votre rôle de manager de communauté passera par la confiance. Vous ne serez plus là pour transmettre les ordres de la direction à votre équipe, mais pour créer, développer et animer votre tribu.***

« Le manager va devoir dicter le "quoi" et laisser la liberté du "comment" aux membres de son groupe. Quel que soit leur statut, le manager ne doit plus chercher à contrôler les personnes, mais la valeur de ce qu'elles délivrent. Il lui faudra entrer dans un "pilotage au livrable", guidé par la recherche du résultat », assure Vinciane Beauchene, directrice associée au Boston Consulting Group (BCG). Pour cela, le manager du futur devra rythmer l'organisation du travail sur des temps plus courts.

> ***Pas question de laisser la tribu en roue libre pendant six mois et de relever les compteurs à la fin. « L'équipe doit travailler de manière autonome sur des cycles plus rapides et délivrer de la valeur de manière itérative », complète la consultante.***

* Gérer les responsabilités plutôt que le pouvoir

« Les managers du futur auront peu de pouvoir mais beaucoup de responsabilités. Ils ne seront pas ceux qui décident mais ceux qui appuient et assument les décisions », prévient Thibault Le Texier, chercheur associé au Centre européen de sociologie et de science politique de la Sorbonne.

> ***Vous devrez donc passer (si ce n'est déjà fait) du statut de roi du silence, construit sur la croyance que la rétention d'information constitue le socle du pouvoir, à celui de roi du dialogue.***

« Le job du manager sera d'animer et d'apporter la contradiction au sein de sa communauté pour accoucher d'une décision, ajoute le chercheur. À lui ensuite de porter le projet auprès du N+1. Il est responsable de la décision collective de l'équipe, même en cas de désaccord avec la direction. »

La seconde façon est de fixer des objectifs suffisamment clairs pour que le travail de l'équipe suive le bon cap ! Et enfin, il sera essentiel de prévoir des moments de rencontre informels, même à distance, pour laisser l'information circuler entre les membres de votre équipe.

* Professionnaliser la relation à distance

Le travail du futur se fera toujours plus hybride, combinant présentiel et télétravail, au bureau, à domicile, dans des tiers-lieux, en espace de *coworking*, en France, à l'étranger... le tout agrémenté d'une bonne dose de *flex office*. Conséquence : « Les meilleurs managers seront ceux qui seront capables de jongler entre les objectifs à court et moyen terme, gérer les moments où les membres de l'équipe se voient ou pas, les temps où ils travaillent de visu ou à distance. Il leur faudra professionnaliser leur gestion de tous ces modes asynchrones », observe Emmanuelle Joseph-Dailly, coautrice du livre *Les Talents cachés de votre cerveau au travail* (Eyrolles).

> ***Une façon de le faire dès aujourd'hui est d'organiser ce travail asynchrone via des plateformes de partage de l'information, tel Google Docs par exemple : chacun réfléchit dans son coin, mais le résultat est immédiatement accessible à tous.***

* Booster sa curiosité

Désormais (et encore plus dans le futur), rien n'est permanent sauf le changement. Tout s'accélère et les expertises sont rapidement obsolètes. « Le manager de demain sera celui qui sait tenir sa curiosité et celle des autres en éveil. Il lui faudra apprendre à apprendre », insiste Isabelle Rouhan, dirigeante de Colibri Talent et autrice de *Emploi 4.0. Quels métiers pour réussir la transformation technologique ?* (Atlande). Entretenir votre culture générale et considérer que vous avez toujours quelque chose à découvrir pour rester au niveau seront vos atouts fondamentaux.

> ***« Plus que jamais, le manager va aussi devoir devenir un expert en gestion du temps, car il lui faudra mener de front sa réflexion stratégique et son apprentissage permanent, tout en restant en empathie avec ses équipes », précise Vinciane Beauchene, du BCG.***

* Accepter l'imprévisible

On l'a vu avec la crise du covid qui, du jour au lendemain, a imposé une nouvelle organisation du travail et une révision totale des stratégies : l'imprévisible est devenu la norme. L'une des clés du management de demain résidera dans la capacité à ne pas chercher à tout prévoir, mais à « encaisser » les aléas en se transformant au gré des circonstances. Pas si simple, car notre cerveau déteste le manque de repères. Pour économiser ses ressources, il préfère nettement fonctionner par automatismes. Pour contrer ce réflexe, vous devez vous entraîner au quotidien à les déjouer. « Certains actes quotidiens, en apparence anodins, améliorent la plasticité du cerveau. Par exemple, changer d'itinéraire le matin, explorer un sujet inconnu, ouvrir un bouquin au hasard », illustre Emmanuelle Joseph-Dailly, directrice prospective chez Julhiet Sterwen.

> ***C'est ce qu'on appelle la sérendipité, la capacité à trouver ce qu'on ne cherche pas, et qui signifie surtout que vous êtes disponible à la nouveauté.***

* Rebondir sur un échec

Un projet qui n'aboutit pas ? Un produit qui ne trouve pas son marché ? Une présentation qui foire ? Pas grave !

> ***Le droit à l'erreur commence aujourd'hui à être admis dans les entreprises. Demain, il vous faudra vous l'autoriser, mais aussi aller encore un cran plus loin en considérant vos échecs comme une étape normale d'un processus de travail.***

Pour cela, un petit effort s'imposera. Notre cerveau ayant tendance à ne retenir que le négatif, il va falloir lui apprendre à positiver un peu pour faire mieux et différemment la prochaine fois. « On n'inverse pas ses biais cérébraux, mais en avoir conscience permet de progresser et de les atténuer après coup. Le manager du futur devra se connaître lui-même sur le bout des doigts », recommande Emmanuelle Joseph-Dailly.

> ***Après un échec, ne vous dites plus que vous avez raté votre vie : demandez-vous plutôt ce qu'il vous a appris.***

* Coacher son cerveau

Pour renforcer sa capacité d'adaptation à l'imprévisible, entraîner son cerveau à dépasser ses premiers réflexes sera l'une des clés du management de demain. « Savoir comment son cerveau fonctionne vous évitera notamment de tomber dans les biais de confirmation, qui consistent à chercher dans le réel la preuve de ses propres croyances », insiste Emmanuelle Joseph-Dailly. Exemple ? Imaginez qu'un candidat se présente en retard à un entretien de recrutement. Vous penserez probablement qu'il manque de sérieux. Si vous ne forcez pas votre cerveau à sortir de cette croyance, vous allez pister dans ses propos et ses attitudes tout ce qui confirme votre idée. Au risque de passer à côté de ce qu'il vous dit... et peut-être d'écarter un candidat hors pair.

> ***Apprendre à dissocier vos décisions de vos impressions est un art tout en subtilité !***

* Admettre la vulnérabilité

Autre conséquence de la fin de votre posture de manager expert, il vous faudra probablement accepter de reconnaître vos limites, voire de demander de l'aide.

> ***Il est temps de tomber le masque du manager omniscient et infaillible.***

Rassurez-vous, cette nouvelle posture ne sera pas un aveu de faiblesse ou la marque de votre incompétence. Elle pose au contraire les bases d'un management plus égalitaire entre vous et vos collaborateurs, et d'autant plus efficace : dans son ouvrage *Le Pouvoir de la vulnérabilité* (Trédaniel), la psychologue Brené Brown confirme que l'authenticité du manager, capable d'exposer ses faiblesses, renforce la confiance de ses collaborateurs et lui permet de créer sur le long terme des liens plus solides.

* Écouter tous les feed-back

Dans le même esprit, apprenez à solliciter les feed-back de vos collaborateurs, pairs et supérieurs, et même de ceux avec qui vous ne vous entendez pas bien.

> ***« Par exemple, proposer un entretien de départ avec les collaborateurs qui quittent le navire permet d'identifier ce qui a coincé dans votre relation et ce que vous auriez pu améliorer », recommande Emmanuelle Joseph-Dailly.***

Et Pierre-Antoine Balu, de PwC France, de conclure : « C'est certes très dur de donner et de recevoir ce retour, mais c'est indispensable pour porter une entreprise davantage basée sur l'authenticité. » Autrement dit l'élément clé du management de demain... et peut-être d'aujourd'hui.

LE CHIFFRE

18 mois !

C'est, d'après l'OCDE (Organisation de coopération et de développement économique), la durée de vie actuelle d'une compétence technique. Ce délai passe même sous la barre des trois mois dans le monde de la tech, où l'obsolescence des compétences n'est plus un tabou. « Les *hard skills* restent essentielles, mais face à la digitalisation, l'intelligence artificielle et l'automatisation, elles seront moins indispensables », prévient Isabelle Rouhan, présidente de l'Observatoire des métiers du futur et du cabinet Colibri Talent. En cause : la cohabitation homme/machine, qui entre dans un nouveau cycle et qui va faire l'effet d'un tsunami sur les formes de travail. « Nous nous trouvons dans une période intermédiaire qui a commencé en 2010 et s'achèvera vers 2030 avec l'apparition de nouveaux métiers dont nous n'avons pas encore l'idée, nécessitant de nouvelles compétences », renchérit Boris Sirbey, cofondateur de Collectiv Z et du Lab RH. Que vous soyez salarié, cadre ou manager, jeune ou senior, préparez-vous à voir vos acquis bouleversés. Il va non seulement falloir continuer à vous former, mais aussi renforcer un socle de métacompétences à la fois transversales, cognitives et comportementales. Elles seront vos seules armes durables pour évoluer et progresser dans le monde de demain.

Les mots

DE DEMAIN...

Apprenance

L'obsolescence des compétences est programmée : dans dix ans, 40 à 60 % des offres d'emploi concerneront des métiers qui n'existent pas encore[1] et, d'ici à 2025, la moitié des employés devront renouveler leurs compétences, selon une étude d'octobre 2020 du Forum économique mondial. « En 2017, l'OCDE affirmait que la durée de vie des compétences, estimée entre dix et trente ans avant 1990, était tombée à environ six mois dans certains métiers de l'informatique et cinq ans dans des secteurs plus traditionnels, comme la comptabilité », détaille Michel Barabel. Conséquence : le salarié du futur devra se former en permanence, au risque de devenir inemployable. Et cultiver pour cela ses qualités de transformation – et non plus seulement d'adaptation. Parmi lesquelles figurent les 4 C : esprit critique, créativité, communication et collaboration. Et bien sûr, sa « learning agility » ou « capacité d'apprenance », c'est-à-dire l'attitude individuelle face à l'apprentissage, qui sera la clé de tout le reste.

Fluidité

Selon une étude d'Opinionway pour Horoquartz, 29 % des salariés français et 39 % des moins de 30 ans aimeraient mener deux activités professionnelles de front. De nouvelles formes de travail « intermittent » se développent et le CDI cessera bientôt d'être l'eldorado. « Si 90 % de la population active est actuellement en CDI avec un seul employeur, ce chiffre va descendre à 40 ou 50 % avec des individus qui vont combiner différentes activités professionnelles, rémunérées ou non, pronostique Michel Barabel, à Sciences Po. Les entreprises devront devenir des écosystèmes ouverts à des coopérations plus ponctuelles et éphémères. » Le manager sera amené à parcelliser les tâches et à animer un collectif « hybride », formé de collaborateurs réguliers, de clients, d'étudiants, de consultants, de freelances... et de quelques salariés en CDI. Les frontières des entreprises s'ouvriront ainsi à la « fluidité des talents » : « Organisées autour de petites équipes autonomes, elles iront chercher les ressources et les compétences nécessaires à différents endroits, notamment sur des plateformes externes de freelance, de crowdsourcing appliqué à l'open innovation ou de partage de ressources », explique Vinciane Beauchene.

---

1 Données tirées de l'étude « Reskilling, Upskilling, and Workplace Learning for Industry 4.0 », publiée par la société new-yorkaise CGS en 2020.

CHAPITRE

3

Net, algorithmes et vidéo :

LES PROCHAINS SCÉNARIOS DU RECRUTEMENT

(Julie Krassovsky, Charlotte de Saintignon et Valérie Froger)

Logiciels de tracking, recruteurs indépendants, entretien sous forme de jeux en ligne… Voici venue l'ère des recruteurs et des candidats augmentés. Pour le meilleur ?

Rappelez-vous : il y a une quinzaine d'années, seuls quelques cabinets de recrutement ayant pignon sur rue détenaient de solides bases de données d'offres d'emploi et de profils de candidats. Aujourd'hui, plus de 700 millions de membres s'affichent sur la plateforme LinkedIn, les sites d'emploi fleurissent au côté des cabinets de chasseurs de têtes, eux-mêmes concurrencés par une armée de recruteurs indépendants et le développement exponentiel des CVthèques en ligne… Passés au crible des machines, les profils comme les curriculum vitae des candidats livrent une énorme masse d'informations à des recruteurs le nez rivé sur leurs nouveaux outils digitaux. « Désormais, ce n'est plus l'information qui a de la valeur mais bien son exploitation », explique Jean-Ghislain de Sayve, directeur régional de Hunteed, une plateforme digitale de recrutement externalisé qui assure le lien entre des recruteurs indépendants et des missions proposées par des entreprises. Joséphine Mpaka, recruteuse de gestionnaires administratifs, de commerciaux et de responsables fonciers, passe parfois par cette entremise, mais assure aussi son *sourcing* de candidats avec son propre logiciel. Un ATS (*applicant tracking system*) qui filtre automatiquement les profils en fonction de critères qu'elle prédéfinit, comme la zone géographique et les années d'expérience. Comme elle, Léa Vayrac, basée à Barcelone, recrute pour la France dans le domaine de la finance. Payée « au succès », lorsque le recrutement du candidat est effectif, la jeune femme arpente sans relâche les réseaux. « LinkedIn est une vraie mine d'or pour les candidats passifs. Je n'achète aucune fonctionnalité, je me sers juste de la recherche par mots-clés puis je contacte directement les professionnels que j'ai repérés », explique-t-elle.

* Trier encore et toujours

Dans ce recours aux algorithmes, qu'est-ce qui prime ? Le nom ou le prestige d'une école semblent moins compter que d'autres données tangibles comme l'expérience et les postes occupés. Mais ne croyez pas pour autant qu'un CV truffé de mots-clés trompera les logiciels de tri des employeurs ou des plateformes d'emploi. « Les machines savent maintenant très bien reconnaître un langage écrit et construit », confirme Arnold Zephir, data scientist et cofondateur de Prévision.io.

> ***Constamment en quête d'efficacité et de rationalité, les recruteurs tentent encore et toujours de dégotter la perle rare. Comme l'écrit Emmanuelle Marchal, directrice de recherche au CNRS et spécialiste du recrutement, « en tant que professionnels, ils mobilisent des outils censés réduire l'incertitude sur la qualité des profils. »***

De fait, alors que le nombre de candidatures pour chaque poste augmente, excepté dans des secteurs en tension comme l'informatique ou la production, le décalage s'accroît entre profils et prérequis en raison des exigences mêmes des recruteurs. « Aujourd'hui, les entreprises regardent l'employabilité de la personne, sa capacité à comprendre très vite les projets de l'entreprise. Il faut un retour sur investissement rapide », explique Karim Cherif, associate partner chez Magellan Consulting, qui intervient auprès des directions des ressources humaines de grands groupes. Pour éviter le *turn-over*, les employeurs cherchent à le prévoir. Là encore, les algorithmes sont appelés à la rescousse. « À partir de deux variables, on peut évaluer la durée espérée du candidat dans le poste à pourvoir : son historique personnel et les données du marché de l'emploi dans lequel il évolue », confie Arnold Zephir.

> ***Ainsi « profilés », les candidats peuvent-ils toujours tirer leur épingle du jeu ?***

Le sociologue du travail Laurent Duclos, chef de projet Ingénierie de parcours et stratégie d'accompagnement à la Délégation générale à l'emploi et à la formation professionnelle (DGEFP), tempère :

> ***« Selon la dernière enquête « offre d'emploi et de recrutement » (OFER) du ministère du Travail, l'apparition des plateformes n'a pas radicalement changé la physionomie des recrutements, dont 50 % se font hors ligne. Ce qui est clair, en revanche, c'est le renforcement continu de la sélectivité du marché du travail et ses effets d'évictions, aggravés par le jeu des algorithmes. » D'autant plus que le tri de masse n'est qu'un outil parmi d'autres.***

DES RECRUTEURS
en mode « ambassadeurs TikTok »

Pour repérer les capacités des candidats, le marché du recrutement fourmille d'inventions aussi variées que les recruteurs qui les emploient. Témoin, l'agence d'intérim Synergie qui, en partenariat avec une mission locale, fait jouer, toute une après-midi sur un stade de Corbeil-Essonnes, des équipes de jeunes candidats contre ses propres employés d'agence lors de tournois de foot amicaux... Sur le bord du terrain, les entreprises observent. Faut-il alors s'y montrer plutôt offensif ou collaboratif ? Mystère. En tout cas, les chargés de recrutement mouillent aussi le maillot, comme Melliti Wiem, qui y a participé. Partisane d'une stratégie pour « casser les barrières entre les candidats et les recruteurs », la jeune femme met régulièrement en scène sur TikTok les postes recherchés par son agence. Revêtue tantôt d'un gilet orange comme un manutentionnaire ou d'une tenue de chantier, ses vidéos ont donné des idées à son employeur pour lequel elle assume désormais la casquette d'« ambassadrice TikTok ». Aujourd'hui, pour aller chercher les candidats, il faut partager le même terrain de jeu. Quitte à s'y perdre un peu parfois.

* Jeux en ligne et recherche de personnalités

Pour optimiser leur processus d'embauche, les entreprises y ajoutent d'autres méthodes : tests, mises en situation, challenges avec la mise en compétition de plusieurs candidats autour d'un sujet.

Ces pratiques, qui scrutent l'identité autant que les compétences des candidats, ne sont pas réservées aux postes de cadres ou d'ingénieurs. Loin de là. Les profils moins qualifiés sont aussi regardés à la loupe. L'entretien vidéo préalable en différé s'est ainsi largement répandu, en particulier dans les grandes agences d'intérim. On y analyse non seulement les réponses du candidat mais aussi son élocution, ses réactions face aux questions. Chez Adecco, pas moins de 1200 recruteurs ont été formés l'an passé à de nouvelles façons d'évaluer les candidats. Ces derniers sont invités à participer à des jeux en ligne. Une plateforme dédiée aux recrutements de vendeurs propose ainsi de les mettre en situation. « Il faut concevoir une réponse écrite à une réclamation ou réagir face à un client mécontent joué par l'un de nos consultants, détaille Hélène Fourrier, directrice du Centre de formation d'apprentis Recruter autrement du leader de l'intérim. Dans ce cas, ce qui compte, c'est moins la justesse de la réponse apportée par le candidat que l'appréciation de qualités "porteuses d'une performance supérieure" ». C'est-à-dire ?

> ***« Les compétences techniques ayant une durée de vie de douze à dix-huit mois, nous devons nous concentrer sur les* soft skills *», précise-t-elle. La recherche de ces compétences douces, liées aussi bien à la posture du candidat qu'à son « savoir-être », conduit à des pratiques de recrutement bien particulières.***

Ainsi, chez R-PUR, une start-up qui commercialise des masques antipollution, le cofondateur Matthieu Lecuyer s'est inspiré des méthodes de la Silicon Valley pour mettre au point son propre parcours de recrutement. Après sélection sur CV, chaque candidat a une semaine pour imaginer et produire une vidéo sur un thème donné (il peut se faire aider). Il doit aussi se prêter à une étude de cas spécifique, qui reprend généralement une situation déjà vécue au sein de l'entreprise. Enfin vient l'entretien ponctué de questions destinées à capter « l'expression d'une personnalité ».

> ***Fini le temps du « Êtes-vous chasseur ou cueilleur ? ». Ce type de questions a vécu. Pour estimer la capacité de vulgarisation du candidat, on lui dira plutôt : « Je suis ton grand-père, explique-moi simplement le bitcoin... »***

La question « Dans une équipe de foot, à quel poste joueriez-vous ? » renseigne, elle, sur la place que vous vous donnez au sein d'un groupe. Ou encore : « Sur une île déserte, vous emportez trois choses, lesquelles ? » Ici, pas de bonne ou de mauvaise réponse (de l'eau ou *Le Petit Prince*, de Saint-Exupéry ?), comme le précise l'entrepreneur : « Rien n'est rédhibitoire. C'est un dialogue qui permet au candidat de répondre et d'expliquer ses choix. » La limite, pour le chercheur Laurent Duclos, « c'est que l'on ne sait pas bien de quoi cela parle. Cette recherche de "personnalité" est plutôt le symptôme d'un dysfonctionnement généralisé du process de recrutement. Cela impacte d'autant plus les anciennes normes d'intégration dans le travail qui font désormais s'opposer le potentiel au métier. »

DEUX NOUVELLES RUBRIQUES DANS LE CV DU FUTUR

Existence digitale

La mention du nombre de *followers* sur le CV n'est plus une anomalie. Afficher l'étendue de son réseau, sa capacité à toucher une communauté, est devenu un atout, notamment dans les secteurs de la communication, du marketing, de l'informatique ou des nouvelles technologies. Sur les plateformes, les loisirs et le travail se mélangent. Les candidats s'affichent en ligne, soignent leur image et en font parfois un relais professionnel utile. De leur côté, les recruteurs observent. 80 % d'entre eux consultent les différents profils des candidats avant de les rencontrer, selon une étude menée par LiveCareer, un site de conseil en rédaction de CV.
Les *digital natives* ne s'y trompent pas. Comme Samuel Benmoussa, étudiant en licence dans le domaine du design et de la mode. Présent sur Instagram depuis huit ans et seulement trois mois sur LinkedIn, le jeune homme a déjà déniché trois stages auprès de stylistes ou de directeurs artistiques *via* le réseau. « Je passe beaucoup de temps à suivre les stories de professionnels dont le travail me plaît. Ils me suivent parfois en retour et "likent" mes photos. L'entretien se fait ensuite, mais en réalité il n'est pas décisif. »

Mad skills

Ces compétences « folles », ou hors du commun, remplacent progressivement la case « expériences personnelles et hobbies ». « Les *mad skills*, ou compétences folles, sont en train de se développer », constate Isabelle Rouhan, fondatrice du cabinet de recrutement Colibri Talent. Elles sont même devenues la norme dans la Silicon Valley, où leur cote est au zénith pour satisfaire les besoins de recrutement des start-up. Une chance si vous avez un petit côté artiste, sportif, slasheur ou nomade, car les entreprises vont *a priori* s'arracher ce genre de talents. Pourquoi ? Parce qu'un musicien qui joue en groupe sait mieux gérer l'intelligence collective, qu'un pro de l'escalade détecte plus naturellement les situations à risque, qu'un slasheur est habitué à piloter dix mille choses à la fois. Ces nouvelles compétences feront la différence, car elles amènent un vent de fraîcheur dans vos briefs, font surgir des associations d'idées surprenantes ou des liens prometteurs entre des *data* en apparence éloignées.
« L'originalité sera un atout dans le futur du travail. Les managers ont intérêt à s'entourer dès à présent de ces profils atypiques », conseille Olivier Fronty, cofondateur de l'entreprise de design cognitif Human Matters. Reste encore à convaincre les services RH et les entreprises d'accueillir ces personnalités « out of the box ». Une frilosité qui ne devrait pas durer !

CHAPITRE 4

Faire équipe
AVEC LES ROBOTS

(Laura Makary, Charlotte de Saintignon et Valérie Froger)

Robots, chatbots, cobots…, ils sont déjà parmi nous et vont se multiplier dans les années à venir. Mais c'est à nous, humains, de décider quelle place nous voulons leur donner.

Les chiffres sont étonnants : plus de la moitié des Français auraient davantage confiance en un robot qu'en leur manager, selon les résultats de l'étude Oracle et Future Workplace de 2019. En Inde, en Chine, au Japon, aux Émirats arabes unis, les employés seraient même plus des trois quarts à le penser. De nombreux secteurs vivent déjà d'immenses chambardements, avec des logiciels toujours plus pointus, basés sur des masses colossales de données et des intelligences artificielles capables de les trier, de les sélectionner et d'en tirer toutes les applications possibles et imaginables. Du *chatbot* en pleine conversation avec les clients d'une marque de distribution au robot en chair synthétique et en métal présent sur les lignes de production, les technologies sont déjà là et ne vont faire que progresser dans les prochaines décennies. De quoi changer durablement les relations de travail dans l'entreprise et le métier des managers. Voici trois cas de figure pour comprendre comment se préparer aux évolutions à venir.

* Mon collègue est une machine

Nous sommes en 2050. À l'atelier, Marc est le seul salarié de son équipe. Du moins, le seul salarié humain ! Ses collègues sont des robots avec qui il réalise les différentes opérations, se répartissant le travail comme s'il était entouré d'autres êtres vivants.

Ce type d'organisation a déjà un nom : on parle de cobotique, une collaboration entre un humain et une machine pour une tâche donnée.

Caroline Granier est chargée d'études à la Fabrique de l'industrie. Avec sa collègue doctorante, Anne-Sophie Dubey, elle a justement écrit une étude nommée « Collaborer avec la machine, quels changements pour l'opérateur ? ». Ce cas de figure leur donne évidemment du grain à moudre. « L'ambition de la cobotique est de prolonger le geste de l'humain, de réduire la pénibilité physique du travail, en jouant le rôle d'outil. Il n'est pas question ici de remplacer l'humain, mais de compléter ses compétences. L'humain a alors une capacité décisionnelle, une plus grande agilité, tandis que le robot dispose d'une précision et d'une dextérité supérieures », analyse Anne-Sophie Dubey.

Comment s'y préparer ?

En mettant en place dès aujourd'hui un management résolument tourné vers l'humain. Pour Marc, l'omniprésence des cobots sur la chaîne lui évite d'avoir à réaliser des tâches pénibles, de soulever des charges lourdes ou de s'aventurer sur les opérations d'une grande minutie. En revanche, cet opérateur du futur se retrouve seul parmi des machines, privé de toute possibilité de se faire des amis au travail.

C'est donc sur ce point qu'il faudra rester attentif, confirme Caroline Granier : « Si le robot peut être doté de capacités cognitives qui se veulent proches de celles de l'humain, il n'a pas de *soft skills*, c'est-à-dire d'empathie ni de capacité à bavarder avec ceux qui l'entourent. Cela transforme forcément les relations de travail sur une chaîne de montage. L'entreprise devra veiller à mettre en place des pauses, des lieux de réunion et d'échanges entre salariés. L'humain n'est pas fait pour travailler toute la journée sans aucune interaction. Ces choix de management faciliteront l'adoption de ces nouvelles technologies. »

* Mon collaborateur est un robot

Marie est manageuse. Son équipe est composée à la fois de salariés humains, mais aussi de robots et d'intelligences artificielles capables d'avancer comme personne sur les dossiers. Moins visibles que dans les usines ou les chaînes de montage, l'apparition des robots dans les bureaux provoquera un bouleversement profond du contenu du travail. Selon une étude de la société OpenText, un Français sur quatre est prêt à partager l'*open space* avec un robot, à condition qu'il le décharge de tâches administratives et redondantes. C'est justement l'objet de certaines intelligences artificielles. Depuis 2016, Thomas Solignac dirige la société Golem.ai qu'il a créée. Nous sommes ici au cœur de son métier. « Nous traitons les documents et les e-mails. Il s'agit de la source d'information la plus massive dans les entreprises aujourd'hui. Notre intelligence artificielle automatise la lecture de textes. Par exemple, vous recevez un appel d'offres de 1000 pages : notre IA va en extraire les infos clés, pour déclencher des décisions business immédiates. Ainsi, le salarié va passer 75 % moins de temps sur ces documents », détaille-t-il. Les commerciaux gagnent alors en efficacité, tout en restant aux manettes, grâce à ces assistants surpuissants.

Comment s'y préparer ?

En adoptant une répartition concertée des tâches entre humains et machines. Pas question de tout déléguer à son ordinateur. Pour le manager, il faudra choisir avec intelligence les tâches à confier aux machines et celles qui resteront dans le giron humain.

> ***78 % des Français ont peur d'être un jour remplacés par une IA ou un robot, selon un sondage réalisé par l'entreprise Botnation, spécialisée dans les chatbots.***

« Pour éviter ces peurs et réduire le risque de rejet, je pense qu'il faut traiter l'IA justement comme un nouveau collègue. Elle doit être "onboardée", accompagnée. Pour comprendre son rôle, on doit clairement décider ce que l'on va lui donner à faire ou non », acquiesce Emmanuel Françoise, fondateur de Bot-nation. Demain, ces technologies ultrapratiques seront omniprésentes dans la vie de bureau. Il faudra apprendre à s'appuyer sur elles pour avancer toujours plus vite, plus efficacement. « Je rappelle que lorsque l'on a introduit Word, certains ont détesté l'expérience dans un premier temps ! Ils ne voyaient pas ce que cela pouvait leur apporter et trouvaient le logiciel trop compliqué.

> ***Pour que la technologie soit employée intelligemment, les utilisateurs doivent être formés à son usage, comprendre ses limites et exercer leur pouvoir de décision sur l'outil.***

C'est comme un marteau : s'il n'est pas bien manipulé, on peut se faire mal », pointe Serena Ivaldi, chargée de recherche à l'Inria, qui étudie la collaboration homme-robot. En somme, les mettre en place là où elles peuvent nous faire gagner du temps. Et garder la main sur ce qui nécessite une sensibilité humaine.

* Mon chef est un algorithme

Pierre est salarié. Son N+1 est un logiciel : il lui affecte des missions, lui cale ses réunions importantes, lui ajoute des tâches, suit l'avancement de ses dossiers, répond à ses questions. Et va jusqu'à le sanctionner s'il n'atteint pas ses objectifs ou fait des erreurs. Un enfer dystopique digne d'une science-fiction ?

Les jalons de ce possible avenir se posent dès maintenant. Hatim Chahdi est ingénieur et docteur en philosophie, spécialisé dans l'intelligence artificielle. L'an dernier, il a créé la start-up AXI Technologies, qui vise à proposer des solutions basées sur l'IA pour améliorer les process des entreprises. À ses yeux, il y aura toujours malgré tout un humain derrière le logiciel : « Un manager d'une équipe de 10 personnes, demain, pourra gérer 100, voire 1000 salariés grâce à l'IA qui lui permettra de faire le suivi, de communiquer automatiquement avec ses équipes, de comprendre leurs envies, sans être nécessairement présent. Le manager sera là pour fluidifier la discussion. »

Assister le manager, d'accord. Le remplacer totalement, Patrice Cailleba, professeur de sciences humaines et sociales à Paris School of Business, docteur en philosophie et auteur d'une étude sur la responsabilité dans l'IA, n'y croit pas : « On ne verra jamais dans un contrat de travail écrit noir sur blanc que le chef direct est le programme X07. Cela remettrait en cause le principe de relation de subordination. Il faut toujours un responsable humain. En revanche, une IA peut évaluer des tâches, les dispatcher, et en contrôler l'exécution. C'est ce qui se passe déjà à petite échelle, et l'on ne fait qu'avancer dans ce sens. » Attention toutefois à l'excès de froideur et de mécanisme dans les feed-back et les notations.

> ***Certains exemples existent déjà en 2021 : chauffeurs ou passagers, les usagers d'Uber reçoivent des messages automatiques et peuvent être « exclus » si leur note tombe sous un certain seuil.***

« Dans ce cas, il s'agit de la politique fixée par les dirigeants de l'entreprise, pas par un ordinateur ! Que cela soit fait automatiquement ou par une personne qui appuie sur un bouton, le résultat est le même. Dans l'imaginaire collectif, nous voyons l'IA avec une image robotique, qui évoque le grand remplacement, comme dans *Terminator*, le film de James Cameron. En réalité, l'IA n'exécute rien hors de son cadre », tempère Thomas Solignac, de Golem.ai.

> ***Toutes les dérives viendront de l'humain et non de la technologie.***

Comment s'y préparer ?

En assumant ses décisions sans se cacher derrière une machine. Comme l'affirme Catherine Simon, consultante en stratégie dans les nouvelles technologies et spécialiste de la robotique : « Il faut garder de l'humain dans la relation de travail. 80 % de notre expression est non verbale, nous restons des êtres sociaux. L'IA peut nous aider, selon nos directives, à gérer des données, mais la relation humaine reste essentielle dans le travail. Nous devons préserver notre rapport au corps et au monde physique, veiller à ne pas tomber dans un monde virtuel modélisé, contrôlable, simplifié. Nous ne pouvons pas être réduits à des données numériques. » Pour elle, il faudra trouver un équilibre, profiter de l'utilité des technologies, sans sombrer dans ces dérives. Mais dans tous les cas, c'est toujours nous qui fixons le cap.

> ***À nous de décider de la place qu'on laissera à la machine. Pour ainsi ne jamais basculer du côté obscur de la science-fiction !***

SOIGNEZ LES COMPÉTENCES que les robots n'ont pas !

Dans le monde de demain, il faudra composer avec des métacompétences qui réunissent créativité, pensée critique, curiosité et originalité. En un mot : tout ce que les robots sont incapables de faire !

Faites briller votre intelligence émotionnelle

La persuasion, la compréhension, l'empathie, la communication..., voilà bien d'autres compétences « douces » qui vous différencieront des machines et de la *data* ! Selon le Forum économique mondial (The Future of Jobs Report 2018), l'intelligence émotionnelle (IE) sera une, si ce n'est LA compétence managériale clé des prochaines années. « Il va falloir mobiliser les équipes et donner du sens à leurs actions. Le leadership sera essentiel pour inspirer, mobiliser et porter le groupe », prévient Isabelle Rouhan. Toutes les aptitudes qui permettront de donner confiance à ses collaborateurs, d'offrir un cadre sécurisant à son équipe et d'encourager la cohésion vaudront de l'or.

Cultivez votre créativité

Dans un monde dominé par une intelligence artificielle sans saveur, les zestes de créativité seront eux aussi bienvenus. « Les personnes créatives s'adapteront plus facilement à un environnement de travail combinant machines et humains. Elles seront aussi plus aptes à imaginer de nouvelles opportunités de produits ou de services et à innover », explique Manuelle Malot. Cette qualité, on ne peut plus humaine, permet de s'éloigner des schémas de pensée dominants, ouvre à de nouvelles alternatives et invite à disrupter les modèles. Si vous possédez déjà ce supplément d'âme, tant mieux, il vous sera très utile. Sinon, pas de panique, la technique du *storytelling* vous aidera à apporter un peu de fantaisie à vos projets stratégiques... et de sens au travail de vos équipes, qui comprendront mieux le pourquoi de leur action.

LES MOTS DU FUTUR

« Bionique »

Être remplacé par une intelligence artificielle ou un robot. C'est une crainte partagée par 78 % des Français, selon une enquête menée en juin 2021 par Botnation, plateforme spécialisée dans la création de *chatbots*, ces logiciels conversationnels. « D'ici dix à vingt ans, chacun d'entre nous possédera son "double digital" qui l'aidera dans sa vie quotidienne ou au travail », estime Michel Barabel, directeur de l'executive master RH de Sciences Po Paris. Ces « cobots » (robots collaboratifs) devraient progressivement s'emparer des tâches répétitives, permettant aux humains de se concentrer sur les interactions, la créativité et l'innovation. « Mais l'avenir lointain appartient au bionique, c'est-à-dire à une technologie au croisement entre l'électronique et le vivant », affirme Vinciane Beauchene, directrice associée du Boston Consulting Group. Doté de superpouvoirs électroniques, le salarié de demain « combinera les qualités humaines et la technologie pour générer de meilleurs résultats », poursuit-elle. Bonne nouvelle, la part humaine de cet individu augmenté garantira, selon l'experte, « une utilisation éthique des algorithmes ». Ouf !

« Humanagement »

Dans ce futur *high tech*, l'humain devra retrouver une place originale. Proposé par Gary Hamel, professeur à la Harvard Business School et directeur du Management Lab, laboratoire de recherche sur les pratiques managériales innovantes, le concept d'« humanagement » pose les bases d'une entreprise adaptée aux exigences de la révolution tech à venir. Place à l'autonomie et à la responsabilisation des salariés, destinés à renforcer leur créativité et leur sens de l'initiative. Comment ? « Moins de *top down*, un fonctionnement en mode subsidiaire – des décisions prises au plus près du terrain – et le droit de désobéir pour le bien de l'entreprise », détaille Charles-Henri Besseyre des Horts, professeur émérite à HEC Paris. Et d'expliquer : « Les *business models* qui ont aujourd'hui vocation à se développer reposent de plus en plus sur la prise d'initiative, la mobilisation de la subjectivité et de la créativité de chacun. Le management doit contribuer à créer des conditions permettant aux collaborateurs d'être créatifs et autonomes dans leurs décisions. » Merci les cobots !

CHAPITRE

5

Termitière, circulaire, autarcique :

QUEL SERA LE NOUVEAU VISAGE DE VOTRE BOÎTE ?

(Bruno Askenazi)

La bonne vieille entreprise pyramidale avec postes fixes sera-t-elle bientôt supplantée par d'autres formes d'organisation ? En voici cinq qui ont de l'avenir.

Angoisse du réchauffement climatique, boom des travailleurs indépendants, généralisation des technologies numériques, pression croissante des « citoyens-consommateurs »... Les entreprises ne sont pas imperméables aux grands mouvements de société. Dans trente ans, le capitalisme aura vraisemblablement changé de visage. Le modèle dominant d'entreprise, celui d'une structure pyramidale hébergeant des salariés en poste et tournée uniquement vers l'accroissement du chiffre d'affaires et des profits, sera-t-il encore majoritaire ? Nul ne le sait. Mais dès aujourd'hui, des modèles alternatifs émergent, proposant de nouvelles façons de s'organiser, de produire, de partager le pouvoir ou d'être acteur dans la crise climatique. Voici cinq pistes pour explorer le futur des entreprises.

* L'entreprise réseau

La pandémie l'a démontré : les activités de services, de conseil ou de création sont en mesure de fonctionner 100 % en distanciel. La voie ouverte à la multiplication des « entreprises réseau ». Leur principe : un noyau de dirigeants qui, au lieu de recruter, ne travaille qu'avec des freelances, chacun étant expert dans son domaine. « Je peux ainsi faire appel à des compétences que je n'aurais jamais eu les moyens d'embaucher », témoigne Pauline Lahary, qui collabore avec une soixantaine d'indépendants (designer, graphiste, chef de projet…) pour développer depuis 2014 sa start-up, myCVfactory, spécialisée dans le coaching en recherche d'emploi.

> ***En puisant, selon ses besoins, les ressources dans un vivier d'indépendants, la structure dispose d'un maximum de souplesse pour répondre à l'évolution de son activité. L'autre avantage est d'avoir accès aux compétences les plus « à jour » du moment, grâce aux plateformes virtuelles.***

Pourquoi on va y venir ?

> ***La tendance paraît inéluctable : dès 2027, plus de la moitié des travailleurs américains seront freelances, selon une étude d'Edelman Intelligence/Upwork.***

« Le principal défi pour l'entreprise réseau, souligne Sophie Serratrice, associée People & Organisation de PWC France et Maghreb, sera de créer un attachement avec ses compétences externalisées, par exemple en donnant accès à des formations. » Car les talents les plus courtisés sont aussi les plus volatils !

Et encore plus tard ?

> ***L'entreprise réseau pourrait évoluer vers un modèle de « termitière » fonctionnant en « stigmergie ». Ce terme désigne un mode de coopération indirect : les individus communiquent entre eux en modifiant leur environnement.***

En clair, chacun travaille dans son coin en apportant sa contribution, le plus souvent écrite, au projet commun. Les réunions ne sont utilisées qu'en dernier recours. « L'entreprise pourrait ainsi s'adapter au rythme et au style de vie de chacun et non l'inverse », explique Alexandre Beaussier, directeur associé du cabinet SBT Human(s) Matter. Ainsi fonctionnent les termitières : la trace hormonale laissée par un insecte stimule l'action d'un congénère. Transposé en entreprise, ce modèle éviterait de perdre trop de temps à discuter en remettant la culture de l'écrit au premier plan. Mais un futur de termite, ce n'est pas le rêve.

* L'entreprise autogouvernée

Le modèle pyramidal serait-il à bout de souffle ? Considéré comme une machine à démotiver par nombre de chercheurs en management, il a en particulier l'inconvénient de brider la capacité d'adaptation des entreprises, alors qu'un futur chaotique se profile... À l'encontre de cette rigidité *pre-mortem* se créent des organisations où les employés agissent comme des entrepreneurs et autodéterminent leur travail.

> ***Ainsi en est-il de l'holacratie, un mode d'organisation où les entreprises se dotent d'une « constitution » et où chacun se voit attribuer un périmètre d'action et une réelle autonomie.***

« En étant responsabilisés, les salariés mettent plus d'énergie dans leur travail, qui prend un vrai sens », précise Bernard Marie Chiquet, fondateur de l'Institut iGi, spécialiste du management constitutionnel. Appelé « cercle », chaque service évolue comme une entité autonome. Les managers sont toujours là, mais ils ne donnent pas d'ordres. Ils mettent de l'huile dans les rouages, comme chez Enerfip, plateforme de financement participatif dédiée aux énergies renouvelables (22 personnes), fondée sur ce modèle. « On laisse chaque cercle se responsabiliser, les personnes les plus concernées ayant les meilleures idées pour mener leur barque. Avec ce système, les problèmes se résolvent d'eux-mêmes sans que la direction impose quelque chose », explique Léo Lemordant, président cofondateur d'Enerfip.

Pourquoi on va y venir ?

Adopté par plusieurs centaines d'entreprises à travers le monde, ce fonctionnement améliore la souplesse de l'organisation face aux incertitudes. Mais il a aussi l'avantage de combler la quête de sens des salariés, qui passe notamment par le sentiment d'autonomie et la liberté d'initiative.

> ***Enfin, en garantissant le partage du pouvoir, le capitalisme constitutionnel agit comme un frein efficace à la financiarisation des économies. En ce sens, l'holacratie n'est pas sans rappeler le modèle coopératif, en plein renouveau.***

Dans les 3500 sociétés coopératives ouvrières de production (Scop) françaises, participatives et éthiques par nature, le pouvoir et le capital appartiennent aux salariés. Un modèle d'avenir, selon Rémi Roux, cofondateur et dirigeant d'Ethiquable, « parce qu'il colle à cet appel urgent de transition vers un monde plus humain et plus responsable ».

Et encore plus tard ?

Dans ce modèle d'entreprise participatif, les indicateurs de performances ne seront plus seulement économiques. Ainsi le cabinet SBT Human(s) Mater mesure l'« agentivité » des salariés, c'est-à-dire leur capacité à agir sur leur environnement, à le transformer et à l'influencer, par opposition au rôle de marionnette dévolu aux salariés dans un modèle pyramidal. Plus cette agentivité est élevée, plus les capacités d'évolution de l'entreprise sont fortes. Et donc sa performance.

* L'entreprise ONG

Dans son projet de rapport 2022, le Giec (Groupe d'experts intergouvernemental sur l'évolution du climat) alerte sur les menaces que fait peser le réchauffement sur la vie humaine, plaidant pour une transformation radicale des processus et des comportements à tous les niveaux : individus, gouvernement… et entreprises. Les sociétés à mission sont peut-être un modèle précurseur en la matière.

> ***La loi Pacte de mai 2019 instaurant ce statut permet à des entreprises d'afficher dans leur « raison d'être » des engagements dans le domaine social et environnemental, auxquels elles ne peuvent se soustraire par la suite.***

La société à mission fait l'objet périodiquement d'un contrôle par un organisme indépendant. Depuis janvier 2020, Faguo, marque française de baskets (100 salariés), fait partie de ces acteurs économiques qui veulent se rendre utiles au-delà de leurs objectifs financiers. Mesure et réduction des émissions de CO_2, promotion d'un habillement éthique, lutte contre la surconsommation… La marque s'engage également à compenser son impact carbone en plantant un arbre à chaque paire achetée. Elle a aussi reçu le label international B Corp, qui répond à une série d'exigences sociétales et environnementales, de gouvernance et de transparence envers le public. Le début d'une génération d'entreprises « politiques » ? « Nous sommes à mi-chemin entre une ONG et une société capitaliste », résume son président cofondateur, Nicolas Rohr, qui n'a rien d'un rêveur, en rappelant que « Faguo ne touche aucune subvention publique, tout en affichant 20 % de croissance annuelle ».

Pourquoi on va y venir ?

Ce modèle est en phase avec l'évolution de la société. Selon une étude récente de la start-up WeNow, pépite de la *greentech*, 75 % des salariés souhaiteraient, par exemple, être formés aux enjeux climatiques.

> ***Et innombrables sont les études reflétant les attentes des salariés et des consommateurs en faveur d'une entreprise responsable sur le plan éthique et environnemental. La prise de conscience gagnera inévitablement les sphères dirigeantes… dans l'avenir !***

Et encore plus tard ?

> ***À plus long terme, les organisations ne se contenteront pas de réduire ou neutraliser leur impact environnemental. Elles devront avoir une empreinte positive.***

Cette entreprise régénératrice fonctionne de manière altruiste, en rendant à la société et à la planète un surplus par rapport à ce qu'elle prélève à l'environnement. Par exemple, une entreprise qui produirait des matériaux absorbant le CO_2, responsable de l'effet de serre. Ou une autre qui aiderait ses fournisseurs à développer leurs ressources au-delà de ses propres besoins. Ce modèle, proche de l'économie circulaire, rejoint celui prôné par Sylvain Breuzard, PDG de Norsys, inventeur de la « perma-entreprise ». Un modèle inspiré de l'agriculture bio, fondé sur trois principes : prendre soin de la planète et des hommes, maîtriser son prélèvement de ressources en limitant sa propre croissance et distribuer systématiquement son surplus. La démarche se différencie par son approche globale qui agit à la fois sur les problématiques humaines, d'emploi et environnementales.

* L'entreprise autarcique

Confrontée à une main-d'œuvre d'indépendants toujours plus volatile, l'entreprise du futur pourrait bien être amenée à chouchouter au maximum ses collaborateurs pour retenir les meilleurs et les rendre plus productifs. D'où la tentation, peut-être, de les mettre sous cloche pour mieux les surveiller, comme dans la série britannique des années 1960, *Le Prisonnier*... Se profilent ainsi des entreprises-cités fonctionnant en mode quasi autarcique.

Pourquoi on va y venir ?

En réalité, on y est déjà ! En Corée du Sud, la Digital City de Samsung regroupe 40 000 salariés, près de Séoul. On y trouve terrains de sport, cours de langue – auxquels il est fortement recommandé de participer –, salles de fitness, garderies, restaurants, commerces...

Sur son campus californien, Google met également tout en œuvre pour garder sous la main ses employés le plus longtemps possible et les rendre plus performants.

> ***Dans ce système en circuit fermé, les salariés, forcément « corporate », deviennent dépendants de leur employeur, et donc moins enclins à le quitter.***

Et encore plus tard ?

On peut nourrir quelques fantasmes dystopiques, comme dans les séries *Trepalium* ou 3 %, où une poignée de privilégiés vivent à l'écart d'une humanité misérable.

> ***Curieusement, ce modèle autarcique rappelle aussi l'une des premières formes du capitalisme, le paternalisme, pratiqué au XIXe siècle dans l'industrie et les mines. La boucle est bouclée !***

* L'usine à la demande

Il y aura toujours des usines chargées de fabriquer de gros volumes de composants ou de produits semi-finis. Mais, pour tout un pan de l'industrie en contact avec les utilisateurs finaux, l'avenir sera peut-être à « des usines hyperflexibles, conçues pour fournir à la demande une grande diversité de produits et de modèles », anticipe Max Blanchet, directeur exécutif industrie 4.0 chez Accenture Strategy.

Oubliées les lignes d'assemblage, place aux stations de travail qui, à chaque étape, recevront les éléments dont elles auront besoin grâce à un système d'approvisionnement intelligent, relié à des entrepôts automatisés.

Pourquoi on va y venir ?

Parce que la technologie évolue en ce sens. Grâce au numérique et à la généralisation de l'impression 3D, les usines de demain sauront répondre en quelques minutes à des demandes très spécifiques du client : rajout d'ingrédients, format personnalisé, couleur originale…

> ***Bienvenue dans l'ère de l'usine à la demande.***

Et encore plus tard ?

L'industrie du futur sera constituée de micro-unités de production situées en point de vente ou à proximité des consommateurs. Vous irez par exemple acheter votre vélo électrique chez l'imprimeur 3D du coin.

> ***Ce modèle n'est pas sans rappeler… l'économie du Moyen Âge, où chaque territoire était maillé d'artisans capables de produire de façon autonome tous les produits de subsistance élémentaires. Un retour aux sources !***

Rassurer, assumer et… donner du sens

Se soucier du bien-être des collaborateurs est devenu une évidence pour nombre de managers : comment favoriser la coopération au sein de l'équipe ? Comment entretenir le moral des troupes et barrer la route au sexisme ? Sans verser dans un illusoire « bonheurisme », voici quelques pistes pour cultiver un management plus humaniste. Et plus respectueux de la planète aussi. Car, à l'heure du réchauffement climatique, travailler sans tenir compte de notre impact écologique est devenu anachronique !

TEST

Découvrez quel « soft power »

SOMMEILLE EN VOUS

(Gaël Le Bellego)

Exploiter ses compétences douces, c'est bien. Mais pour cela, il faut déjà les connaître. Faites ce test[1] pour savoir quelle corde sensible ajouter à votre arc pro.

Vous êtes concentré, un collègue se met à lire fort un Topito rigolo :

- Vous restez concentré.
- « On devrait faire un Topito hebdo dans notre boîte ! »
- Vous souriez poliment.
- Le Topito porte sur les pires comptines pour enfants, vous en cherchez d'autres.
- « Ah, ah, merci, mais je bosse. »

La chose que vous ne supportez plus dans cette boîte :

- Son manque de culot.
- Les non-dits.
- La réunionite.
- Le plan-plan.
- Les coups bas.

Votre verbe d'action préféré :

- Féconder.
- Communiquer.
- Inventer.
- S'affirmer.
- Résoudre.

1 Ce test s'appuie sur le livre du psychologue Christophe Deval, *Soft Skills. 10 séances d'autocoaching pour réaliser son potentiel*, Éditions Vuibert.

En plein *meeting* clients, un frelon asiatique fait *bzzz* dans la salle :

- Paf ! Vous l'éclatez avec votre dossier.
- Après la réu, vous cherchez où est le nid.
- Vous ne le calculez même pas.
- Pour détendre l'atmosphère, vous chantez *Maya l'abeille*.
- Peuh, pas plus dangereux qu'une guêpe !

La ligne de bus que vous prenez pour aller travailler ferme pour travaux :

- Heureusement, l'appli Citymapper est votre amie.
- C'est le moment d'acheter une trottinette électrique.
- Votre petit doigt vous dit que ça ne durera pas longtemps.
- Vous demandez à votre direction plus de souplesse sur les horaires.
- Il faut dire que la voirie en avait besoin.

Paul, le stagiaire, fait une méga boulette :

- Les boulettes forgent la jeunesse.
- Vous vous souvenez des vôtres, lorsque vous étiez stagiaire.
- Vous l'excusez.
- Vous la rattrapez.
- Vous lui offrez une occasion de se racheter.

Coronavirus, réchauffement climatique, krach boursier... Ce collègue de bureau plombe l'ambiance :

- Vous transformez le plomb en or.
- Bah ! Vous êtes indémontable.
- Il serait temps d'envisager une isolation phonique.
- Vous lui offrez des fleurs de Bach.
- « Je vous demande de vous arrêter. »

Le jour de votre entretien annuel, quelle critique redoutez-vous ?

- Une tendance à demander l'avis de Pierre, Paul, Jacques.
- Un côté va-t-en-guerre.
- Un excès de prise de risque.
- Une trop grande directivité, parfois.
- Votre manque de fantaisie.

Vous croisez un collègue dans la rue :

- « Bonjour, bonsoir ».
- Vous papotez.
- Vous lui trouvez bonne mine, comment fait-il ?
- « Il faudrait qu'on se voie, j'ai un truc à te proposer ! »
- Vous en profitez pour lui demander conseil sur un dossier difficile.

Votre boîte est sur le point de lancer un produit disruptif sur le marché :

- C'est Bibi qui a eu l'idée.
- C'est le travail d'une équipe.
- Vous avez fait une étude de marché, il n'y a pas mieux !
- Si seulement c'est vous qui aviez trouvé l'idée ! Mais vous êtes beau joueur.
- Vous préférez le mot « innovant ».

Quelle est votre devise pro ?

- Tous ensemble-e, tous ensemble-e, ouais !
- Il n'y a pas de problème, que des solutions.
- Celui de *Fort Boyard* : toujours plus haut, toujours plus loin !
- La curiosité est un joli défaut.
- Mieux vaut dire que subir.

Les chiffres sont mauvais ce mois-ci :

- Votre responsabilité est engagée, c'est vrai.
- Vous savez comment sortir du pétrin.
- Votre diagnostic était donc le bon.
- Allez, on se serre les coudes.
- Ils seront meilleurs demain.

L'entrepreneuriat, vous y pensez parfois ?

- Pas seulement quand vous vous préparez le matin.
- Oui, d'ailleurs, vous avez déjà une super idée de business.
- Le contact avec les collègues vous manquerait.
- Vous avez déjà tant à penser/imaginer dans votre boîte...
- Le jour où ça n'ira plus ici.

Jacques (N+1) vous propose une pause clope (vous n'êtes pas fumeur) :

- « Non merci, je ne fume pas. »
- « Non merci, je ne fume pas, mais prenons un café. »
- Pas le temps, trop de taf.
- OK mais dehors, vous connaissez un chouette bistrot.
- « La clope tue, Jacques. »

Le *brainstorming* froid du lundi fait perdre deux heures à tout le monde :

- Vous proposez plutôt un *brainstorming* cool du vendredi aprèm.
- Vous mettez la direction en garde contre la « surcharge collaborative ».
- On privilégie Slack, l'espace de travail en ligne.
- Oui, mais vous n'y allez pas.
- C'est vrai aussi que ça resserre les liens.

La première chose que vous faites en arrivant :

- Lire la presse tech sur votre secteur.
- Prendre un café.
- Allumer votre PC.
- Estimer le moralomètre des troupes.
- Vous jeter sur vos e-mails.

Et la dernière :

- Éteindre votre PC.
- Planifier le lendemain.
- Souhaiter une bonne soirée aux collègues.
- Tirer le bon et le moins bon de la journée.
- Ça change tous les jours.

La nouvelle et jeune RH chambre votre collègue Roger (vingt-cinq ans de boîte) sur son âge :

- « Un jour, ce sera toi, le dinosaure. »
- Vous lui rappelez que Roger l'a dépannée en mars sur un dossier.
- Ce n'est pas trop votre problème.
- Vous déposez une crème antivergetures sur son bureau.
- Ça vous peine.

Un *digital native* se moque car vous textotez à un doigt :

- Qu'il ne vienne pas me demander comment s'écrit *in extremis*...
- Vous lui demandez une démo à dix doigts.
- Un cours de morale sur le respect intergénérationnel.
- « Envoies-tu de meilleurs textos en tapant plus vite ? »
- Demain, de toute façon, on les dictera.

Le chef de service se plaint de l'incompétence des autres :

- Il souffre de l'effet Dunning-Kruger[2].
- Vous le félicitez afin d'endormir sa méchanceté.
- Vous fabriquez une poupée vaudoue à son effigie.
- Tant que c'est en face à face sans témoin, vous acquiescez.
- Ça vous passe au-dessus.

2 On compense ses propres insuffisances en se surestimant.

LES PROFILS

SCORES

Comptabilisez vos réponses à chaque type de question (une seule réponse par question).

NOTES

Vous avez...

... une majorité de

Votre *soft skill* est le pragmatisme.

« Le *multitasking*, connais pas. » Vous vous attelez à une tâche jusqu'à son terme, peu importe le temps que ça doit prendre, puis à une autre. Doté d'une grande maîtrise de vous-même, vous êtes « orienté solution ». Un boss en « problem solving » : capable de l'identifier, d'en comprendre les causes et les conséquences en un flash, de saisir sa complexité, de l'affronter avec méthode et de le résoudre en comptant sur toutes les ressources possibles. Voilà qui vous donne un côté « pilote automatique » : en vision tunnel, rien ne peut vous détourner de cette mission. À une époque de zapping et d'hystérie numérique, c'est beau. Quand les autres font d'abord marcher le système limbique et favorisent les réactions à chaud, vous activez le cortex préfrontal et privilégiez les réactions à froid, réfléchies et sans affect. Très autonome, vous en devenez parfois un peu ours. Silencieux, taiseux, rouspéteur. Mais au moins d'humeur égale. Pas de *up and down* émotionnel avec vous. Si votre rigueur vous honore, peut-être faudrait-il tout de même cultiver les relations et perdre ce caractère mercenaire.

... une majorité de 

Votre *soft skill* est la curiosité.

En alerte, la truffe en l'air, vous cherchez toujours à dénicher la petite idée qui vous boostera. À l'origine, il y a cette soif d'apprendre. Des collègues, des clients, de la rue, des tendances... Pour, finalement, apposer votre copyright. Vous ne savez d'ailleurs pas trop d'où ça vous vient, c'est assez mystérieux. De quoi créer une automotivation permanente, un dynamisme comme personne. Vous êtes porté par ces deux atouts : une intuition hors pair et une fraîcheur d'enfant. Donc ne bridez pas votre imagination. D'autant que vous ne vous laissez jamais gagner par le pessimisme. Cet optimisme généreux (mais pas béat) peut parfois vous aveugler, vous faire ignorer un danger. Poussé par votre enthousiasme, vous pourriez aussi désobéir au carcan des règles établies. On ne vous en veut pas trop, car votre créativité est à ce prix. Votre boss le sait : vous êtes du genre à ne compter ni vos efforts ni vos heures.

... une majorité de 

Votre *soft skill* est la vision.

Ce sondage Gallup (2016) vous fera sourire : 82 % des salariés trouvent leurs leaders peu inspirants ! Heureusement, il y a vous. Et ce don : la capacité à voir loin et à imaginer les étapes nécessaires pour y parvenir. Vos valeurs comptent triple : perspicacité, volonté, optimisme et... audace. Les gens agissent sur leur zone de productivité, qui repose sur ce qu'on connaît déjà. Vous agissez sur la zone d'exploration, sur ce qui n'est pas encore connu. En revanche, il vous faut sanctuariser du temps pour réfléchir, fureter, vous perdre. Votre côté *arty* peut en agacer certains, les pragmatiques. Pourtant, vous avez besoin des autres. Pour vous soutenir, pour avancer. Cultivez votre capacité à persuader, à motiver. Enfin, entretenez cette qualité rare : la générativité. C'est-à-dire les dispositions pour guider, donner un cap, en vous souciant de la trace que vous laissez. N'écoutez pas ceux qui vous taxeront de rêveur ou de Forrest Gump. Et répondez-leur par cette citation d'Einstein : « L'imagination est plus importante que la connaissance, car la connaissance est limitée, alors que l'imagination embrasse l'univers entier. »

...une majorité de 

Votre *soft skill* est l'assertivité.

Primo : vous savez exprimer vos ressentis et défendre vos droits avec aplomb. Deuxio : vous parvenez à ne pas empiéter sur ceux des autres ! Vous êtes au cœur du concept du psychologue américain Andrew Salter : l'assertivité. Alors, déjà, vous n'avez pas peur. De quoi ? D'accepter d'aller puiser au fond de vous. Car on découvre ainsi ses forces et aussi ses faiblesses, ses freins, ses moteurs et, surtout, ses émotions. Le psy américain Daniel Goleman parle d'intelligence émotionnelle : par des check-up express, on écoute ses émotions intimes, elles sont notre petite météo. Et plutôt que de les réprimer, vous les exprimez, même si ça vous pousse à reprocher l'attitude ou la décision d'un manager ou d'un collègue. Vous le faites en faisant part de votre déception, tristesse, inquiétude, et, du coup, ça passe. De même, vous avez la capacité, par effet miroir, de repérer les signaux émotionnels faibles chez les autres.

... une majorité de 

Votre *soft skill* est l'empathie.

C'est plus fort que vous : vous aimez votre prochain. Que ce soit la petite dame de la compta ou le grand développeur coiffé en mulet. Mieux, votre bienveillance vous permet de comprendre la réalité de l'autre. Contrairement à la majorité, vous savez voir le monde autrement qu'à travers votre seul prisme. Sensible et altruiste, mais généreux aussi. La chercheuse Jody Aked (qui se dit « designer of happiness », si, si) rappelle que « la générosité est l'un des piliers du bien-être. Donner de son temps, de son énergie est gratifiant ». Ce que vous faites. Prêt à dépanner le collègue en galère, à écouter s'exprimer une colère, une frustration. Pourquoi est-ce une si bonne *soft skill* ? Elle permet de tisser un vrai *networking*, mais aussi de comprendre pourquoi un collaborateur peine, de prédire une attitude ou un conflit, de savoir prendre des précautions oratoires... Abeille dans la ruche, vous aimez soutenir, socialiser, discuter... La limite est là : la com boulimique. À trop demander si ça va et à trop vous montrer collégial, vous ralentissez parfois les décisions. Il faut donc apprendre à vous révéler un soupçon plus perso.

CHAPITRE 1

Le bonheur
AU BOULOT EN DIX CONCEPTS

(Sophie Noucher)

Comment faire naître et maintenir l'envie de travailler ? Une question cruciale pour le moral des troupes, sur laquelle planchent pléthore de chercheurs en management. Le point sur leurs travaux.

La question du bien-être en entreprise est devenue incontournable. Des concepts sociologiques et philosophiques comme la bienveillance, la singularité ou encore l'eudémonisme, qui prône le bonheur comme fin suprême de l'existence, fleurissent dans les études sur le management de proximité. Les sciences cognitives apportent de leur côté de nouveaux éléments sur le fonctionnement du cerveau. Lesquels définissent des attitudes, dites « neuro-amicales », fondées sur le sens et le challenge, mais aussi la sociabilité et le temps long. Tour d'horizon, en dix concepts, des pistes à suivre pour construire un équilibre qui donne envie d'aller au travail.

* Le « happy management »

Après des mois de crise, tous les responsables RH sans exception considèrent que l'un des rôles majeurs de l'entreprise est de s'assurer du bien-être des salariés (étude OpinionWay pour Microsoft France, février 2021). Pour y parvenir, elle peut s'appuyer sur une ribambelle de techniques, parfois critiquées pour leur côté superficiel : bonheur par le jeu, par l'attachement décomplexé (journées « J'aime ma boîte »), par l'effacement des contingences externes (crèches au travail...), voire par le sport.

> ***Alexandre Jost, président de La Fabrique Spinoza, ne considère pas que le « happy management » soit une coquille vide. « Pourquoi refuser ces solutions ? L'organisation interne ou la rémunération sont des leviers plus difficiles à activer. »***

Mais, à l'instar de nombreux chercheurs en sciences sociales, la sociologue Sophie Le Garrec, qui a dirigé le récent ouvrage collectif *Les Servitudes du bien-être au travail* (Erès), estime que ces outils masquent les difficultés liées à l'organisation du travail. « En cas de mal-être, on se focalise sur l'individu, auquel on va apprendre à déployer des stratégies d'accommodation, explique-t-elle. Il va intérioriser sa propre responsabilité sans questionner le management ni l'organisation du travail. » Pour elle, c'est bien cette organisation qui détermine le bien-être des salariés.

* La singularité standardisée

En cinquante ans, la définition du travail a évolué selon trois grands mouvements, explique Sophie Le Garrec. « Jusqu'aux années 1970, le travail s'inscrivait dans un modèle d'identification à un groupe social. Puis, jusqu'aux années 2000, chacun a expérimenté des choix de carrière fondés sur des envies. De nos jours, le modèle est celui de la "singularisation standardisée". » Il s'agit désormais de mettre en avant une personnalité qui se détache du groupe, « en étant dans l'initiative, le dépassement, le "toujours plus et mieux" », tout en restant compatible avec le monde de l'entreprise. « Mais, précise la sociologue, les injonctions à l'authenticité liées à cette conception – "soyez vous-même", par exemple – se heurtent à des attentes très normées dans l'univers du travail. »

* Le bien-être

L'institut national de recherche et de sécurité définit le bien-être comme un « sentiment global de satisfaction [...] qui se traduit par un certain niveau d'efficacité pour l'entreprise. »

> ***La corrélation entre bien-être et productivité a de fait été établie par plusieurs études, dont une de l'université de Warwick (Royaume-Uni), en 2014, qui a estimé le gain de productivité à 12 % chez les salariés bien dans leurs baskets.***

L'un des tests consistait à observer le travail de collaborateurs détendus par rapport à d'autres auxquels on venait de parler d'événements tristes. Le docteur Eugenio Proto, l'un des trois auteurs de l'étude, déclarait à l'époque que les organisations devaient s'efforcer de rendre les environnements de travail « plus sains sur le plan émotionnel ».

* L'expression des émotions

> ***« Depuis les différents confinements, tout salarié peut dire qu'il ne va pas bien. Ce droit à la faiblesse est nouveau », estime Alexandre Jost, de La Fabrique Spinoza.***

Longtemps, le travail n'a été pensé qu'à travers la raison, l'ordre et la rationalité. « À l'inverse, les émotions relevaient de la sphère privée, de la nature, du sauvage », écrit Aurélie Jeantet, sociologue à l'université Sorbonne Nouvelle-Paris 3, dans *Les Servitudes du bien-être au travail*. Dans les usines du XIXe siècle, les ouvriers n'avaient même pas le droit de parler entre eux, rappelle la chercheuse. Or travailler sans exprimer ses émotions a un coût psychique, ce qu'a montré la neurobiologie dans les années 1990.

> ***Depuis, le management a intégré « l'intelligence émotionnelle », qui consiste justement à écouter ses émotions, lesquelles boostent la créativité et l'implication. Cela a permis de voir émerger certains corollaires, comme le droit à l'erreur.***

Pourtant, selon une étude réalisée en 2016 par la Direction de l'animation de la recherche, des études et des statistiques (Dares), un quart des salariés estiment « souvent ou toujours » cacher leurs émotions. Et, selon Aurélie Jeantet, le management émotionnel est un « discours leurrant » : seules certaines émotions sont citées, les autres continuant à être déniées, comme l'irritation, l'angoisse ou le doute.

* Le bonheurisme

La « tyrannie du bonheur », dénoncée par Pascal Bruckner en 2000 dans *L'Euphorie perpétuelle* (Grasset), a gagné le monde du travail : 72 % des responsables RH interrogés par OpinionWay estiment que l'un des rôles de l'entreprise est de s'assurer, en plus du bien-être, du « bonheur des salariés de manière générale ». Soit même en dehors du travail ! La philosophe Julia de Funès fustige ce « bonheurisme » imposé (lire l'interview plus loin) et rappelle que travailler implique de « se concentrer », soit l'inverse de « s'éclater », même si cela n'exclut pas le plaisir.

Pour Sophie Le Garrec, ce « culte du bonheur » a eu l'effet pervers de transformer un état subjectif en* soft skill *! « Ne pas être heureux, analyse-t-elle, devient un stigmate de faillibilité personnelle. »

* L'eudémonisme (*vs* l'hédonisme)

Une équipe de l'école de commerce EM Normandie a scruté à la loupe les missions et le ressenti des divers « managers du bien-être ». Résultat : « Ces fonctions contribuent au bien-être hédonique, rapporte Sabrina Tanquerel, professeure en gestion des ressources humaines. Par des activités de détente, elles procurent du plaisir et permettent de créer des liens. » Le bien-être eudémonique, lié, lui, à la satisfaction du travail bien fait ou à la reconnaissance de ses pairs, est d'un autre ordre. Il fait partie des éléments nécessaires à une « organisation saine », selon les conclusions d'une recherche menée depuis 2012 par Christina Maslach, psychologue de l'université de Berkeley. Selon elle, une entreprise saine offre un travail porteur de sens, des valeurs claires et de la reconnaissance. Évidemment, ces conditions s'appliquent à tous, même aux oubliés du *happy management*, comme les livreurs ou les salariés des centres d'appel.

Aujourd'hui, selon un sondage Ifop pour Philonomist de janvier 2020, 37 % des salariés seraient prêts à gagner moins en contrepartie d'un travail porteur de sens.

* La bienveillance

Selon l'Institut européen pour le développement des relations sociales, être bienveillant, c'est se soucier de l'autre, mais c'est aussi « une forme de volonté permanente que chacun puisse se réaliser, prendre des initiatives, développer son potentiel, au travers d'une relation humaine de qualité ». Cela commence par la politesse, première marque de respect. Le manager doit aussi pratiquer l'écoute active, régulière et constructive (surtout dans les critiques), favoriser l'entraide et être capable de désamorcer les conflits.

La sincérité est évidemment de mise pour établir un lien de confiance, recherché par les salariés : 58 % d'entre eux se sentent liés à leur entreprise au-delà du contrat de travail (sondage Ifop, janvier 2020).

* L'intention managériale

Pierre angulaire de la bienveillance en entreprise, « l'intention managériale » désigne le degré de sincérité du chef d'équipe, mais aussi du top management.

« Le manager de proximité est souvent pris en étau entre des collaborateurs en souffrance et une hiérarchie qui a une vision idéalisée de l'ambiance de travail », estime Sophie Le Garrec. En réalité, selon le rapport de 2016 de la Dares, dernière grande enquête officielle sur les conditions de travail et les risques psychosociaux, un quart des salariés déclarent « faire semblant d'être joyeux » et 30 % disent avoir subi un comportement hostile au cours de l'année précédente ! Lia Bazin, fondatrice du Club des office managers, qui rassemble 3 000 professionnels (responsables des questions administratives ou financières comme de missions RH), explique que les *wellness managers* ne peuvent rien installer de sérieux sans une véritable « intention managériale ». « Par exemple, les rencontres mensuelles avec le N+1, qui sont des moments où l'on n'aborde pas les opérations, sont importantes, précise la CHO. Elles permettent de savoir si le salarié est dans de bonnes conditions pour travailler. »

* L'attitude « neuro-amicale »

Les travaux des équipes de Pierre-Marie Lledo, chef d'unité Perception et Mémoire à l'Institut Pasteur, mettent en lumière les réactions intracrâniennes du salarié comblé et de celui qui se morfond.

« Le cerveau se nourrit de changements et est détruit par la routine, explique-t-il. Libéré des fonctions cognitives répétitives grâce aux nouveaux outils numériques, il peut se concentrer sur la créativité et l'innovation, qui le rendent heureux. Attention cependant à se protéger d'un trop-plein de données qui nous informe sans rien nous faire comprendre. »

Trop d'infos, trop de pression, des délais trop courts nous privent de moments où le cerveau est en roue libre. Or Pierre-Marie Lledo aime à rappeler que les grandes découvertes ont eu lieu précisément lorsque les chercheurs étaient « dans leur bulle » : Newton sous son pommier, Archimède dans son bain… « Aujourd'hui, 250 milliards d'e-mails transitent chaque jour dans une temporalité passé/présent/futur que le digital fusionne, puisqu'il ne connaît que le présent. » À l'inverse, l'attitude « neuro-amicale », la plus confortable pour nos cellules grises, consiste à participer à un projet qui permette de se projeter – c'est la différence avec le plaisir immédiat d'une partie de baby-foot. Elle repose également sur la confiance que fait naître l'autonomie.

* Et la santé dans tout ça ?

« Au-delà du seul bien-être, la santé doit reprendre sa place dans l'entreprise, estime Sophie Le Garrec. Elle devrait être un enjeu managérial central, à la fois comme facteur d'émancipation et comme levier déterminant de la productivité. » La Dares s'inquiète d'ailleurs de son évolution durant la pandémie : entre janvier et mars 2020, elle a diligenté une enquête sur le télétravail et les effets des outils numériques, mais aussi sur les nouvelles « exigences émotionnelles » ou les « conflits éthiques ». Alors que 49 % des salariés interrogés par l'Ifop déclarent agir parfois contre leurs valeurs. Ce questionnement sur la morale est présent dans tous les travaux scientifiques actuels.

Ce besoin de justice sociale a notamment été mis en évidence par le « jeu de l'ultimatum », expérience fondée sur le partage d'une somme d'argent par un groupe de deux personnes. La première doit choisir le montant qu'elle garde et celui qu'elle attribue à l'autre. La seconde doit alors accepter ou refuser l'offre. En règle générale, le partage à 50-50 n'est pas exigé, mais, au-delà de 80-20, les sujets refusent le marché, gagnés par un sentiment d'injustice.

> ***« Cela signifie que le principe de maximisation du profit n'existe pas dans notre cerveau, qui a besoin de collaboration, d'équité et de sens », explique le professeur Lledo. La compassion, l'empathie, le « care » font donc partie de notre cerveau social.***

Moins contraintes que leurs aînées par les modèles sociaux passés, les jeunes générations s'attachent à travailler dans des entreprises qui ne participent pas au réchauffement climatique ou à la destruction des écosystèmes. Preuve que la question du bonheur en entreprise déborde largement du seul cadre de l'*open space*.

TÉMOIGNAGE

Le point de vue de Julia de Funès, philosophe, conférencière en entreprise

Non au bonheurisme !

Courage, clarté managériale, sens de la confrontation : telles sont, selon la philosophe Julia de Funès, les clés d'une vraie bienveillance au travail.

Dans votre livre *La Comédie (in)humaine*, vous dressez un tableau drolatique et assez féroce de l'idéologie bonheuriste en entreprise. Pourquoi, selon vous, est-ce une hérésie ?
Julia de Funès : Parce qu'elle part d'un faux raisonnement : les gens heureux sont plus performants donc, en rendant nos salariés heureux, nous les rendrons plus productifs. Les entreprises qui succombent à cette mode managériale imaginent le bonheur comme un objectif atteignable, recettes à l'appui. D'où la création des *chief happiness officers* et la multiplication des conventions d'entreprise où les salariés sont priés de danser sur la chanson *Happy*... quitte à se sentir coupables s'ils ne jouent pas le jeu ! Le bonheur n'a rien à voir avec cette mascarade et ne devrait en aucun cas constituer l'objectif premier des managers, sous peine de désillusions. Car il s'agit d'un état instable, éphémère, très subjectif. Non seulement il relève de la sphère privée, mais en plus, il est dans sa nature d'être une énigme.

Vous ne croyez pas aux vertus du développement personnel en entreprise ?
J. de F. : Je crois que le travail, quand il a un sens à nos yeux et qu'on dispose de l'autonomie nécessaire pour le mener à bien, est un puissant facteur d'épanouissement. Mais je ne crois pas à tous ces gadgets et gourous qui ont envahi l'entreprise sous couvert de bien-être et de développement personnel. Des smoothies bio à la cafétéria, un baby-foot ou des poufs multicolores pour se reposer, c'est sympa, mais est-ce ce qui donnera un sens à votre journée ? L'invasion de coachs en tout genre n'est pas plus rassurante. Les formations en leadership, par exemple, sont vouées à l'échec, car elles reposent sur une injonction paradoxale : vous serez leader si vous faites ce que je vous dis de faire ! Le risque est grand de standardiser les comportements et d'infantiliser les salariés. On est passé d'un management paternaliste, vertical et autoritaire, à un management infantilisant, mâtiné de bienveillance et de démagogie.

La bienveillance est en effet devenue le nouveau mantra des managers…

J. de F. : Personne ne peut être contre, lorsqu'elle est synonyme d'écoute et de confiance ! Mais, trop souvent, elle ne sert qu'à maquiller une forme de lâcheté verbale et comportementale des managers. Convoquer des armées d'intermédiaires pour annoncer une décision difficile, user de « Soupline langagière » pour ne pas nommer les choses qui fâchent ou faire assumer par l'équipe une décision relevant du N+1 est faussement bienveillant. Le management compréhensif et empathique ne doit pas se confondre avec l'absence de subordination. Certes, il est difficile pour le manager d'assumer son pouvoir, mais la vraie bienveillance suppose du courage, de la clarté et le sens de la confrontation. Comme Socrate pratiquant la dialectique avec ses disciples, il s'agit de prendre en compte les arguments de son interlocuteur et, par le jeu de la contradiction, de chercher ensemble une vérité… Loin du fun ou de la langue de bois qui voudraient faire oublier les difficultés du travail, elle s'incarne dans un dialogue ouvert et constructif pour mieux les surmonter.

Quelles conséquences la crise du covid a-t-elle eues sur le management ?

J. de F. : Elle a provoqué un changement de paradigme : le télétravail est désormais un fait. On ne pourra pas revenir en arrière. Ça nous a fait gagner un temps fou ! Les entreprises se sont retrouvées dans l'obligation de lâcher prise sur la surveillance et le contrôle. Le télétravail agit comme un tamis : la théâtralité de la vie en entreprise s'efface, on ne voit plus que le résultat. Et le management s'est adapté en devenant plus direct : les process se sont assouplis, la durée et le nombre des réunions ont été divisés par deux, les slides ont disparu comme par miracle… On a laissé moins de place à la pantomime et à la comédie humaine, et plus à la confiance et à l'autonomie du salarié.

Pour pas mal de salariés, le télétravail semble quand même devenu synonyme de l'enfer…

J. de F. : Le télétravail en temps de confinement ne peut pas servir de référence ! Le télescopage des sphères privée et professionnelle a pu en effet créer un sentiment de panique. Il a aussi amplifié des inégalités sociales préexistantes : logement, fracture numérique… Mais le développement des *coworkings* pourrait en partie pallier ces difficultés. Et elles ne doivent en aucun cas masquer la fantastique soupape que représente désormais le recours possible au télétravail. Alterné avec des jours de présence en entreprise, je reste persuadée qu'il favorise le bien-être et l'efficacité des salariés. Il permet un gain de temps en évitant les transports, de l'autonomie, puisqu'on devient maître de son organisation, et favorise une libération psychologique. Dans les entreprises sans murs opaques ni bureaux fermés, le sentiment d'être visible en permanence nous oblige à une « représentation » qui accapare notre énergie et nous épuise. Loin de cette théâtralité, il est plus facile de se concentrer !

Mais, à rester trop éloigné du théâtre de l'entreprise, ne finit-on pas par se demander si notre travail a toujours un sens ?

J. de F. : Ce questionnement est naturel pendant la pandémie : à quoi est-ce que je sers, puisque le pays – ou l'entreprise – peut se passer de moi ? Cette catastrophe a eu le mérite de remettre en place une certaine cartographie : on a vu quels étaient les métiers utiles et nécessaires, utiles et non nécessaires, non utiles et non nécessaires… Mais la crise de sens préexiste à cet épisode. Pour résister à la concurrence, les entreprises n'ont cessé de techniciser leurs fonctions, ce qui a conduit pas mal de salariés à ne plus comprendre le sens de leur action : la technique est un moyen, mais pas une finalité en soi ! C'est pourquoi les entreprises à mission sociale ou environnementale se révèlent si attirantes : elles redonnent du sens en consentant à n'être qu'un moyen au service d'autre chose qu'elles-mêmes. Travailler à distance a aussi obligé beaucoup d'entre nous à réinterroger la place accordée au travail. En revenant au centre du foyer, il s'est domestiqué et, en quelque sorte, désacralisé. La vie a repris le dessus. Ma génération et les précédentes tombaient souvent dans le piège qui consiste à envisager le travail comme la finalité ultime. La vie était ce qui « restait » une fois le travail fini. Il ne devrait pourtant être qu'un moyen parmi d'autres au service de la vie.

CHAPITRE

2

Fédérer son équipe
AUTOUR D'UN PROJET

(Gaël Le Bellego)

Pour forger un collectif, il ne suffit pas d'additionner les personnalités. Tout l'art d'un chef de projet consiste à faire émerger et à cultiver l'envie de relever ensemble un défi.

En 2003 à Auckland, puis en 2007 à Valence, l'équipe Alinghi remporte la Coupe de l'America, la régate la plus difficile au monde... avec un équipage de marins d'eau douce, venus des rives suisses du lac Léman ! « Ils n'avaient ni le plus gros budget ni la meilleure techno, mais ils ont gagné », raconte Thierry Picq, directeur de l'innovation d'EM Lyon Business School et auteur de *Manager une équipe projet* (Dunod, 2016). Porté par un leader visionnaire, Ernesto Bertarelli, cette team de 100 personnes a compensé son manque d'expérience par une cohésion à toute épreuve. En réunissant marins expérimentés et jeunes loups audacieux. Et en construisant sa confiance dans des compétitions mineures en amont de la « vraie » course. Saurez-vous révéler le potentiel de votre équipe ?

* Favoriser la coopération

« Pour souder une équipe, on ne peut pas se contenter de fixer un enjeu », souligne Alain Duluc, consultant chez Cegos. Le défi doit être difficile mais accessible. Le but étant, selon Thierry Picq, d'EM Lyon, de « stimuler la focalisation » : « Il faut que le temps et les énergies se concentrent sur un objectif unique. Sous la contrainte, on devient solidaire. Le projet répond à une logique de convergence, où chacun met son expertise au service du collectif. » Alain Duluc renchérit :

> ***« Plus que collaborer, on coopère. On ne s'en tient pas à ce qui est exigé, mais on va faire ce qui est utile à tous. »***

* Trouver la bonne distance

La cohésion ne se décrète pas. Mais elle se travaille. « Pour fluidifier la communication au sein de l'équipe, le chef de projet doit se montrer franc et direct, pour installer un climat d'honnêteté et de confiance », souligne Thierry Picq. Il faut aussi qu'il trouve la « juste distance » pour tenir son monde :

> ***« Piloter un projet, c'est gérer des équilibres. Se montrer disponible, sans asphyxier l'équipe. Si vous êtes trop près, le groupe se sentira fliqué. Trop loin, vous perdez l'opérationnel. »***

À vous de jouer le trait d'union entre les métiers et de traduire les impératifs de chacun en un langage commun.

* Se projeter dans l'avenir

À l'échéance du projet, surtout ne pas relâcher vos efforts ! Avec le démarrage, le bilan est l'autre moment clé d'un projet. « La phase de retour d'expérience est parfois négligée, regrette Thierry Picq. Il faut prendre le temps de dresser un bilan. Valoriser et remercier les collaborateurs, montrer le profit à tirer d'une erreur. » Pour Alain Duluc, « ce bilan vaut autoévaluation collective. L'équipe elle-même observe l'écart éventuel entre l'objectif et la réalité, les difficultés, les ratages… » L'idée, c'est bien sûr de se projeter, déjà. Et de donner à chacun l'envie de se réinvestir !

* Se nourrir de ses erreurs

Pour que la « mayonnaise prenne », des règles sont à observer. La première étant que chacun doit servir à quelque chose. Se sentir utile, avec un périmètre d'action clair, pour ne pas empiéter sur celui du voisin, nourrit un sentiment d'appartenance au groupe. « La qualité des échanges est cruciale, précise Thierry Picq. On ne doit pas éprouver de l'anxiété à l'idée de se parler au sein de l'équipe ou entre leader et collaborateurs, a fortiori en cas de difficultés. La peur du conflit, d'être mal compris ou rejeté freine le développement du projet. » L'expert suggère deux astuces.

> ***« Sur un projet long, il faut adopter la stratégie des petites victoires, les* quick wins, *en saluant les résultats d'étape. Et cultiver l'esprit* test and learn *: en cours de projet, ne pas hésiter à faire un essai, à arrêter un scénario pour en tenter un autre. Il faut bannir la notion d'échec ou tout du moins s'en nourrir pour progresser. »***

TÉMOIGNAGE

« Le rôle du manager est de proposer un récit. »

(Pierre Blanc-Sahnoun, coach de dirigeants et fondateur du cabinet White Spirit)

Dans quelle mesure un projet permet-il de développer la cohésion d'équipe ?

Pierre Blanc-Sahnoun : Il relie des personnes autour d'une histoire, avec des difficultés, des succès, des valeurs et un espoir partagés. Nous sommes des êtres relationnels. Le projet favorise et honore notre appétit du lien avec l'autre, développe la solidarité et le dépassement. Quand la cohésion prend, on a l'impression que le travail avance seul, comme un surfeur sur la vague. Mais attention, la magie peut se briser et l'expérience tourner au cauchemar.

Quelles sont les règles à observer pour éviter un tel fiasco ?

P. B.-S. : D'évidence, le projet doit être intéressant ! S'il s'agit de réécrire une vague procédure, les énergies ne se mobiliseront pas. Il faut que les objectifs permettent à chacun de s'élever. L'équipe doit être fière de relever ce défi.

Quel rôle, précisément, doit jouer le leader ?

P. B.-S. : Cadrer au départ et donner un cap. Mais aussi créer un espace de sincérité et de sécurité, que chacun se sente libre de s'exprimer et même de contester. Le manager doit respecter les règles classiques du leadership : l'équité, l'exemplarité... et le courage ! Par exemple, en protégeant son équipe de la « contrôlemania » du siège social et de ses exigences de reporting à outrance. Il doit être un ambianceur aussi, un griot ou un storyteller : plutôt que de jouer le prof qui donne des devoirs, son rôle est de proposer un récit, d'amener l'équipe à construire sa légende.

Comment peut-il y parvenir ?

P. B.-S. : D'abord, en communiquant souvent : des réunions courtes, debout ou mobiles, au café (et en évitant les longs tunnels qui plombent une demi-journée). Ces rendez-vous flash étranglent les problèmes à la naissance. Le manager doit aussi donner de l'oxygène. Laisser son équipe s'organiser et ne pas se montrer directif. Le manager est un chef d'orchestre, et pas un homme-orchestre. L'idée, c'est de garder un niveau élevé d'énergie au sein de l'équipe. Et que les collaborateurs s'éclatent !

Quels sont les bénéfices du mode projet pour les collaborateurs ?

P. B-S. : L'équipe est un lieu d'échanges et de débats, de négociations constantes. C'est un espace de construction identitaire : on grandit, on gagne en souplesse et en tolérance. C'est stimulant aussi : les autres vous font bouger, remuent vos certitudes. Enfin, on a le plaisir de sentir qu'on appartient à quelque chose de plus grand que soi.

Et quand sonne l'heure du bilan, comment le manager doit-il procéder ?

P. B-S. : Avec des bouteilles ! Il faut faire la fête, dès lors que l'équipe a tout donné. Même si le projet n'a pas réussi. Une équipe qui ne se plante pas a pris zéro risque. Il faut tirer les leçons d'un échec et repartir. Après le baby blues de la fin de projet, il y a une nouvelle aventure !

De petites attentions

POUR AMÉLIORER L'AMBIANCE DE VOTRE ÉQUIPE !

Pour améliorer l'ambiance dans votre team, rien de tel que de faciliter le dialogue et de donner du sens au travail. Voici quelques outils simples pour faire de vous un bon « chief happiness officer ».

Et si vous deveniez le *chief happiness officer* (CHO) de votre team ? Pas simplement pour cultiver votre côté comique à paillettes, mais avec une réelle ambition humaniste : renforcer les liens au sein de votre équipe et le plaisir à travailler ensemble. « Le travail et la convivialité se nourrissent l'un de l'autre », explique Amélie Motte, CHO de la Fabrique Spinoza, think tank du bonheur citoyen, et coautrice de *La Boîte à outils du chief happiness officer* (Dunod, 2018). Les clés du mieux-vivre sont diverses. En voici cinq, particulièrement faciles à mettre en place.

Favoriser la sérénité

Préconisée par Amélie Motte, la « météo interne » est un baromètre d'humeur qui évalue le niveau d'énergie de chacun, au début et à la fin de chaque réunion. L'idée consiste à partager son état émotionnel avec l'équipe. Chacun a une minute pour raconter où il en est ce jour-là, comment il se sent, quitte, s'il est gêné ou timide, à utiliser les métaphores météo : grand beau temps, nuageux, orageux, pluvieux... Pour l'efficacité de l'exercice, nul commentaire n'est permis. Mais l'effet sur la communication dans l'équipe est excellent.

Apprendre à se connaître

Connaît-on son chef ? Son collègue ? Sait-on qui fait quoi dans le bureau d'à côté ? Créer un sentiment d'appartenance est capital pour donner du sens à ce que vous faites. Le manager a un outil épatant et ludique à sa disposition : la photo. L'agence de communication numérique Fullsix organise ainsi depuis trois ans un événement qui rencontre un beau succès : les « selfies de l'Avent ». Chaque jour, durant le mois précédant Noël, les salariés sont invités à découvrir un collaborateur mystère à partir d'un indice envoyé par e-mail. Le premier qui prend un selfie avec lui a gagné ! La réponse et le nom du vainqueur sont partagés avec l'ensemble de la boîte dès le lendemain, toujours par e-mail, accompagnés d'une présentation du collaborateur dévoilé. Un défi qui a rapproché les employés, à la cantine, dans les couloirs... Songez également à *shooter* votre *team* en pleine action et à afficher les photos aux murs. Histoire de piquer la curiosité et de provoquer des conversations.

Susciter l'écoute

L'écoute est essentielle à l'amélioration de la coopération au sein de votre équipe. Pour l'amener à développer cette compétence cruciale, rien de tel que l'improvisation théâtrale : « Impossible de construire une scène sans écoute. Improviser, c'est s'appuyer sur les propositions de l'autre, le laisser dérouler son idée et redémarrer à partir de là », analyse Sophie Clouet, responsable commerciale chez CSP-The Art of Training. Cette passionnée de théâtre anime en interne des ateliers d'improvisation ouverts à tous, pour affiner son écoute, déceler les intentions de l'autre, apprendre à y réagir par le dialogue.

Chez CNP Assurances, c'est un jeu de Lego, version « sérieuse », qui a permis à un groupe de salariés de se prêter mutuellement attention. Magali Noé, *chief digital officer* de la compagnie, avait pour mission de réagencer un open space où travaillaient 12 collaborateurs. « Chacun avait sa vision, ses envies, ses besoins... Il fallait rapprocher les points de vue en limitant les frictions. » En proposant aux salariés de représenter leur mobilier et leurs activités par des pièces de Lego, la CDO a permis à chacun de prendre conscience des attentes des autres. Et d'en tenir vraiment compte.

Multiplier les petites attentions

Un thé et un croissant (sans gluten) posés sur votre bureau le matin, une invitation au spa reçue par e-mail la veille du week-end, un apéro surprise après une négo réussie... Mais qui donc vous couvre de ces petites attentions ? Votre ange gardien ! Chez Sagarmatha, agence de communication interne, les dirigeants maintiennent bien vivante une tradition qui remonte à l'époque de la création de l'officine : « Pour amener les collaborateurs à prendre soin les uns des autres, on compose des binômes "secrets". Chacun devient l'ange gardien d'un autre, sans le lui dire, évidemment ! » explique Alban Hugonnet, le directeur général. Organisée durant un mois, au moment des fêtes de fin d'année, l'opération consiste à trouver ce qui ferait plaisir à votre « protégé ». Et à exaucer son désir... sans vous faire démasquer.

Valoriser les talents cachés

Maurice retape de vieux gréements, Valérie est bassiste dans un groupe punk, Adèle fait de la cuisine moléculaire... « Valoriser le talent d'un salarié hors de sa sphère pro lui procure un sentiment de plénitude. Il exprime une autre facette de lui-même », assure Amélie Motte. Vous pouvez aussi vous inspirer du concept TEM (Talents en mouvement). Chez Axa, cette association interne promeut les talents artistiques des collaborateurs en organisant depuis dix ans concerts, expos et rencontres. Désormais, les managers eux-mêmes incitent les salariés à s'y inscrire pour montrer leurs créations.

CHAPITRE

3

Dire « non »
AU SEXISME

(Sylvie Laidet et Eva Mignot)

Comment favoriser la mixité et la parité au sein de votre équipe ou de votre boîte ? Les outils et les bons usages ne manquent pas. Il suffit d'y ajouter un zeste de bonne volonté.

Revoir de fond en comble vos méthodes managériales pour privilégier un climat *women friendly* n'est pas indispensable. Des outils simples, comme la mise en place de grilles de salaires claires, la traque des stéréotypes ou l'exemplarité en matière de congé parental, peuvent suffire pour faire briller, indépendamment du genre, les femmes et les hommes de votre staff. Il faut seulement les utiliser...

* « Dégenrez » vos titres

Vous avez un poste ouvert dans votre équipe ? Prenez garde à ne pas « genrer » l'offre d'emploi que vous envoyez.

« En lieu et place de "directeur" ou "directrice", indiquez "poste de direction", conseille Viviane de Beaufort, professeure à l'Essec et fondatrice des Women Essec Executive Programmes. Cela ouvre les possibles et évite de décourager les femmes. » En réunion, mettez tout le monde sur un pied d'égalité en appelant chacun par son prénom ou par son nom.

* Traquez le sexisme ordinaire

Chez Sarenza, tout le monde est invité à faire la chasse aux formulations utilisées mécaniquement par les femmes, qui sous-estiment leur importance ou celle de leurs tâches : « On demande par exemple à une femme qui déclare "J'ai un petit dossier à terminer" si elle s'est rendu compte de l'emploi du mot "petit" », illustre Hélène Boulet-Supau, directrice générale.

Un feed-back permanent qui permet aux femmes de mieux se valoriser au quotidien. Chez ce spécialiste de l'e-commerce, on interroge aussi régulièrement les femmes qui travaillent dans des équipes très masculines afin de savoir si elles ne sont pas victimes de blagues ou de propos sexistes. Objectif : sanctionner systématiquement les paroles et comportements inadéquats, comme le souligne la dirigeante : « Nous souhaitons que chacun puisse être soi-même librement sans craindre les agressions. »

* Soyez un père exemplaire

Quand ses jumeaux sont nés, Thibault de Saint-Simon, directeur de la communication d'Aviva France, n'a pas hésité à prendre les dix semaines de congé parental offertes (et payées) par son employeur. Un signal envoyé à son équipe composée de 6 hommes et de 14 femmes.

« Le fait que des hommes partent aussi en congé lors de la naissance d'un enfant est bien perçu, notamment par les femmes, qui y voient la réduction d'un biais cognitif, argumente-t-il. Le congé maternité, qui peut se révéler un facteur de discrimination dans une carrière, est en quelque sorte partagé. »

Pour lui, cela éveille aussi les hommes à la réalité de l'arrivée d'un bébé et donne l'opportunité aux équipes en poste de monter en compétences en se répartissant la charge de travail du parent absent. À ce jour, 68 % des collaborateurs concernés ont posé ces dix semaines. L'un des membres de l'équipe s'apprête d'ailleurs à en profiter.

* Accompagnez les maternités

« Ah, tu es enceinte ? Concrètement, tu pars quand ? » ou « Ah oui, super, mais ça tombe mal »... Voilà typiquement le genre de phrases à bannir si l'une de vos collaboratrices vous annonce sa grossesse.

Catherine Bonneville-Morawski, dirigeante du cabinet de conseil en mixité Eragina, invite au contraire à féliciter la future mère, à prendre régulièrement de ses nouvelles, mais aussi à l'impliquer dans la mise en place de son remplacement : « Calez un rendez-vous avec elle pour parler de ses dates de départ et de retour, ainsi que de l'organisation de son poste durant son absence. » Indispensable pour que votre staff féminin envisage un congé maternité en toute sérénité.

Certaines entreprises proposent à leurs managers de s'appuyer sur une charte de la maternité pour tenir un discours adapté, expurgé de tout propos discriminant, même involontaire.

* Proposez des formations

C'est après avoir suivi le programme Women in Leadership que Marion Auvieux a osé se porter candidate à un poste de manager.

« J'ai appris à analyser mes propres freins et à les dépasser. Cette formation m'a également permis d'identifier ce qui me conviendrait le mieux dans ma carrière. J'ai découvert que j'avais les mêmes compétences que les hommes et qu'il fallait se lancer », résume cette jeune manager commerciale de BNP Paribas Real Estate.

Après sa formation, elle est mentorée par un membre du comex, qui l'incite à se poser les bonnes questions et à surmonter ses réticences. Résultat : en 2017, Marion postule et, en 2018, devient manager. Convaincue du bien-fondé de ce type de formation destinée aux femmes, elle envisage d'y inscrire deux de ses collaboratrices.

* Fixez des grilles de salaires transparentes

C'est souvent dès l'embauche que les différences de rémunération entre femmes et hommes apparaissent. Certaines entreprises veillent donc au grain en amont.

« Avant toute proposition salariale pour une nouvelle recrue, une commission interne vérifie que l'offre est en phase avec nos grilles de salaires, alignée sur le salaire des hommes et ceux pratiqués au sein de l'équipe », explique Caroline Elbaz, DRH d'Oracle (éditeur de logiciels). Si une candidate restreint ses prétentions, la moyenne de la grille salariale les réajuste à la hausse. L'écart salarial entre femmes et hommes est ainsi passé de 24 à 16 %.

Chez Hays, la question ne se pose pas. Dans ce cabinet de recrutement, à poste équivalent, les femmes sont payées exactement comme les hommes.

> ***Ici, pas d'augmentations individuelles, qui ont tendance à favoriser les hommes, ces derniers n'hésitant pas à demander beaucoup… et obtenant ainsi plus que leurs collègues femmes.***

Les évolutions salariales se font au mérite et en toute transparence : « À chaque niveau d'avancement correspond un salaire fixe et un pourcentage sur commission identique et connu de tous, explique Oualid Hathroubi, directeur. Pour franchir les paliers et évoluer en interne, il suffit d'atteindre un certain chiffre d'affaires. » Bref, à travail égal, salaire égal.

* Jouez à repérer les stéréotypes

Unifaf, le fonds d'assurance formation de la branche sanitaire, sociale et médico-sociale, mise sur le jeu pour éveiller les consciences à la mixité. La moitié des salariés a ainsi participé au jeu en ligne « Quel collègue êtes-vous ? », développé par Tell me the truffe. « En quinze minutes et neuf questions, ce test de personnalité fait prendre conscience des notions et usages auxquels nous devons porter attention pour créer les conditions d'une réelle égalité professionnelle », explique David Herz, cofondateur de cette agence de communication et de formation spécialisée dans le handicap et la diversité. Les questions ? « Quand deux femmes collègues vont déjeuner ensemble, quelle pensée vous vient à l'esprit ? » ou « Un homme qui prend un congé parental, pour vous, c'est… », par exemple. À l'issue du parcours, les esprits les plus mûrs décrocheront le titre de « super collègue », matérialisé par un drapeau ou un badge accolé à leur profil sur l'Intranet, ou par le partage d'un statut sur les réseaux sociaux.

> ***De quoi amorcer le débat et détendre l'atmosphère.***

* Réorganisez le temps de travail

> ***Fini les réunions avant 9 heures ou après 18 heures ! Pour éviter de pénaliser davantage les femmes, qui assurent encore majoritairement les sorties d'école et l'essentiel des tâches ménagères, certaines entreprises comme Sarenza permettent à leurs salariés de refuser les réunions trop matinales ou trop tardives.***

« C'est un principe qu'il faut clamer haut et fort si l'on veut que les collaborateurs s'autorisent à dire non », affirme Hélène Boulet-Supau. Pour gérer les horaires de réunion, Schneider Electric en appelle à la responsabilité de chacun. Quand des conférences ont lieu tard le soir avec les États-Unis ou tôt le matin avec l'Asie, des contreparties sont instaurées. « On a autorisé le télétravail deux jours par semaine, précise Dominique Laurent, DRH. Ce dispositif mobilise nos salariés hommes autant que nos salariés femmes. Et tous nos managers doivent montrer l'exemple ! »

* Développez le télétravail

Pour développer un climat *women friendly*, Oracle offre deux jours de télétravail par semaine pendant six mois avant et après un congé maternité.

> ***Le dispositif donne ainsi de la souplesse aux salarié·e·s de l'entreprise dans leur organisation quotidienne.***

Les femmes l'apprécient plus que les hommes, mais le taux de participation masculine progresse. Au sein du cabinet de conseil BearingPoint France, on a opté pour des forfaits à temps réduit : « Le salarié qui choisit une formule de temps réduit à 95 % est payé 95 % de son salaire brut et acquiert en contrepartie treize jours de congés supplémentaires à prendre quand il le souhaite », explique Katy Naujoks, DRH. Y compris pendant les vacances scolaires ! Instaurée depuis sept ans, cette formule séduit presque autant les hommes (40 % des bénéficiaires) que les femmes.

* Imposez la mixité à l'extérieur

> ***Pour Emmanuelle, manager chez un opérateur télécom, pas question d'intervenir dans un colloque ou une conférence si elle est la seule femme à participer.***

« Je leur demande de revoir la liste des participants jusqu'à obtenir la parité sur scène », affirme-t-elle. Quitte à souffler quelques noms d'expertes afin de faciliter le travail des organisateurs.

* Instaurez l'égalité de temps de parole

Sarenza a beau être une entreprise majoritairement féminine (65 % de l'effectif), les hommes avaient tendance à monopoliser la parole lors des *briefings* du lundi matin. Pour y remédier, Hélène Boulet-Supau a fait mesurer le temps de parole des uns et des autres avant d'imposer l'égalité dans les interventions.

> ***« Le leadership passe par la parole, tranche la patronne. Les femmes doivent donc s'exprimer au moins autant que les hommes. »***

* Boostez le mentorat

Les femmes de votre équipe déclarent ne pas avoir le temps de suivre un programme de mentorat ou des séances de coaching ? Proposez-le-leur quand même : « Ce sont des outils puissants de progression de carrière, notamment pour les femmes », souligne Viviane de Beaufort.

> ***Avec un mentor expérimenté, homme ou femme, on apprend à décrypter les us et coutumes de l'entreprise ainsi que ses jeux politiques. Mais on profite aussi de précieux conseils pour se faire repérer en interne.***

Chez Saint-Gobain, plus de 200 femmes ont à ce jour bénéficié d'un mentorat individuel d'un an dans le cadre du réseau interne Women in Network. « Davantage de femmes réagissent pour obtenir un nouveau poste sur notre bourse d'emplois interne, constate Régis Blugeon, DRH France. Et la part des femmes a significativement augmenté dans les promotions. »

* Veillez aux promotions mixtes

> ***Alors qu'une femme attend de maîtriser 60 % des compétences nécessaires pour envisager une progression de carrière, un homme se contentera de 30 %. Bilan sans surprise : les hommes sont davantage promus.***

Pour éviter que ceux-ci ne trustent les promotions, chez Oracle, une statisticienne a été intégrée au service RH : « Cette *data scientist* transmet au manager tous les indicateurs clés de ses collaborateurs. En cas de dérapage, nous tirons la sonnette d'alarme. L'analyse de données représente une vraie opportunité pour le progrès de l'égalité femmes-hommes », assure Caroline Elbaz.

* Pratiquez la discrimination positive

Vous voulez féminiser votre service ou votre boîte, mais vous manquez de candidates ? Pour attirer les postulantes, Verisure, spécialiste de la vente de solutions de sécurité, mise sur la cooptation : tout collaborateur qui présente un candidat rafle 600 euros de prime… et 100 de plus s'il s'agit d'une femme. Un outil à mettre en place avec la RH et facilement opérationnel si vous disposez d'une enveloppe annuelle d'augmentations. Lors d'un recrutement interne ou externe, exigez la présence d'au moins une femme dans la liste restreinte des candidats, comme cela se pratique chez Schneider Electric. Une façon de les encourager à se présenter !

Que faire

EN CAS DE HARCÈLEMENT SEXUEL DANS VOTRE ÉQUIPE ?

Six conseils de Caroline de Haas, directrice associée d'Egaé, entreprise de formation et de communication pour l'égalité femmes-hommes, et fondatrice de l'association Osez le féminisme, pour prévenir et traquer le harcèlement sexuel.

Réagir dès le premier dérapage.

« Au début d'une formation, je tiens à rappeler aux managers que, selon le Code du travail, l'employeur doit assurer la santé physique et mentale de ses salariés. Il a l'obligation de prévenir et de faire cesser immédiatement les violences au travail. Or on a tendance à oublier que cela inclut le harcèlement sexuel. »

1. Sachez qualifier les faits

« Avant même de donner aux managers des pistes pour prévenir tout comportement sexiste, il est bon de mentionner quelques définitions. Généralement, tout le monde a tendance à sous-qualifier les faits. La première image qu'on a du harcèlement sexuel au travail, c'est une main aux fesses. Mais, là, il s'agit d'une agression ! Dès lors que l'on maîtrise ces bases, on peut réagir et prendre des mesures en fonction de la gravité des faits. »

2. Montrez-vous exemplaire

« Le meilleur moyen pour éviter que de tels comportements n'aient lieu, c'est de se montrer un manager exemplaire. Cela ne va pas forcément de soi, il faut se surveiller. Mais c'est essentiel : d'une part, parce que les salariés calquent leur manière d'agir sur celle de leur manager et, d'autre part, parce qu'ils auront plus spontanément envie de se confier à lui en cas de remarques sexistes ou de harcèlement sexuel. »

3. Favorisez la parole

« Pendant les formations, je demande aux managers quel est le meilleur outil pour détecter ces comportements. Ils me répondent "les yeux" ou encore "les oreilles". C'est vrai, c'est utile, mais la parole l'est encore plus. Il faut demander à la personne en face de nous si elle a été victime de violences ou de harcèlement. Je conseille d'ailleurs d'intégrer automatiquement cette question dans les entretiens annuels. »

4. Repérez les signaux

« Si vous entendez la moindre rumeur, ne la laissez pas courir ! Si l'information est fausse, il est nécessaire de faire cesser les propos calomnieux. Si elle est vraie, il faut réagir rapidement. On a trop tendance à traduire le mot "alerte" par "rumeur", et donc à négliger un éventuel premier signal de harcèlement. »

5. Recadrez sans attendre

« Bien sûr, la réaction doit être proportionnée aux faits, mais il faut réagir à la moindre remarque sexiste. Si un collaborateur dit à une collègue : "Tu as tes règles ou quoi ?", il est important de recadrer la personne devant tout le monde pour montrer qu'on ne laisse pas passer. Lors d'un recadrage, je conseille de préférer une posture légale à une posture morale. Si le manager s'aventure sur le terrain de la morale, il y aura un débat de convictions qui risque de se révéler stérile. Avec une posture légale, on ne se demande pas si c'est bien ou non, mais si c'est conforme à la loi. Et on s'appuie sur le Code du travail. En cas de suspicion de harcèlement sexuel, on ne peut pas, bien sûr, se contenter d'un recadrage. Il faut avertir les RH, qui piloteront une enquête pour établir la réalité des faits et qui pourront, si le harcèlement est avéré, prendre une sanction disciplinaire. »

6. Écoutez et rassurez les victimes

« Généralement, lorsqu'une personne se présente et raconte qu'elle a été victime de harcèlement sexuel, le manager a tendance à la bombarder de questions et à oublier de la rassurer par de petites phrases essentielles telles que "Tu as bien fait de venir m'en parler". C'est important de lui expliquer la procédure mise en place. Mais ça l'est tout autant de l'écouter ! »

CHAPITRE

4

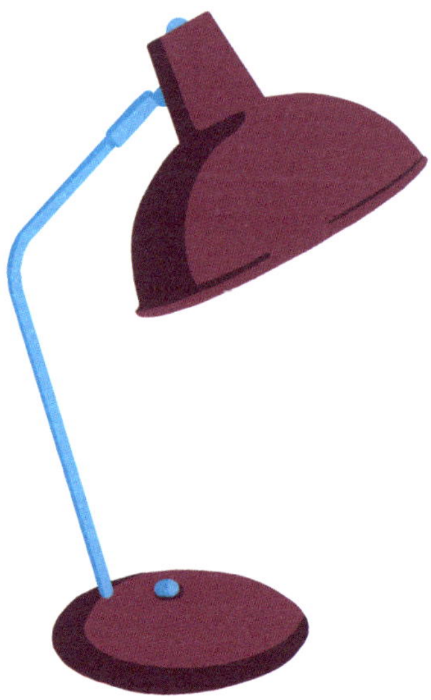

Pratiquer l'art
DE LA RECONNAISSANCE

(Gaëlle Ginibrière et Christine Régnier)

Se sentir apprécié à sa juste valeur a un impact considérable sur la motivation, l'engagement au travail... et le bonheur à le faire. Pour le confort moral de vos troupes et pour le vôtre, pratiquez l'art de la reconnaissance.

De la reconnaissance de la part de son boss, Valérie, 45 ans, directrice marketing dans une PME parisienne, en a obtenu le jour de son... pot de départ. Un bouquet de fleurs sur son bureau et un e-mail vantant ses qualités « exceptionnelles ». « Mieux vaut tard que jamais ! ironise-t-elle. En dix ans, jamais de merci, des augmentations au lance-pierre... J'ai tenu bon parce que j'aimais mon job, mes clients et mes super collègues. Mais, à la longue, ça use ! » Valérie est partie vers des horizons plus bienveillants.

Comme elle, 5 salariés français sur 10 estiment ne pas être reconnus à leur juste valeur dans leur travail, selon une étude de 2018 d'Odoxa-Dentsu Aegis Network. Et le reproche s'adresse directement aux N+1 : selon une enquête de 2016 de l'Agence nationale pour l'amélioration des conditions de travail (Anact), 72 % des salariés s'estiment reconnus par leurs collègues, 68 % par leurs clients, 55 % par leurs collègues d'autres services... mais seulement 1 sur 2 par son supérieur ! En cause, une certaine déshumanisation du travail, liée aux technologies numériques. « Alors que la reconnaissance passe par les échanges humains et la rencontre », souligne Laure Becker, consultante chez Diversity Conseil, autrice de *Pratiquer la reconnaissance au travail* (Dunod, 2018). Manque de temps, surcharge de travail, indisponibilité... « Les managers ont souvent eux-mêmes le sentiment de ne pas être reconnus par leur hiérarchie ou par leurs équipes », explique Christophe Laval, chargé de cours à HEC Montréal, professeur à l'université Laval, à Québec, et coauteur, avec Jean-Pierre Brun, du *Pouvoir de la reconnaissance au travail* (Eyrolles, 2018).

* Un bon retour sur investissement

Les conséquences ? Sérieuses ! L'absence de considération est la première cause de mal-être au travail. Selon une étude de 2016 de la Direction de l'animation de la recherche, des études et des statistiques (Dares) du ministère du Travail, le manque de reconnaissance triple le risque de maladie et double celui d'état dépressif chez les salariés. Soit un impact plus important sur le bien-être des collaborateurs que le *job strain*, le « travail sous pression » ! *A contrario*, le pouvoir de la reconnaissance est énorme : « Elle a un impact direct sur le *turnover*, l'absentéisme, l'engagement, la conflictualité et, à l'arrivée, les comptes d'exploitation », estime Christophe Laval.

L'explication se trouve dans notre cerveau. Plus on donne à l'autre le sentiment d'exister, plus on suscite chez lui le besoin d'offrir en retour, explique Pierre-Marie Lledo, directeur de recherche en neurosciences au CNRS : « Si vous offrez quelque chose à quelqu'un, cette personne aura tendance à donner en retour un peu plus que ce que vous lui avez donné », rappelle le chercheur. C'est la raison pour laquelle la reconnaissance provoque autant d'implication et de motivation chez ceux qui en bénéficient que de déception et d'amertume chez ceux qui en sont privés.

> ***Et pourtant, selon l'étude de l'Anact, 13 % à peine des DRH envisagent de faire quelque chose pour vanter auprès de leurs managers les vertus du « bonjour, merci, good job » adressé à leurs équipes... Et si on mettait fin à l'indifférence ?***

* Quatre raisons de dire « merci »

> ***Il existe quatre formes de reconnaissance. La première, dite existentielle, s'adresse à l'individu en tant que personne : elle passe par le respect, la courtoisie, le « bonjour », l'attention...***

C'est la plus simple, la plus évidente, mais pas la moins efficace des façons de donner à l'autre le sentiment d'exister : selon une étude de l'assureur Malakoff Médéric, 57 % des salariés français associent le bonjour du matin au sentiment du bien-être en entreprise. Simple comme bonjour !

> ***Deuxième type de reconnaissance, celle qui concerne les résultats. C'est la plus usitée, car elle se fonde sur un critère mesurable.***

Mais elle est à double tranchant, les résultats, justement, n'étant pas toujours là. Il est alors bon de reconnaître les compétences techniques de votre salarié et ses qualités comportementales.

> ***Enfin, vous pouvez le féliciter pour les efforts fournis : une considération basique, mais essentielle. Il s'agit là de valoriser l'investissement au travail, même en cas de résultats défaillants.***

« L'énergie que les gens mettent dans leurs tâches est aussi importante que les objectifs qu'ils atteignent », affirme le professeur.

> ***« Dans reconnaître, il y a connaître », note Christophe Laval. Votre premier job consiste à identifier les personnes au sein de votre équipe pour mieux comprendre leurs attentes.***

« Certains ont besoin d'être considérés par rapport à ce qu'ils sont, d'autres préféreront être valorisés pour leurs résultats ou leurs efforts », poursuit Christophe Laval. D'autres, au contraire, se sentent pousser des ailes quand on leur fiche la paix : « Les boss qui m'ont laissée travailler toute seule m'ont plus motivée que les *control freaks* qui régentaient tout », raconte Sabine, 33 ans, rédactrice Web. De fait, exprimer de la reconnaissance, ce n'est pas seulement dire « bonjour », « merci » ou « bravo ». Selon l'étude de la Dares, « devoir se dépêcher, être constamment interrompu pour une tâche plus urgente ou ne pas avoir les moyens de faire correctement son travail augmente le ressenti du manque de reconnaissance ». Autrement dit, vous pouvez rectifier le tir en allégeant l'inconfort de vos collaborateurs. Se sentir respectés en tant que professionnels renforcera leur estime de soi.

Attention enfin aux erreurs dans la façon dont vous vous positionnez par rapport à votre équipe. Ainsi, la tendance à vouloir tout faire heurtera la sensibilité de vos collaborateurs. Patrick, chef de projet informatique, l'a appris à ses dépens. « J'ai bossé trois mois tout seul sur un projet pour ne pas surcharger mon équipe. Au lieu de me remercier, ils m'en ont voulu parce qu'ils se sont sentis inutiles. »

Autre piège : le manque de sincérité. Alex, 32 ans, chargée de communication, sait à l'avance quand son boss a quelque chose à lui demander : « Il me félicite cinq minutes sur mon travail avant de me refiler un dossier. Maintenant, je dis "non". Je n'en peux plus de ses gros sabots. » L'effet est contre-productif !

20 façons simples

DE TÉMOIGNER SA RECONNAISSANCE À SES COLLABORATEURS

Même si vous n'avez pas la main sur les salaires, il existe de nombreux moyens de valoriser les mérites de vos équipes. Tour d'horizon.

1. Les saluer tous
Dire bonjour, s'enquérir de la santé d'un collaborateur de retour d'arrêt maladie, prendre des nouvelles des études des enfants... Si miser sur les règles élémentaires de courtoisie vous semble une évidence, ces petites attentions sont en réalité très souvent négligées. C'est dommage : elles ne coûtent rien. Si vous n'avez pas eu le temps de serrer la main de tous vos collaborateurs en arrivant le matin, poursuivez le tour de l'*open space* plus tard dans la journée.

2. Personnaliser leur intégration
À l'arrivée d'une recrue, veillez à ce qu'elle se sente attendue : badge d'accès, bureau, ordinateur, adresse e-mail..., tout doit être prêt. La charte de l'entreprise prévoit que les cartes de visite soient imprimées seulement après la fin de la période d'essai ? Prévenez l'intéressé. Pour personnaliser l'accueil, de nombreuses entreprises éditent un guide du nouvel arrivant à son nom et organisent des petits déjeuners de bienvenue.

3. Leur accorder du temps
Privilégiez les échanges en face à face. N'hésitez pas à poursuivre dans votre bureau un échange commencé à la machine à café. Mieux : chaque mois, invitez à déjeuner un membre de votre équipe pour discuter de ses dossiers en cours et de ses attentes à votre égard. Sauf urgence extrême, ne reportez jamais un entretien individuel programmé longtemps à l'avance (décalez-le éventuellement de deux heures). Et encore ! Utilisez ce joker deux fois par trimestre, au maximum.

4. Les rendre visibles à l'extérieur
Faites figurer leur nom et leur fonction sur l'organigramme de votre service et sur la porte de leur bureau. « Lorsqu'un client visite l'entreprise, présentez chaque personne et laissez-la expliquer sa mission. Largement pratiquée dans les usines, cette manière de procéder peut s'appliquer dans tous les contextes », note Jean-Louis Muller, directeur au sein de l'organisme de conseil et de formation Cegos.

5. Aménager leur temps de travail
Montrez-vous conciliant avec les contraintes professionnelles ou personnelles. Sans forcément adopter le télétravail, tolérez que l'un décale ses horaires de trente minutes pour ne pas arriver en retard à la sortie de l'école ou que l'autre parte plus tôt pour se rendre à un rendez-vous médical.

6. Leur dire « merci »
Faire la synthèse des différents points de vue de la direction, éplucher les textes juridiques pour préparer les négociations avec les organisations syndicales... Cela fait certes partie des attributions du chargé des relations sociales

de votre DRH, mais avez-vous pensé à passer une tête dans son bureau pour le remercier ? Un geste gratifiant qui ne coûte rien et qui sera à coup sûr apprécié. De même, n'attendez pas les remises de la médaille du travail pour célébrer l'ancienneté d'un collaborateur. « Après cinq, huit ou dix ans de présence, adressez à l'équipe un e-mail retraçant son parcours, son évolution et ses principales réalisations », suggère Noëmie Cicurel, directrice chez Robert Half.

7. Signaler leurs contributions

Un concessionnaire Renault de la région parisienne a coutume, lorsque le client vient chercher son véhicule, de placer à l'intérieur une affichette citant le nom du mécanicien qui a procédé à l'examen du moteur et celui du salarié qui a préparé la voiture. Pourquoi ne pas s'en inspirer ? Plus largement, dans un travail d'équipe associant plusieurs compétences, veillez à ce que chacun se voie attribuer les mérites qui lui reviennent.

8. Mettre en lumière les fonctions support

Chargée du recensement des incidents produits signalés par les clients, une assistante de Didactic (fabrication et vente de matériel médical) a été invitée par son patron à se joindre aux commerciaux lors d'un salon de pharmaciens. « Je voulais lui signifier l'importance de son travail en lui permettant de rencontrer des clients avec qui elle ne parlait qu'au téléphone », explique son patron, Frédéric Viguié.

9. Être présent à leurs côtés lors des rendez-vous importants

Les petits déjeuners qui réunissent à tour de rôle autour du grand patron une quinzaine de collaborateurs sont très appréciés. « Cela constitue, pour ces salariés, l'occasion d'établir un lien direct entre leurs missions et la marche globale de l'entreprise, mais aussi de poser des questions », rappelle Marc Traverson, coach et directeur associé du cabinet Acteüs.
Sur ce modèle, n'hésitez pas à faire une apparition lors du séminaire annuel des assistantes de votre département ou de la réunion d'accueil des stagiaires.

10. Les associer aux décisions

À la tête de 70 collaborateurs chez Robert Half, Noëmie Cicurel ne confie plus aux seuls managers le soin de rédiger le plan d'action de leur équipe : « Cette année, l'ensemble des salariés est invité à plancher sur le sujet et chacun me présentera une partie du plan concernant son service. » Prendre l'avis de vos collaborateurs est un signe de l'intérêt que vous leur portez. Et si vous ne retenez pas leurs suggestions, expliquez-leur pourquoi.

11. Leur déléguer sa signature

La pratique est courante dans les administrations : autoriser son bras droit à signer en son nom des contrats, des marchés publics ou des autorisations de dépenses. C'est un signe irréfutable de confiance.

12. Leur donner un feed-back régulier et sincère

N'attendez pas l'entretien annuel d'évaluation pour apporter un feed-back. Vous souhaitez attirer l'attention sur les points de progression ? Faites-le avec considération. Et relevez aussi les efforts fournis, tout en reconnaissant à chacun un droit à l'erreur ou à l'échec. « Lors d'un appel à projets, il est bon de valoriser l'excellence d'une idée ou d'un geste professionnel, même si la mission n'est finalement pas décrochée. Cela préserve la créativité et l'esprit d'initiative au sein du groupe », note Annick Haegel, consultante en RH et en management. Mais attention : pour être efficace, restez sincère.

13. Les remercier devant les autres
Un commercial a géré les dossiers de deux de ses collègues pendant les congés d'été ? L'équipe informatique s'est montrée à la hauteur lors du déploiement du nouveau logiciel de dématérialisation des factures ? Profitez de la réunion d'équipe hebdomadaire pour mettre en avant l'engagement et la technicité des personnes concernées, et demandez aux managers des services qui ont bénéficié de ce professionnalisme de faire de même.

14. Organiser des prix à leur attention
Ne réservez pas les challenges aux commerciaux ! En France, Robert Half invite chaque année ses salariés à élire la meilleure assistante selon ses capacités à représenter les valeurs de l'entreprise, son éthique, sa rapidité, etc. Reconnue par ses collègues, la gagnante reçoit un prix de 2000 euros au cours d'une cérémonie associant l'ensemble du cabinet.

15. Personnaliser leurs avantages
Lorsque les performances réalisées sont significatives (un contrat décroché auprès d'un client convoité depuis des mois, des objectifs largement dépassés, etc.), accordez un avantage choisi selon les besoins ou les centres d'intérêt du collaborateur concerné : une demi-journée de congé pour un jeune parent, la prise en charge d'un forfait téléphonique ou une tablette à usage professionnel et personnel pour un jeune diplômé, etc.

16. Développer leur employabilité
Formation, coaching, visites d'entreprises… Multipliez les occasions pour vos collaborateurs d'enrichir leurs connaissances et leur savoir-faire. « Vous prouvez ainsi votre attachement au développement de la personne, aujourd'hui et demain, au sein de votre structure et même ailleurs », commente Jean-Louis Muller.

17. Encourager leur autonomie
Google permet à ses employés de consacrer 20 % de leur temps à l'approfondissement de projets personnels. Une façon de laisser libre cours à leur créativité. Sans forcément aller jusque-là, concentrez-vous sur les objectifs et laissez chacun autonome dans l'exécution de sa mission : fondée sur la confiance, cette relation se révélera très efficace.

18. Faire évoluer le contenu des missions selon leurs affinités
Votre responsable de la paie est un vrai geek ? Confiez-lui un rapport sur la migration de votre SIRH (système informatique de gestion des RH). « En leur proposant davantage de responsabilités ou de missions directement liées à leurs affinités, vous renforcerez vos collaborateurs dans leurs spécialités et dans les sujets qui leur tiennent à cœur », souligne Marc Traverson.

19. Les recommander sur les réseaux sociaux
Rédiger quelques lignes de recommandation sur LinkedIn ou sur Viadeo, relayer les infos postées sur le fil Twitter d'un collaborateur… Toutes ces petites marques d'intérêt prouveront que vous êtes attentif à votre entourage professionnel. Succès garanti !

20. Les associer à des manifestations extraprofessionnelles
Dirigeants d'ID Video (vidéocommunication), Jean-Pierre Boudoux et Samira Hamdi convient régulièrement leurs huit salariés à des salons ou à des événements professionnels, en France ou à l'étranger. « Nous y associons toujours une dimension culturelle, sortie au musée ou animation, afin de partager nos centres d'intérêt et de permettre aux collaborateurs de s'enrichir en dehors de la seule sphère professionnelle », conclut Samira Hamdi.

CHAPITRE

5

Laisser

UNE EMPREINTE POSITIVE

(Sylvie Laidet et Marie Peronneau)

Faire mieux avec moins, protéger la planète, penser sur le long terme... Et si, non contentes d'assurer le bien-être de leurs salariés, les entreprises se décidaient aussi à « bien faire » pour tous ?

Bienvenue dans le monde d'après. Un monde dans lequel les entreprises ne se contenteront plus d'engranger des profits faramineux avec des produits connectés, mais penseront à préserver la planète, à assurer le bien-être des générations futures, à accroître les ressources disponibles et à partager leurs bénéfices avec ceux qui les créent ! On rêve un peu, d'accord. Mais peut-être pas tant que ça : « Toutes les entreprises contribuent à leur façon à construire un monde meilleur, observe Navi Radjou, universitaire franco-américain, spécialiste de l'innovation et du leadership. Mais elles œuvrent sur une seule dimension : le confort de leurs clients, éventuellement de leurs salariés. Or, aujourd'hui, ce "well being" doit devenir multidimensionnel. Autrement dit, être aussi meilleur pour la société, la planète et l'économie. Et ça, les entreprises ne savent pas forcément s'y prendre. »

Mais le moment est peut-être venu de s'y mettre. « Chaque crise entraîne une mutation des modes de consommation, poursuit Navi Radjou. Celle de 2008 a vu émerger l'économie du partage. Les millennials ne voulaient plus nécessairement posséder des voitures, mais les partager. En 2021, ce sont les PME et les ETI qui manquent de ressources. Il s'agirait donc pour elles de mutualiser leurs achats, leurs actifs individuels, leurs ressources… » Pour de nombreux experts, le moment est venu d'entrer dans l'économie de l'efficience et de la régénération. « Il y a une fenêtre de tir à saisir. Les investissements massifs du plan de relance économique doivent être attribués à de nouveaux secteurs prometteurs et efficients. Et pas à l'ancien monde, polluant et destructeur de ressources. Il en va de la refondation de notre économie », argumente Bertrand Piccard, psychiatre, explorateur et fondateur de la Fondation Solar Impulse, qui répertorie les technologies pionnières de ce « capitalisme du bien ».

* Une empreinte positive

> ***Leur objectif : l'efficience. « L'efficience consiste à utiliser moins de ressources pour produire mieux. Rien à voir avec l'efficacité, qui ne vise que le but sans s'occuper des ressources. Rien à voir non plus avec la RSE, qui est un concept philosophique, alors que l'efficience est d'abord un outil économique », insiste Bertrand Piccard.***

En cinq ans, le Solar Impulse Efficient Solution Label a identifié « un millier de solutions immédiatement applicables », souligne-t-il. Parmi elles, 320 solutions françaises, dont Waga Energy, qui récupère le méthane des décharges publiques pour le transformer en énergie utilisable. Ou Eco-Tech Ceram, qui réinjecte dans le process de fabrication la chaleur perdue dans les usines. Ou encore Lactips, qui développe un substitut au plastique à base de protéines de lait…

Toutes ces solutions, lancées par des start-up, sont désormais à la portée des entreprises désireuses de s'en saisir. Encore insuffisant, estime Navi Radjou. Le théoricien de l'innovation frugale évoque, lui, l'idée « d'entreprises régénératrices » : « Alors qu'une entreprise durable cherche à réduire son empreinte carbone et ses déchets, une entreprise régénératrice cherche, elle, à avoir une empreinte positive, sur la santé des personnes, les conditions de vie des communautés, la restauration de l'environnement ou l'accroissement des ressources locales. » Les exemples sont encore rares d'applications industrielles de ces principes. Mais ils existent : c'est le cas de « l'usine forêt », que le fabricant américain de moquette Interface a construite en Australie. Ou des premières dalles de moquette au bilan carbone négatif mises sur le marché, fin 2020, par ce même fabricant : elles emmagasinent plus de CO_2 que leur fabrication n'en libère dans l'atmosphère.

* De la valeur et des valeurs

Actionnaires et investisseurs sont-ils prêts à suivre le mouvement ? Si l'on se réfère à l'éviction récente d'Emmanuel Faber, on pourrait en douter : l'ex-PDG a fait de Danone l'une des premières entreprises régénératrices au monde, en mettant notamment en place un programme destiné à aider ses fournisseurs agricoles à augmenter leurs ressources avec un modèle de culture fondé sur des méthodes naturelles…

« Il ne faut pas essayer de convaincre les mécréants ! sourit Navi Radjou. Mais il suffit que deux sociétés d'un même secteur s'engagent pour motiver les autres à agir. » Pour Bertrand Piccard, à terme, la rationalité économique prévaudra : « Si on explique à un dirigeant qu'il doit investir dans des technologies parfois plus chères au départ mais qui lui feront gagner de l'argent sur le long terme, il sera d'accord. » Valérie Charolles, chercheuse en philosophie à l'Institut Mines-Télécom Business School et autrice de l'ouvrage *Le Libéralisme contre le capitalisme* (Folio Essais), estime pour sa part que les « faiseurs de bien » sont desservis par les principes du jeu financier :

« Les règles comptables sont établies selon la perspective des investisseurs sur les marchés financiers, souligne-t-elle. Or ce sont elles qui forment l'horizon des conseils d'administration, avec comme mantra de produire toujours plus, pour un profit à court terme. La nouvelle donne économique pourrait venir de la multiplication d'entreprises de taille moyenne qui se donnent pour perspective de continuer à produire sur le long terme. »

Régénération, frugalité : ces mots parlent aux jeunes générations. Et si la crise ne leur laisse pour l'instant guère d'autres choix que d'aller bosser dans de grandes entreprises pas vraiment dans le *mood* « faire mieux avec moins », elles se dirigeront volontiers vers ces sociétés du mieux, du différent et du « moins », dès que s'amorcera un retour à la normale. « Ces entreprises génèrent de la valeur, mais aussi des valeurs, humaines et sociétales, pour leurs salariés et leurs parties prenantes. D'où leur capacité à attirer les meilleurs talents et prendre un avantage concurrentiel certain, insiste Navi Radjou. Les autres devront composer avec des jeunes diplômés de très grandes écoles, certes brillants, mais sans doute pas très innovants. » Dommage pour elles, car « on estime qu'en construisant une économie régénératrice négative en carbone, le monde pourrait créer 26 trillions de dollars en valeur financière et 65 millions de nouveaux emplois d'ici à 2030 », conclut-il. Et 2030, c'est déjà demain !

LA « RAISON D'ÊTRE », un engagement à respecter

Pas un jour sans un communiqué annonçant en grande pompe la « raison d'être » de telle ou telle boîte. Mais quèsaco ? Cette notion, désormais inscrite dans la loi PACTE (Plan d'action pour la croissance et la transformation des entreprises, 2019), désigne la façon dont une entreprise entend jouer un rôle dans la société, au-delà de sa seule activité économique. « La "raison d'être" fait la synthèse entre la création de valeur et le long terme. Cela suppose de passer d'une culture exclusivement financière à une culture extrafinancière avec des indicateurs qui mesurent l'impact humain, sociétal et environnemental de l'entreprise », explique Alexandre Menais, secrétaire général de l'entreprise de services du numérique Atos, qui vient de diriger l'ouvrage collectif *Raison d'être, engagement et responsabilité : l'entreprise au-delà du capitalisme* (LexisNexis). Une fois l'engagement pris, gare aux entreprises qui voudraient s'en exonérer, estime-t-il : « Les salariés, les clients, les fournisseurs, bref, tout l'écosystème veillera à son respect. Si l'entreprise est ambiguë sur le sujet, manque de transparence, de cohérence, apparaît désalignée, elle risque de voir l'ensemble de ses parties prenantes se détourner d'elle. » Ses clients, bien sûr, mais aussi ses meilleurs talents.

TÉMOIGNAGE

Le point de vue de Sylvain Breuzard, fondateur de Norsys

Patron engagé, Sylvain Breuzard milite pour que les dirigeants s'emparent des enjeux écologiques. Et, pour les accompagner, il propose une méthode inspirée de la permaculture. Dans* La Permaentreprise *(Eyrolles), il invite les entreprises à se transformer en profondeur.

Les entreprises sont les mieux placées pour changer le monde.

Théorisée en Australie à la fin des années 1970 par l'essayiste David Holmgren et le biologiste Bill Mollison, la permaculture s'inscrit dans une révolte contre les pratiques de l'agriculture intensive. Menée avec pragmatisme, cette dynamique part du terrain, développe les synergies entre espèces, tout en économisant les ressources. Une philosophie vertueuse et des principes efficaces dont Sylvain Breuzard s'inspire pour proposer un nouveau modèle d'entrepreneuriat. Explications.

Face au dérèglement climatique et économique, vous prônez une croissance « juste ». Quelle différence avec le concept de décroissance ?

Sylvain Breuzard : La croissance « juste » met l'accent sur les produits et les services utiles au regard d'une éthique générale fondée sur les trois grands principes de la permaculture : prendre soin de la planète et des hommes, se limiter et distribuer le surplus. Prenons l'exemple de la viande, dont il faudrait réduire la consommation : l'élevage de bœuf en particulier génère beaucoup de CO_2 et de méthane. Il faudrait donc opérer une décroissance sur cette activité économique, tout en encourageant une augmentation de la production sur des produits alternatifs. Idem pour l'énergie : si l'on veut limiter les énergies fossiles, il faut favoriser la croissance sur les moyens de produire l'énergie autrement, et pas seulement l'éolien ou le solaire. La croissance « juste », cela signifie aussi qu'il faut chercher à mieux utiliser les ressources existantes, avec plus de parcimonie et de discernement.

Pourquoi, selon vous, l'entreprise est-elle la mieux placée pour changer les choses ?

S. B. : Quels sont les acteurs qui peuvent faire bouger les lignes ? Les politiques ? Le multilatéralisme européen implique de mettre 27 pays d'accord… On voit bien que c'est compliqué, et trop lent. Compte tenu des défis à relever, nous n'avons pas le temps : nous devons réagir dans les dix ans qui viennent. Les ONG et les associations, de leur côté, sont fondamentales pour « guérir », pour faire avancer des réflexions, mais elles ne sont pas là pour agir au nom de la société. Les entreprises possèdent en revanche de grandes qualités d'action. Elles savent décider vite et mettre en place des moyens efficaces pour arriver à leurs fins. Et ce, quelle que soit leur taille. Les petites entreprises peuvent agir sur les territoires tout aussi bien que les grandes, avec souvent beaucoup de finesse.

Les trois principes de la permaculture ne sont-ils pas éloignés du rôle de l'entreprise ?

S. B. : Au contraire, ils doivent, plus que jamais, guider les entreprises. Les dirigeants doivent assumer leur responsabilité. Le poids de leurs productions pèse sur le monde. Au XXe siècle, ils pensaient pouvoir s'affranchir de ce questionnement. Depuis, les questions sont restées les mêmes, mais elles sont plus difficiles à traiter, car les années ont passé : c'est plus complexe, mais tout aussi passionnant.

Vous dénoncez le conformisme de nombreux dirigeants qui s'engagent dans des démarches RSE de type « raison d'être »... Vous ne croyez pas à l'efficacité de ces labels ?

S. B. : Les entreprises qui cherchent avec authenticité à faire les choses différemment doivent être encouragées dans leur dynamique. Ce qui est important, c'est d'abandonner l'approche fragmentée au profit d'une démarche globale, systémique : il faut agir simultanément sur plusieurs problématiques, humaines, d'emploi et environnementales, car tout est lié. Cela nécessite de réfléchir à des projets d'entreprise ambitieux, et non de gagner des points sur des indicateurs de référence. Et puis, certaines sociétés jouent avec ces normes et en usent à des fins de communication. Elles ne se rendent pas service sur le long terme. Il existe désormais un besoin très fort de voir le monde changer. Or ces gens en attente sont autant des citoyens que de futurs collaborateurs ou d'éventuels clients.

En quoi la permaculture peut-elle être une source d'inspiration ?

S. B. : Les fondateurs de la permaculture sont partis d'un constat : plutôt que de s'épuiser dans une lutte contre l'agriculture industrielle, il est plus judicieux d'essayer d'autres façons de faire et de montrer que ces alternatives fonctionnent. Ensuite, ils n'avaient pas comme objectif d'alimenter les hommes, mais celui que la terre soit habitable pour tous. C'est une philosophie de vie. Enfin, la permaculture ne prône pas la décroissance : elle assume la croissance, mais remet en question les conditions de sa production. Derrière ce concept réfléchi et pensé, il y a une posture pragmatique et positive qui me parle.

Observer et interagir : comment appliquer ces principes de la permaculture à l'entreprise ?

S. B. : Il s'agit de réfléchir au paysage, à l'implantation d'un élément dans un écosystème. Lors de la création de Norsys, nous nous sommes interrogés sur l'implantation du siège. Où allions-nous nous installer ? Près de la gare de Lille ? Dans une technopole ? À la campagne ? Nous avons réfléchi aux contraintes liées à tous ces lieux et à leur cohérence par rapport à notre éthique. Nous avons finalement privilégié un environnement vert, sur un terrain de 12 000 mètres carrés. Travailler sur un paysage, c'est chercher un compromis. C'est également travailler sur les interactions avec l'écosystème. Nous nous sommes implantés dans un village de 2 000 habitants. Les collaborateurs de Norsys ont eu des discussions avec la mairie sur des sujets variés : l'école, les possibilités d'installation de nouveaux arrivants…

Le concept de frugalité volontaire est primordial en permaculture. La capacité à s'autolimiter, notamment sur son salaire, doit-elle être une qualité du dirigeant ?

S. B. : Je dis souvent aux patrons de ne pas se plaindre qu'il y ait des normes et des lois, si elles sont là, c'est parce qu'ils n'ont rien fait ! Il faut être volontariste et volontaire. Remettons-nous en cause et agissons ! La limitation des salaires des dirigeants est l'un des objectifs d'impact de la méthode. Je pense qu'il faut se fixer un ratio : je propose que le plus gros salaire ne dépasse pas le salaire médian de plus de cinq fois. C'est une proposition, il ne faut pas être dogmatique… Mais si l'on veut avoir une vue globale sur la redistribution des richesses, aborder cette question est crucial.

Pour faire changer les choses, soyons force de propositions, écrivez-vous. Que dites-vous aux personnes qui prônent les actions radicales ?

S. B. : La radicalité engendre la violence. Or la violence entraîne trop de casse, notamment humaine. Le projet de permaculture n'est pas radical, il est optimiste et constructif : c'est à chacun de faire son chemin. Parmi les objectifs d'impact, je pense que la contribution nette et positive en carbone est une urgence. Fixons des seuils, pour que les entreprises fassent le premier pas et progressent ensuite dans cette direction prioritaire, chacune à leur rythme. Quoi qu'il arrive, le changement est inévitable. Nous n'avons pas vécu une crise avec le covid, mais une catastrophe. Et, face à cela, l'être humain peut changer. Nous constatons déjà de réelles mutations dans notre façon de travailler, nos modes de consommation… Remettons-nous en question pour éviter de nouvelles catastrophes. Et montrons l'exemple pour rallier les indécis.

Chez Norsys, vous avez cherché à faire différemment. Ces changements ont-ils contribué à la performance économique de la société ?

S. B. : Nous avons mis en place le télétravail en 2015. En 2019, 40 % des collaborateurs travaillaient de cette manière. Avec le covid, la majorité des entreprises ont été forcées de changer, souvent dans la panique. Réagir à une situation coûte plus cher qu'anticiper les tendances. Norsys n'a pas été atteint en matière de résultats : nous avons enregistré les mêmes en 2020 qu'en 2019. Engager des changements profonds et durables constitue un levier de performance. Entreprises et actionnaires ont tout à y gagner.